U0498914

潇湘国学七讲

张京华 /著

商务印书馆
The Commercial Press
创于1897

商務印書館（上海）有限公司 出品
The Commercial Press (Shanghai) Co. Ltd.

　　张京华，1962 年生于北京，1983 年北京大学历史学系本科毕业，曾任北京大学副教授、洛阳大学教授、湖南科技学院教授，在湖南科技学院创办国学院，在台州学院创办临海国学院，现为台州学院特聘教授、湘南学院特聘教授。撰文《国学名义》《国学教育的基本理念》，点校刘师培《国学发微》、江瑔《新体经学讲义》，总点校《无锡国学专修学校丛书》15 种，影印出版《早期商务印书馆国文科讲义十三种》等。

通往国学之路（代序）

一 学科还是职业

"文史哲"曾经是一个很高雅的术语。三十年前，"文史哲不分家"既是一条当然之理，也有点儿秘传家法的味道。现在此语仍然沿用，但绝不多见，因为不大提得起来了。我过去以为文学与语言为一家，哲学与宗教为一家，史学与考古为一家，忽然一旦都分家自立，后才得知其合法依据来源于1992年的《学科分类与代码表》，高校招生、建置院系、建硕士点博士点以及申请基金，全都由这项国家标准规定着。文学、语言学、历史学、考古学、哲学、宗教学，各是一个一级学科，"文史哲"不仅一分为三，并且三分为六。后来又听有学者提议将"国学"设为一级学科，意在使其合法与自立，那就真成"七略"了，其总体布局岂非似战国之七雄？

但现代学科分类也有趋于一致的方面，如在文学中设文化管理，史学中设文化旅游，哲学系有设在政法学院或公共管理学院内的，总之是趋近应用、趋近经济。"经济"一语肯定已不是"经邦济世"的概念了，但也不全是现代经济学科概念，因为我国经济发展现状很大程度并不是出于产业的进步，而是基于人口，可谓是一种"人口经济"，人口基数这么大，决定了经济总量该有这么大。加之革命的成果还在继续释放，如土地革命之后当时那一代农民并没有落实"口分田""世业田"，而是等到开国数十年之后由隔代政府向隔代市民出售。所以我国"经济"一语更接近于"市场"，而市场需求基于人性，"众人熙熙，如享太牢，如登春台"，人性的诱发实为社会发展的莫大动力。在此时代潮流之中，"文史哲"的进一步分化似乎就只是表象,其职业化、市场化的共同点倒是无所不在的,将来的局面,岂非似秦之灭亡六国?

所以,感觉中"文史哲不分家"这一概念已逐渐成为理想。

要说"文史哲不分家"应该算是民国时代的遗产,当时的众多学者、现在通称之国学大师,几乎全是文史哲不分,甚至兼跨文理,兼通研究与创作。院系设置也是史学系、哲学系多在文学院,其"文学"的范围较宽,好像授予的学位只分文学士、理学士。只有傅斯年建立的研究所叫作"历史语言研究所",其宗旨有特殊背景,沿革到台湾地区,后起者只好另外组合出一个"文哲研究所",是个特例。

近年学者一面做学科反思(文学叫"重构",哲学叫"合法性",学术史叫"重写"),一面提倡国学、经学,从覆盖范围看,似是对"文史哲"的重新囊括,体现出"不分家"的精神,确乎可喜,但因时日尚浅,其究竟还难以判断。至于将来的发展,是否空存名目,或屋上架屋,名实不称,不得而知。

文、史、哲三科各有其领域。清末民初建立现代意义的文学学科,分解四部学问,大抵以集部归文学,以史部归史学,以子部归哲学。又取消经部,五经各有归属,大抵以《诗经》归文学,以《书经》《礼经》《春秋经》归史学,以《易经》归哲学。畛域既分,界限详明,迄今由来已久,弊病亦逐渐显露。

三科各有史,有文学史、哲学史,实际上在厚今薄古、重研究不重创作的情况下,古典文学即略等于文学史,古典哲学即略等于哲学史。各史均有自己的原始起点,大率同溯源于上古,概念不一,或称唐虞,或名原始社会,或名青铜时代,都独立追溯自己的最早起源则无不同。于是三科均如幽谷白杨,纤细成群,无望成为参天大树,而中国现代学术遂成为一大综合而不见汇归。《学科分类与代码表》中文、史、哲三科合计共有84个二级学科,304个三级学科,可谓"不见天地之纯""道术将为天下裂"的另一体现。

实际上现代文、史、哲三科的划分，其职业性的意义更加明显。如同设官分职，某官设多少岗位，经费多少，各有定分，归根究底更多是一个饭碗问题。不仅三科之间不得争抢，即如一科之内，讲先秦的不得自谓优于汉晋，讲唐宋的不得自谓优于元明，大家同是教授，课时之数可有长短，报酬多寡当然一律。"以不平为平，其平也不平"，于是学力之深浅，识见之高下，遂亦难于分别。既以市场论定学术，复以分工论定学者，此为我国现代学术、现代教育在低水平徘徊的一大原因。

二　文史哲不分家

文、史、哲三科既然各有领域，就当各有原则，领域是外在的，原则是内在的，应当更加重要。就个人体会，文、史、哲的区分更像是三种不同的学术角度。

《诗》言志，故文学言志。史家以良史、实录为鹄的，故史学言真。群经诸子志在大道，故哲学言道。

文学言志，志在心，为个人情感之郁结。心、志皆不可解说，不可求证于义理，不得究之于考据。《诗》无达诂，故文学即无达诂，类似今文学家所说"微言大义"，亦类似玄，类似禅。《诗》有兴，诗人有心有志，以一韵出之，即其情志在此，即其牵绊在此，即其不得已在此。"文心"者，言为文之用心，亦即言为人之用心。故文学看似外扬，根本却是内学。凡为学士文人，情志之义不可少，故文学之义不可少，史学、哲学不能取而代之。

史学言真，真谓事实、真相、有据、可信，不真实即无史学可言。史学亦言褒贬，而褒贬亦不得违背真实，故真实大于善恶，亦大于一切人世观念。即史学之真实不得由于世俗已然"彻底否定"而不言，亦不得由于世俗中"影响巨大"而盛道。以成败论英雄，是之谓俗学；不以成败论英雄，此方是史学。三代之际诸侯有史，而史官不臣属于诸侯，乃臣属于天王，"虽诏于天子，无北面"（面对天子却无须站在臣位）。文学、哲学均不必负真实之责，故文学、哲学不能取史学而代之。

哲学言道，道大，道无所不在，然而不可见、不可言。不可言而勉强言之，是为哲学。故哲学介于虚实之间，而以有无概念为最高极致。史学为"历史理性"，重在客观性，哲学为"思辨理性"，重在逻辑性，故文学、史学不能取哲学而代之。

文、史、哲三科的关系，"譬犹水火，相灭亦相生"（《汉书·艺文志》），"皆有所长，时有所用"（《庄子·天下》）。不一定把文、史、哲视为三个学科，当把三科作为三种角度看时，其间并没有很大隔阂。

文、史、哲三科本来也互相贯通。譬如说到文学，就有作家作品，但是说到文学史，就有了史学的意义。说到哲学与哲学史，亦然。文学史、哲学史也都具有"通古今，知久远"的意义。史大，一切学术都出于史，一切事物都终将成为历史。譬如文学中有"文以载道"与"文学自觉"的辩题，其实道无所不在，而万事万物皆须载道，史学、哲学亦须载道。此"道"必是哲学上之道，即天地万物一整体，事物如果离开此一整体即不成其为物，故知世间万事万物皆为一大关联而存在。于此便显出哲学思辨之作用。今日学界往往惯闻国土统一的观念，又时时溯源上古文明。又能辨析无极、太极、理、气各范畴，但却不能将三者合为一气。"周、遍、咸三者，异名同实，其指一也"（《庄子·知北游》），苟能知此，即可回归"文史哲不分家"传统。

三 通往国学之路

"国学"概念先已起于民国，中间废弃，近年重提，引起热烈讨论。说者拘执其名，遮蔽其义，自民国时业已如此。如说"名称还不是十分合理的，因为学术没有国界，当代各国都没有特殊的国学"（曹伯韩语），"是一个极不彻底、极无界限、极浪漫、极浑乱的假定名词"，"这种不合逻辑的名词，还是等于没有名词"（许啸天语）。温和者谓"名字实在太含混，绝不便于实际的应用"（朱自清语），甚者径称"乌烟瘴气的国学"（何炳松语），"正如病人的死尸，可以成为病理学上的好材料"（毛子水语），以及"文化上的僵石，是已经枯败了的骷髅"（曹聚仁语）。见识如钱穆先生，亦称"学术本无国界，国学一名，前既无所承，将来亦恐不立，特为一时代的名词"。

名实相应，本为经学中一大要领，循名责义，亦可设为学术中一大准则，唯不可拘泥过度。名称后起不等于事实不成立。除计划中预知的以外，事物往往都是发生在前，称谓在后。小到人名，大到国名，莫不如此。故虽然名词后起，亦不妨事实成立，且相当持久。真正的、纯粹的、绝对的、整体的、最完备、最健全的事物，本就无名。"无名，天地之始"，"不知其名，字之曰道，强为之名曰大"（《老子》）。因为最大的名即无称谓可加，故即使无名亦不妨事物之实存，而真正不可企及的最高境界乃是无名。民国间不仅有国学，亦有国文、国史，迄今有国旗、国歌，不得单责国学"不合逻辑"。

日本江户时代即有"国学""国文学""国史""内国史""本国史"，其"国学"是"本国学"的简称。何炳松质疑："何以世界上并没有什么德国学、法国学、美国学、英国学和日本学？而我们中国独有所谓'国学'？"这里也可能反问，谁让外国没有其本国学了？我们没有的，何以外国也有了？外国有的，我们也都有了么？

故尝试论之，以时势而言，"国学"是"本国学"的简称，以与西洋学术相区别；以群学门类而言，"国学"即是国家学术，以与民间、世俗、社会、地域相区别；以核心特质而言，"国学"即是经史之学、王官之学、三代之学，以与诸子、集部、百家言相区别。

四　经学是一个特定门类

民国初学者对经学的讨论亦从名称的训诂开始。刘师培《经学教科书》说："盖'经'字之义，取象治丝。纵丝为经，横丝为纬。"章太炎《经学略说》说："'经'者，编丝缀属之称。""今人书册用纸，贯之以线。古代无纸，以青丝线贯竹简为之。用绳贯穿，故谓之经。'经'者，今所谓线装书。"此在文字学上可谓不错，但在解释"经学"上可说完全走错了方向，是一个很大的误会。盖因我国学术术语历久升华，早有特殊含义，不能全凭字训。古人说："温柔敦厚，《诗》教也。疏通知远，《书》教也。广博易良，《乐》教也。絜静精微，《易》教也。恭俭庄敬，《礼》教也。属辞比事，《春秋》教也。"（《礼记·经解》）试问世上有何种学问能替代其作用？

经学如同楚辞，原有时代限定。经学只是三代之学。经学在三代，本无经学之名，却是真经学；在汉晋以下，有经学之名，却已失其本真。此意古人早有言之，所谓"六经皆先王之陈迹"（庄子语）、"以事言谓之史，以道言谓之经"（王阳明语），而史学貌似言古，其实通变，六经之中的《易经》更是专讲变易之道，所以今人尽可不必再以复古守旧责备经学、国学。

要之，经学不可复，而经学之精神可存；三代之学不可复，而三代之寄托可存；王官之学不可复，而王官之祈向可存。

五　国学的定义

"国学"是"本国学"的简称。没有国学，何来国家？国学是国家学术。国学也是开国、立国、建国、治国、保国的学问。

古人所言"礼义廉耻，国之四维"，仁义礼智信，人之五常，无非立国之学。古人所习《诗》《书》《礼》《乐》六艺，与诸子百家之群言，无非治国之学。古人所言君有君道，臣有臣道，士农工商，国之四民，而各守其业，无非保国之学也。《周书·梓材》"王惟德用，子子孙孙永保民"，《汉书》仲山甫鼎"子子孙孙永保用"，《国语》"心率旧典"，《左传》"其敢废旧典"，凡此皆为保国之学。古人所学，为己为人，群经、百国春秋、诸子小说，下至骚赋，所言无非治道。以国学读之，皆可以为致治之洪范。以俗学读之，乃皆不免为"市道"。（章太炎《菿汉雅言》："今者政府设学教士而征学费，则是设肆于国中，而以市道施于来学之士也。"）

　　武王伐纣，至盟津，不期而会者八百诸侯，皆曰"纣可伐矣"，武王曰"尔未知天命"，还师复归。楚庄王伐陆浑，至周疆，问鼎之大小轻重，对曰："在德不在鼎。周德虽衰，天命未改，鼎之轻重，未可问也。"历代盛衰，各有其时，古史往往记载"汉德虽衰，天命未改""晋祚虽衰，天命未改""宋室偏安，天命未改"。夫大人者，与四时合其序，"先天而天弗违，后天而奉天时"。故历代都有奉天顺时、承运迭兴的教训，是为有效的开国之道。

　　陆贾时时称《诗》《书》，汉高帝骂之曰："乃公居马上而得之，安事《诗》《书》!"陆贾曰："居马上得之，宁可以马上治之乎？且汤武逆取而以顺守之，文武并用，长久之术也。"商鞅称道周武王，"逆取而贵顺，争天下而尚让，取之以力，持之以义"。殷周、秦汉之际，都有武取文守、逆取顺守的立场转变，是为有效的立国之道。

　　曹参为齐丞相，治道贵清静而民自定，相齐九年，齐国安集，大称贤相。接替萧何为汉相国，举事无所变更，一遵萧何约束。择木讷于文辞、重厚长者为吏，言文刻深、欲务声名者斥去之，实现文景之治。时当建国初期，历朝都有休养生息、清静无为的策略，不到折腾的时候就不折腾，是为有效的建国之道。

　　汉宣帝所用多文法吏，以刑名绳大臣。汉元帝为太子时，柔仁好儒，对父亲说："陛下持刑太深，宜用儒生。"宣帝作色曰："汉家自有制度，本以霸王道杂之，奈何纯任德教，用周政乎？且俗儒不达时宜，好是古非今，使人眩于名实，不知所守，何足委任？"故汉武帝及昭、宣、元、成数代，都有阳儒阴法、儒表法里的分层经验，以法家之严察管理中层官吏，以儒家之温情管理下层百姓，是为有效的治国之道。

　　战国间齐湣王攻楚，辟地千里，尺寸之地无得，最终肥了韩、魏。范雎献策秦昭王，远交而近攻，"得寸则王之寸，得尺亦王之尺"（《史记·范雎蔡泽列传》）。秦国大胜，平定六国，兼有天下。唐兴，"蛮夷更盛衰"，突厥、吐蕃、回鹘、南昭与唐朝更相立于世，

"某甲外族不独与唐室统治之中国接触，同时亦与其他之外族有关，其他外族之崛起或强大，可致某甲外族之灭亡或衰弱"，陈寅恪先生称之为"外族盛衰之连环性"(《唐代政治史述论稿》)。故历代都有远交近攻的外交策略，是为有效的保国之道。

　　是为适合中国国情的五大经验，亦即国学运用的五大定律。

目　录

第一讲　儒　　家

儒家是在人类文明上做出了最大努力的学派。

儒家是实践者，真实的儒家需要了解他们的人生。

首先，我们遇到的第一个问题就是儒家到底是什么？假如我们是外国人，或者我们从外星刚降落到地球上，我们从来不知道儒家是什么，那么我们应该怎么看待儒家？两三千年发展下来，我们接受了大量关于儒家的信息。我觉得如果跳到第三者，很冷静地看待儒家，首先我们要说儒家在整个中国文明史上影响最大，而且这个影响主要是正面的，也就是说，儒家在中国文明史上贡献也最大，因为它最切合中国的实际。因为有儒家，中国文明一直不断地向前推进，在世界其他民族国家的文明先后衰落的时候，还能继续向前发展，并延续至今。在中华文明的创造上，应该说儒家做出了很了不起的贡献。如果这样说的话，诸子百家诸如道家、法家，包括其他一些宗教流派，可能都不足以跟儒家相提并论。儒家在这方面的贡献是很突出、很卓越的，这一点不能不承认。当然，每个人可以有不同的意见，但还是应该正视这一点。

我们今天要谈儒家，首先我们要充分地肯定儒家。所以我在讲义最前面写了两句话，一句话是"儒家是在人类文明上做出了最大努力的学派"，首先他努力了；一句话是"儒家是实践者，真实的儒家需要了解他们的人生"，这个学派有一个不同于一般学派的特点，就是他是实践者，这一点我们一会儿讲孔子的时候会专门说到。

一　儒家与《论语》

这一讲，我准备谈几个小题目，前面两个小题目我会谈得简单一点，一个是儒家与《论语》的问题，一个是儒家的名称问题，这两个方面我简单跟大家交代一下。

先说儒家与《论语》。我们在现实中谈论儒家时遇到一个比较普遍的问题，一般来讲，读儒家，读孔子，都要读《论语》，我们国学院学生每个星期早晨都朗诵《论语》，但是我有一个感觉，不知道大家感触怎么样，很多时候大家一说到儒家和孔子就想到《论语》，然后不谈别的，甚至用《论语》代表了儒家，代表了孔子，我认为这是现实中的一个问题。

现在比较热闹的是少儿读经，有时候就读《弟子规》，学术界意见很大，《弟子规》不在学术界的层面，《论语》的影响要大一些，但只说《论语》也是有问题的。大家知道《论语》是孔子去世之后，弟子们为了怀念他，记下来他的言行，主要是言语，也稍带一点孔子的行为，再把这些记录汇编成书。书的内容零零散散，《论语》二十篇本身也有它的结构，但整体上来说还是零散的，一句一句，可长可短，当年的语境具体怎么样，我们已经不清楚了。

看这部书，我们会很方便地了解孔子怎么带学生、怎样因材施教的一些片段，也能够知道孔子的一些主张，特别是他回答弟子的一些问题。到中古时候我们读朱子，也有很多学生汇集朱子的语类，我们读二程的书也看二程的语录，这都差不多。这是有好处的，但是我认为它还不足以描绘出儒家或者孔子的一个比较完整的形象，所以我们在读儒家、读孔子时，还要扩展我们的文献。

1. 六经、十三经

儒家文献首先就是六经，其中《乐经》亡佚了，就是五经。其次就是四子书——《大学》《中庸》《论语》《孟子》。还有七十弟子的一些记传，"记"比如说"礼记"，包括《大戴记》《小戴记》，"传"比如说《韩诗外传》《春秋三传》。经传之中包含了孔子一生的主要寄托，因为他删定六经一定有他的寓意,有他的寄托,所以如果只读《论语》是不够的。《论语》不能代替六经,可能孔子更多的心愿和思想在六经。六经中也有一些直接记录孔子的文字,更多的虽然没有直接记录孔子的言行,但是它们寄托了孔子的主要愿望。六经之外还有《孝经》,"吾(孔子)志在《春秋》而行在《孝经》"(《孝经钩命决》),《孝经》在六经之外,但在十三经之中,也寄托了孔子的很多想法。

2.《尔雅》《孔子家语》

大家读书的时候,一定会用到我们现在说的字典,但是以前不叫字典。以前读书一定要先认字,认字有一部书叫《尔雅》,相传是周公所作,方便用来读经解经,这部书是经学的一部分,其中也有孔子的思想。

还有一部书也特别有意思,我们都知道曲阜有"三孔",孔家留下来记载本家族祖先言行的一部书就是《孔子家语》,到三国魏的时候,有一位叫王肃的学者为这本书作了注解,之后一直流传到现在。《孔子家语》一共有10卷44篇,单从目录来看,是要比《论语》的范围更周全、更细腻,从孔子一生到弟子们的一生,方方面面,一个个题目写得更加系统,分门别类,条理清楚。这部书在时间上离孔子稍微远了点,但是在内容上更加系统完备,更好读。我们大部分人读儒家、读《论语》的时候,特别是我们带年轻学生读的时候,我们不是要考证这篇哪句话是第一手的,哪句话是第二手的,我们主要看它讲的道理,只要道理讲出来了,只要讲的是对的,是符合孔子思想的,那就好读啊。《孔子家语》出现的时间肯定比《论语》要晚,但比《论语》好读。它有一个背景,现代疑古派认为它是王肃伪造的,这种说法不一定对,这不是随随便便能够伪造出来的。

《孔子家语》目录:

卷一:相鲁 始诛 王言解 大婚解 儒行解 问礼 五仪解

卷二：致思　三恕　好生

卷三：观周　弟子行　贤君　辩政

卷四：六本　辩物　哀公问政

卷五：颜回　子路初见　在厄　入官　困誓　五帝德

卷六：五帝　执辔　本命解　论礼

卷七：观乡射　郊问　五刑解　刑政　礼运

卷八：冠颂　庙制　辩乐解　问玉　屈节解

卷九：七十二弟子解　本姓解　终记解　正论解

卷十：曲礼子贡问　曲礼子夏问　曲礼公西赤问

3.《孔丛子》《孔子集语》《子曰全集》

跟《孔子家语》有点像的书，还有一部是《孔丛子》，这是孔子的一个后裔孔鲋撰写的，孔鲋是楚汉相争时陈胜聘请任命的博士。

后来不断有人汇编孔子的言论，越编越全，不管可信还是不可信，只要有依据的都会编出来，到清代的时候还有部书叫《孔子集语》，这是孙星衍辑的关于孔子言行事迹的一个文字汇编，这部书当然就更全。

前几年有位学者郭沂，大家一听就知道他是山东人，他编撰了一部书叫作《子曰全集》，先不管考证，不管真伪，他反正把孔子所有有依据的话搜集全了，我觉得这样的书也不妨一读，因为我们读书的目的还是要修养我们自己，而不是说考证这句话是不是真是孔子说过的，否则的话，我们可能一辈子都在争论一句话。孔子已然不在了，将近三千年以前的人了，后人怎么能够完全说得清呢？所以这句话有道理就行了。从好读、有益的角度，我们不妨读读《孔子家语》《孔丛子》《孔子集语》《子曰全集》，还有其他孔子生平事迹的记载。

4.《史记》

另外还有一个线索非常重要，就是《史记》。《史记》作者司马迁，他对夫子非常尊敬。这个人是汉代的史官，叫太史令，就是太史公，他记载东西有自己的规矩，作为史官也有自己的史学原则。本着史学的原则和对孔夫子的崇敬向往，他在《史记》里面记载了两篇文献，一篇是《孔子世家》，一篇是《仲尼弟子列传》。这两篇好读，而且应该先读，因为我们刚刚说儒家学派，它有自己的理论体系，但是它又不仅仅限于学说，儒家严格地说不是学者，而是政治家，你如果不让他参政，不重用他，他最后没当成政治家，才成了学者。但我们要清楚，他的本意是想参政，就像范进想做官但当不了官，于是只能一辈子当教书先生。包括诸子百家也都是想参政的，所以儒家是政治家，是实践者。我们研究实践者，就要重视他的生平事迹，《史记》在这方面有一个很大的长处。

《论语》在这方面恰恰是一个短处，它也记载了孔门师生的一些行动，但是记载的要少一些，这种文体本身叫"语"，凡是带"语"的都是以记载言论、辩论为主的，我们说左史记言，右史记事，它是以记言为主的，而《史记》就以记事为主，它更能代表孔门学派作为一个实践者的形象，这是很重要的。古人都是希望从政的，但是从政并不是直接出来做官，而是先研究学问，学成后拿学问来做官，带着他的理论，带着他的政治理想和政治蓝图来入仕。当然学者多，能入仕的毕竟是少数，可能很少数人才有机会一试身手，没机会的我们就不能把他们叫作政治家，但至少可以称为政治思想家。所以了解孔门师生，我们还要看《史记》，特别是《孔子世家》和《仲尼弟子列传》，通过这些多了解儒家的为人。

要了解更全面的孔子或者儒家，就要多看一点材料。如果时间比较有限，就看一看《孔子家语》和《史记》中的两篇，这些能够弥补《论语》中不具备的一些方面。

《论语》说难读也很难读，因为那一句话说出来，每个人都可以有不同的理解，是不是孔子原意也真的不太好说，它有一种很强的不确定性，自由阐释的空间也很大，而《孔子家语》和《史记》就不一样，它们主要介绍孔子的生平事迹，做了什么就做了什么，清清楚楚的。而且从内容上看，《孔子家语》其实差不多已经包含了《论语》的全部内容，《史记》里边也包含了《论语》的很多内容，这些是晚出的，但却是好读的。通过阅读这些书，我们可以更全面地认识儒家，认识孔子。

二　"儒家"的名称、"儒"的字义

再说第二个问题。第二个问题好像近代以来也是有争议的，不太能一下子讲清楚，我讲个大概，就是儒家为什么叫"儒家"，为什么用这个字。这是个小问题，但也值得一提。

我认为"儒"这个字应该指的是一种人，这种人从事一种职业，就是掌管教育的官，在以前叫作司徒。"儒家"的"儒"字跟司徒这样掌管教育的官是有点关系的，儒家这个职业在本质上不是我们说的教育家，也不是我们说的更低水平的教书匠，而是"官"，是政治家，他负有一种体制内的、正面的、主流的责任。如果硬来对比的话，有点像我们今天说的教育部，但是今天教育部所做的事和儒家所做的教育几乎没有一点相同的，也就是说今天的教育部相当于过去的司徒之官，但是没有保留一丝一毫的教育传统，差不多都丢了，就好比孔子绝对不会做"双一流"这种事，所以这种类比也欠妥。

我们再说"儒"这个字为什么这么写。"儒"这个字它的本意，解释为"柔"，有的进一步解释就是说"能安人，能服人"，还有的解释说"以道得民""以六艺教民"。这里我们举两个文献，一个是《书经》中的《舜典》。

> 《舜典》：帝曰："契，百姓不亲，五品不逊。汝作司徒，敬敷五教，在宽。"
> 旧注："当宽裕优游，使之自得其性也。"

这里面说的"契"，读作xiè，就是殷商的第一位男祖先。舜帝说商契，你面临一个情况，"百姓不亲，五品不逊"。现在任命你为司徒之官，你的责任是什么呢？你要履行什么样的任务呢？就是"敬敷五教"。前面说了"五品"，后面说了"五教"，还有说"五常""五典"，其实都是一样的，指的是父子、君臣、夫妇、长幼、朋友这样几个关系。具体来说，就是"父子有亲，君臣有义，夫妇有别，长幼有序，朋友有信"这"五伦"。掌管五伦的事，有一个基本原则——"在宽"。"宽"该怎么理解呢？《左传》说："宽以济猛，猛以济宽，政是以和。"告子曰："性犹杞柳也，义犹杯棬也。"这个"宽"就是柔，而"柔"这个字写出来就是"儒"。

另一个是《易经》的《需卦》。"儒"这个字是人旁，右边是"需"，《易经·需卦》的"需"。"需"字上面是个"雨"字，也有的异体字上面写作"而"，"需"字底下的"而"有时也写作"大"字，上边"而"下边"大"就写成"耎"，音软，加个单人旁还是"偄"，音软，所以"儒"字又作"偄"，从人从耎。"耎"本身便有柔软之义，所以"儒"或者"偄"字本身的字义，就是要宽缓一些，柔软一些。（杨畅按："耎"本身便有柔软之义，偄、輭、堧、娽、腝等均是"右文"的同一类词汇。）

𩵋 偄 耎

带着这样的一个风格行事，就是这个官所应该具备的特征。可能其他的官，比如说掌管刑罚的理官就不能这样，就需要面孔严肃一点，风格严厉一些，甚至头戴獬豸冠，手里执金吾，而儒家这个司徒的官一定要宽要柔。"儒家"从这个本义来说，它一定要做得柔软一点，温和一点，它掌管的教育也一定是柔和的。这样一个特点，就跟军队、警察、法律这些不一样，那些是刚性的，而教育是柔性的。所以这个"儒"字的解释，是跟教育之官相契合，官员做事的风格要宽缓柔和。儒家一定要宽，一定要柔。

在先秦还经常出现一个词，就是"儒服"。不仅有一类人叫作儒，这一类人还穿特别的衣服，就是儒服。有人问孔子为什么穿这样的衣服？夫子说我是儒家，所以"衣逢掖之衣""冠章甫之冠"（《礼记·儒行》），儒者就应该是这个形象，就应该穿这样的衣服，戴这样的帽子。"逢掖之衣"就是大袖子衣服，"章甫之冠"就是高帽子，就像我们今天刚刚行礼时穿的这样，当然孔子穿的肯定是比较讲究的衣服，我们穿的是韩国做的明代礼服，是一种象征性的衣服，比较接近传统。大家看衣服很宽，这种衣裳过去叫深衣，帽子是黑布做的，叫缁布冠。

儒家穿的这样的衣服就叫儒服，儒服本身也有一种柔软宽松的含义，这跟"儒"字又是贴合的。跟它相反的是短打扮，你要想打仗，就得穿裤子，穿那种短衣服。大家知道赵武灵王胡服骑射，短后之衣，袖口叫作箭袖，能骑马射箭，穿儒服是上不了马的。你要是想做军人，你就不要当老师，你要当老师，你就得跟军人不一样，所以儒服跟"儒"这个字是相吻合的，都给人以宽缓的感觉。

我们上面分析到，"儒"本身有一种懦弱的意思。"懦弱"本身也是一个固定词语，一般来讲，这个意思在现代社会里边很多人是不喜欢的。现代社会讲竞争，崇尚的是竞争的精神，大家在座的很多带着孩子来，或者自己就是教小孩子的教师，应该很有体会。你们在教小孩子的时候，一定要让他们在竞争之中进步，现在全世界讲究的也都是奥林匹克精神，"更高，更快，更强"，都是越来越厉害，压过别人的这种理念。那么你这个时候讲"宽缓"，你这个老师不要当了，大家一定把你撵下台，校长辞了你，家长跟你吵起来，所以宽缓在现代这个快节奏的紧张社会是很难讲的。

但是它是有道理的，儒家为什么是以柔弱为标志的一个学派？它为什么用这个字来做名称？为什么儒家一定要柔？我们把问题放在这，回头再讲。

三 孔子一生 孔门弟子

再讲第三个问题。这个问题展开讲比较长，但是比较好理解。

就是孔子的一生，包括他的弟子的生平事迹，我们把这个问题过一遍。这还是我强调过的一个思路，就是儒家是实践者，了解儒家，你可以先不管他的思想，也就是说先不看他说得怎么样，可能他说得很好听，但是对不起，我先不看你说的，我先看你是怎么做的。你是儒家吗？你说你是儒家，好，我就先看你怎么做，最后再看你的思想，看你做比看你说更重要。儒家不是没有思想，他一定有自己的思想，不会说没有思想就来做官，没有思想就来做官是现代人，在古代是不行的，他一定有自己的学说，拿学问来做官，但是对儒家来讲，做比说更重要。当然，也不一定从头到尾地看他一生的行为，看出两三件来，就知道他一生怎么过，那么在这方面我们就可以看《孔子世家》和《仲尼弟子列传》，看看儒家是怎么做事的。

这就跟我们明天要讲的道家完全不一样。道家是隐居的一些人，你想看他的一生，你看不到吧？他本来就不让你看到，让你看到就不叫隐居了。你看不到还看，有用吗？一定是没用的，你看道家的思想就好了。而儒家要先看他的做事，再看他的思想，这是儒家作为实践者的本质所决定的。

儒家是实践者，这跟别的学派都不一样，所以儒家更难学习和效仿，也更难能可贵，就是因为他们是自己亲力亲为的。

我们把孔子一生和他的弟子们的事迹都过一遍，我没有做太多的考证，考证有可能涉及细节，我们不太涉及细节方面，那也是说不准确的。大致上我们按照《孔子世家》，把孔子的生平事迹分成很多小条目，过一遍，管中窥豹，看一看孔子有一个什么样的人生。我们知道孔子有什么样的人生，基本上就可以知道儒家大致是什么样子了。今天大家想做儒家或者不想做儒家，也就清楚自己应该站在什么位置上了。

1. 孔子的故事

首先我们说，孔子的一生，他的理想和他的命运是形成巨大反差的。孔子的一生是怎么样的？他首先是圣人之后，我们现在有官二代、红二代、富二代，孔子是什么人？孔子是"圣二代"。虽然超过二代了，但是鲁大夫孟釐子说"孔丘，圣人之后"这句话是有的，现在谁有这个资格？我们最多家里边父母可能是村支部书记，做县委书记的不多，县委书记的子女一般不会在我们这个学校读书，我们也遇不到，当然市委书记、省委书记的子女更不会来。但你就是做个很大的官，你也不太可能是圣人之后。孔子是圣人之后，我们今天应该是很羡慕的。

而且孔子还有特殊的天资，他身高"九尺六寸"，周尺一尺是20厘米，"九尺六寸"是192厘米。

孔子能文能武，是商汤的后人，父亲叔梁纥本身就是商代贵族，所以他也是圣人之后。我们说商纣王好不好？商纣王也是商汤之后，也是孔子的祖先，可那是一代亡国之君，亡在什么地方？亡在自己太厉害了，这个人能够"扶梁换柱""倒曳九牛之尾"。我们平常说"马力"，马的劲儿好像比较大，牛的劲儿其实比马还大，那九条牛拴起来，商纣王可以倒拉着它们的尾巴向后走。这个人太魁梧了。他还可以"扶梁换柱"，我们屋子有梁有柱，竖着的叫柱，横着的叫梁，这根柱子我不喜欢了，我要换一个，我们现在请工人来做事，人家不请工人，也没有机器，一只手撑着这根梁，同时另一只手就把柱子给换了。商纣王还可以骑着大象，带着30万军队跟东夷作战。这个人也太厉害了，他最后其实是自杀的，自焚而死。

那么最后亡国了，是要挨骂的，但是纣王这个人有"材力"，《史记》中有明文记载。《史记》基本上还是可信的，这里面说商纣王亡国了，但是这个人"资辨捷疾，闻见甚敏"。"资辨捷疾"是说他有辩才，口才好，有三寸不烂之舌。当然，"三寸不烂之舌"不是说舌头好，而是说他的脑子好用。什么叫有辩才？这事明明你有道理，你跟别人讲我是对的，你要听我的，这不叫有辩才；有辩才是明明自己没道理，结果说着说着把对方说成了没道理，你成了有道理。狡辩是可以颠倒黑白迷惑一大片的，这也是一种"才"。文过饰非，商纣王擅长干这个。还有"闻见甚敏"，是说他的学问好。他不光思维敏捷，而且学问也好。他博闻强记，看的东西多，你跟他讲学问，他比你看的书还多，你怎么跟他讲？你讲不过他。《史记》后面还有两句话，"材力过人，手格猛兽"，上面我们说过了。我觉得楚霸王项羽这样的人物都没法跟商纣王比。

商纣王之后，一直到了孔子的上一代，就是他的父亲叔梁纥，一代勇士。叔梁纥生孔子之前在军队里服役，这一年鲁国的军队跟诸侯的军队联合起来攻打一个地方，这个地方叫偪阳。这个故事在《左传》里面有详细的记载，说诸侯联军在攻打偪阳的时候，偪阳的守军们把城的闸门给放下来了，就在闸门摇下来摇到一半的时候，叔梁纥就冲上去，用手就把这个闸门给举起来了，这城门落不下来，军队趁机攻进，就把偪阳这一仗打胜了。

古代的城，有护城河，有城墙，有城门。《左传》所记载的偪阳的城门是"悬门"，即闸门。"施关机以悬门上，有寇则发机而下之。"过去的城门不像我们现在的门，两扇左右一开。它是一个完整的石头从上面降落下来，用机关把它摇下来，比如像辘轳那种东西，把它降下来。护城河和城墙的设计一定是不让你上去，城门的重量一定是让你打不开，不然它就一定要再高再重。但叔梁纥就能举起来，一个完整的石门就给举起来了，这真是太厉害了。

所以后来民国的时候有一个山东的学者叫王献唐，这个人学问挺好的，20世纪40年代是山东省图书馆的馆长，他就说殷商这个民族有特殊的天分，男子都魁梧，女子都娇小，他们血缘基因就是如此。所以到了孔子这一代，能骑马射箭，"礼、乐、射、御、书、数"嘛！那他能长到"九尺六寸"这么高，也是有天资的。这个问题我们说多了，就是说这些本领不是后天努力能够得到的，一般人没办法，而孔子比一般的人都要优越。

孔子是一个最有学问的人。孔子晚年删定了六经并传之后世，但是他自己的知识可不限于六经了。他自己究竟知道多少东西，我们不知道，比如说他传下来的《春秋经》是鲁国的，那个时候有

"百国春秋"，各个诸侯国都有自己的史书，不光是鲁国的史书，孔子可能都了解过。他跟很多人学习，哪儿有知识就去哪儿学习。他还到西周的都城，就是现在的洛阳，去跟老子学习。跟老子学习的还不是道家的学问，是去"问礼"，学习礼的知识。只要觉得是有价值的知识，是重要的事情，他都去学习。"三人行必有我师"，他不耻下问，愿意拜大家为师，他也真的有好多位老师，结果他就积累了最多的学问。

这里面大家熟悉的一个故事，就是《庄子》的《秋水》篇。《秋水》篇中有许多特别出名的故事，"望洋兴叹""贻笑大方"这些，都是《秋水》里的典故。这里面说到一个人物河伯，实际指的是黄河，黄河两岸很宽，泛滥的时候浩浩荡荡，很是壮观。河伯觉得很得意，认为自己最伟大，但是等他到东海一看，一眼望不到头，他便感到很惭愧，说我之前为什么那么骄傲自大，我自己其实很渺小啊，听说有人竟然会认为自己的学问比孔子还好，原来我就是这种坐井观天之人啊！"且夫我尝闻少仲尼之闻而轻伯夷之义者，始吾弗信。今我睹子之难穷也，吾非至于子之门则殆矣，吾长见笑于大方之家。"这样一种羞惭的表达从侧面反映出了一个信息，就是在春秋战国时代谁也不敢说自己的学问比孔子还好。大家公认孔子的学问就是最好的，他读的书是最多的，你要认为自己读的书比孔子还多，那你一定就像河伯一样贻笑大方之家了。所以我们就知道孔子的学问不是六经能限定的，他无所不知。

而且我们知道，古时候读书跟今天不一样。我们今天读书就是把知识打印出来看一遍，过去读书是都要背在脑子里的。孔子背了多少书我们是不知道的，等到最后讲到清学的时候，我们会讲到戴震的故事。清朝有一个学者叫戴震，他说我怎么读书呢？我把六经都背下来了，虽然他不懂计算机，但他会背六经，他也背十三经，十三经的注都能背，十三经的疏背了一部分，另一部分背不了了，这就是戴震，我们感觉着跟天神似的。这不是说"《论语》一百句"的问题，十三经和十三经注疏，这是儒家的核心文献，人家都能背。

而孔子到底背了多少东西呢？当年所有他能接触到的知识，他可能都会背，所以连庄子这样一个绝顶聪明的人也只能服气，借河伯之口感慨，如果谁认为自己的学问比孔子还好，那简直就是笑话了，这是出自道家人物之口的对孔子学问的一个总概括。

孔子的学问这么好，而且还在努力，他努力的程度我们都比不上。

关于孔子讲学的记载：

1.《庄子·秋水》："我尝闻少仲尼之闻而轻伯夷之义者，始吾弗信。"

2.《史记》：孔子适周，将问礼于老子。适齐，习乐于齐太师。又学鼓琴于师襄子。孔子之所严事，于周则老子，于卫蘧伯玉，于齐晏平仲，于楚老莱子，于郑子产，于鲁孟公绰。

3. 子贡称孔子："夫子焉不学，而亦何常师之有？"

4. 孔子晚年喜《易》，曾自言："假我数年，若是，我于《易》则彬彬矣。"

5. 学习贯穿孔子一生："吾十有五而志于学，三十而立，四十而不惑，五十而知天命，六十而耳顺，七十而从心所欲，不逾矩。"

6. 孔子晚年将他所注重的知识和技能，系统化为礼、乐、射、御、书、数，合称六艺。形诸文字而传于后代的为《易》《诗》《书》《礼》《乐》《春秋》，合称六经。

7. 鲁国陪臣执国命，自大夫以下皆僭离正道，故孔子不仕，退而修《诗》《书》《礼》《乐》。

56 岁是我们现在人说的快退休的年龄，女老师已经退休了，男老师也到了快退休准备"收摊"的年龄，而在这时，孔子开始周游列国，"干七十二君"。什么叫"干七十二君"？大家知道"干"这个字吧，"干"就是我们现在说的"强奸"的"奸"字，这个字有时候写成"姦"，但还是读成"干"。干就是犯，这个事本来不该你做，你做了，这叫干，就是我们说的干预。各有各的事儿，恰如其分，你越过这个分了。一个布衣你干什么政？你根本没有资格从政，你也没有责任从政，你见什么国君，你要见顶多见你自己的大夫。

古代社会的规矩是很严格的，你是大夫顶多见你的公，见你的小国诸侯的公，你是诸侯才能见天子，这样一步一步按照身份等级操作的。你就是一个布衣，你凭什么做你不该做的事？你做了，这叫干。当然，强奸也是做不该做的事，而且做的是坏事，孔子是不该做的事做了，但做的是好事，"干"这个动词是中性的。"干七十二君"就是一个一个越级上去，跟官员打交道，累不累啊！这是艰苦卓绝的努力，情感上也不舒服，犹如丧家之犬啊！但儒家就是这样，情感上不舒服还要去做，失败了也要一直做到最后。孔子后来甚至都回不了国，匆匆忙忙回国，待不了两三年，赶紧再带一批学生出来，传六经下来，然后就去世了。

他的这种长期的个人奋斗，一生最后的努力，基本上我们每个人都很难比得了，所以他有四个长处（圣人之后＋特殊天分＋最好的学问＋最大的努力），实际上四个长处还不止，我也只是简单地罗列。然而他的生平遭遇比我们想象的可能还要遭。首先，"圣人之后"不假，但是"幼孤"，3岁的时候就没有父亲了，后来他的母亲颜徵在大概在孔子十几岁的时候也去世了，叔梁纥开创的家业都没有了。既没有社会地位，也没有经济地位，这叫"贫且贱"，贫是没有经济地位，贱是没有社会地位，没有地位而且游说失败，理论落空，到最后也没有人重用他，14年周游列国，一个机会都没有。所以孔子的一生中有很多和他的出身和天资形成鲜明对比的反差，我跟大家先大致交代一下，我们先把这个最后的印象放在前面。

有些事前面我们已经讲了，孔子周游列国之前在鲁国从政，从政的过程，我们简单地看一看。他在35岁以前做过一点小官，文献中有明确的记载，做过一个官叫"委吏"，还做过"司职吏"。据旧注说，委吏是管仓库的，司职吏是管畜牧的。我们可以联想到《西游记》中孙悟空的那个官，叫弼马温，管马那个官其实就相当于司职吏，所以吴承恩在书中辗转地借用了一些很典型的事儿，他没有明说这说的是孔子，但是孔子也做过类似的官，这还是有一些关联的。养马的官这个太不好听了，太卑贱了，孔子就做过这个，不做不行，要养家糊口，所以他是从这里做起的。

到了35岁的时候，他有一个好的机会，就是齐国的齐景公来鲁国了。那个时候，齐桓公称霸的时代早已过去了，但是齐景公在位的时候齐国还是比较强大的。"齐带山海，方员两千里"，齐国是个大国，而鲁国是个小国，一个隔壁的大国国君带着自己的宰相晏婴来了，机会来了。具体细节我们不知道，但是我们可以想象一下：鲁国国君招待齐国国君，两边的军队站好了，国君们在说话，两边大臣轻易不能张嘴，一张嘴便是非礼。不能说话，但可以眨眼睛吧，我觉得孔子一定是用眼睛向齐国国君眨来眨去的，因为有记载说齐景公对孔子有好印象，但没有言语交流，那是怎么留下好印象的呢？可能就是眨眼睛之类的小动作。我们想想孔子当年肯定是气度非凡，35岁正是身强力壮、精力旺盛之年，"九尺六寸"的身高，往那里一站，眨眨眼睛，使点儿眼色，很容易吸引人的目光。结果齐景公一回国，孔子自己就去齐国找他。当时没有安排我发言，那我遵守礼仪，但事情结束之后，我可以跟你接触了，所以这之后他就去找齐景公。当然后来也很吊诡，齐国的宰相晏婴就不同意，说国君你觉得孔子好，孔子哪里好？他是儒家，儒家可不能用。儒家事儿多，繁文缛节没完没了，就像我们刚才，讲课就讲课吧，非得先给大家穿礼服行相见礼，穿就穿吧，还系个带子，系完带子还戴帽子，还鞠个躬，啰唆不啰唆啊！儒家就是这样麻烦，拘于小节。

我回北大见到我的校友，我们历史系就是这样，特老远看到了师兄，还听不到说什么，赶紧先弯个腰。他弯个腰，然后我再弯个腰，大家从远到近，一边走一边不断地弯腰，啰唆不啰唆？真够啰唆的！而齐国可是姜太公创的国，他不讲礼仪，而讲智术，实在不行武力上，军队上。这种出法家、兵家、谋略家的国度，有它自己的学派和政治风格，所以晏婴就把这个事给搅黄了。

但大家读《汉书·艺文志》九流十家，讲到儒家学派的时候，第一个人物就是晏子，他留下来一部书叫《晏子春秋》，这也真的吊诡。为什么晏子算作儒家的第一个人？当然，现在大家讲儒学史的时候可能不这样讲了。晏子明明是跟孔子作对的一个人，最后孔子在齐国就职的机会就被他搅黄了。

后来还有两次做官机会，一次是鲁大夫季氏的家宰公山不狃、阳虎作乱，于是任用孔子做费县的县宰，现在山东还有费县，费读bì。《史记》记载，孔子有些犹豫，阳虎他们占领了这个地方，想任用我来管理费县，这个地方很小，去不去呢？是个机会，还是去吧。虽然小，但是文王、武王兴起时候占的地盘不是也很小吗？还是想去，其实最后没有去，但是起码动心了，那时候孔子50岁，不考虑不行了。

从35岁跳到50岁，从50岁又跳到56岁。56岁的时候，孔子做了一个宰叫"中都宰"，有中都肯定还有上都、下都，那么中都可能比曲阜小一点，比费县还是大一点，他就做了中都宰，宰就是行政长官。后来又从行政长官升到司空，司空是六卿之一。后来又升为大司寇，"摄相事"，代理宰相，这个地位就比较高了。

但是当年鲁国的国君已经被三家大夫，所谓"季孙、孟孙、叔孙"的"三桓"给架空了，所以孔子并没有什么大的实权和影响，他也没做出过什么事，而且做的时间也不久。即使这样，他也曾经有过喜色。他愿意做官，不漏掉任何一个机会，为什么呢？肯定不是为了工钱，而是为了推行自己的政治抱负。

再往后到了56岁的时候，是个节点，孔子觉得在鲁国等不到机会了，只好走吧。春秋时期在分封制下有很多国家，大的诸侯有14个，不像战国七雄就只有7个，那么孔子就下定决心离开自己的祖国，开始周游列国。那个时候是有国际关系的，诸侯间是一个国际体，他到别的国家去找机会，干七十二君，这些"君"也包括各国大夫在内，因为只要比自己爵位高的都是"君"。周游列国这个事情，在整个先秦史里面都是创举，从来没有一个老师带着自己的学生14年周游那么多个国家，但这也是孔子被逼无奈的行为。

关于孔子从政的记载：

1. 任鲁委吏，主仓库。

2. 任司职吏，主畜牧。

3. 齐景公与晏婴来鲁，见孔子，时年 35 岁。

4. 鲁大夫季氏宰公山不狃、阳虎作乱，囚季桓子。以费招孔子，孔子欲往，曰："文、武起丰镐而王，费虽小，庶几乎！如有用我者，其为东周乎？"时年 50 岁。

5. 鲁定公任孔子为中都宰，一年升司空，又升大司寇，行摄相事，与闻国政三月，有喜色。时年 56 岁。

孔子这样一个不期而然的失败落空结局就这样开始了。我们看结局也挺有意思的，老师带着他的孔门弟子，一边学知识，一边求做官。那时学生叫作"门人"，到战国又出现了"门客"，主人则称为"养客"。你说这是一个教育团队？不太准确，严格地说应该是一个以教育为资本的政治团队，这个政治团队就比战国"四公子"出现得早多了。

战国四公子，那是战国的一道风景。四大公子的故事很多，门客满天下，但在他们之前，孔子和他的弟子们早在春秋时已经是周游列国的游士了。还有一个例子是在孔子前面，晋公子重耳流亡国外的故事。重耳流亡 19 年，比孔子长，但他比孔子可舒服多了。重耳号称流亡，他走到自己的母亲家，就是白狄，一住就是 12 年，一共流亡 19 年，他光在自己的外婆家就住了 12 年。外婆给他娶了一个太太，叫作季隗，他就住下来。后来还是想回国寻求帮助，中途走了到齐国，齐国的国君遇之甚善，又给他娶个太太，叫作齐姜，一住又是 5 年，还是很舒服，19 年这就去掉了一大半了。所以他还是没有孔子那么艰难。晋公子流亡 19 年，可以跟孔子的周游 14 年做比较，但是晋公子很舒服，孔子要艰苦得多，而且晋公子最后成功了，孔子的愿望还是落空了。

孔子周游列国，前面可以与重耳比，后面可以跟四公子比，一比较我们就知道孔子当时处在一个什么样的处境中，这些在《史记》《论语》里都有记载，我们有兴趣可以多了解一些。

我们接着讲孔子一生的一个梗概，讲义上一条一条地列出来了，这是按照《史记》里的时间线索，把《论语》里边涉及的一些问题都给还原到历史场景里面来了。所以其实就是《论语》里面记载了一些内容，太史公又把自己采访到的一些给还原了，我们就来看看当时的场景。

关于孔子求仕的记载：

1. 鲁定公十四年（前496），孔子56岁，至卫，为颜浊邹家臣，居10月。卫灵公使兵仗一出一入。

2. 将至陈，过匡，类阳虎，匡人围之。孔子曰："文不在兹乎？"口气强硬。

3. 返于卫，见南子，子路不悦，孔子答子路曰："予所不者，天厌之！"卫灵公与夫人、雍渠同载，孔子曰："吾未见好德如好色者也。"

4. 至曹，无果。

5. 至宋，宋大夫桓魋欲杀孔子，拔树。孔子曰："天生德于予，桓魋其如予何！"

6. 至郑，立东门外，与弟子走散，被讥为丧家之犬，孔子曰："然哉！"

7. 至陈，为陈大夫司城贞子家臣，居三年。

8. 将至卫，过蒲，蒲人止之，盟而出之，出而背盟，曰蒲可伐。

9. 至卫，卫灵公已老，孔子始叹："苟有用我者，期月而已，三年有成。"

10. 欲至赵中牟，曰："吾岂瓠瓜也哉，焉能系而不食？"临河，叹曰："逝者如斯夫，不舍昼夜！"

11. 返于卫，卫灵公问阵，孔子曰"未之学"。明日见孔子，仰视飞鸿，色不在孔子。

12. 至陈，季桓子招冉求，子赣送之。孔子曰："吾党之小子狂简，斐然成章！"多惆怅感慨。

13. 至蔡，值楚侵蔡。至叶，叶公问政，子路不对，孔子曰：何

第一讲 儒 家 19

不对"不知老之将至"?

14. 返蔡，遇长沮、桀溺，又遇荷蓧丈人，孔子曰"鸟兽不可与同群"。

15. 楚国聘孔子，陈、蔡大夫围之于野，绝粮，从者病，弟子有愠色。孔子问子路、子贡、颜回同一问题："吾何以至此？"

16. 使子贡至楚，楚昭王兴师迎孔子，至楚郢都。令尹子西曰："王之使使诸侯有如子贡者乎？""王之辅相有如颜回者乎？""王之将率有如子路者乎？""王之官尹有如宰予者乎？"秋，楚昭王卒。

17. 返卫，弟子多在卫，卫君欲用孔子，孔子对曰"正名"。子路曰："子之迂也，有是哉！"

18. 冉求将行，孔子曰："鲁人召求，非小用之，将大用之也。"子赣知孔子思归，送冉求，因诫曰："即用，以孔子为招。"冉求为季氏将师，曰军旅学于孔子。季氏招孔子，孔子返鲁。虽返鲁，终不用。

在鲁定公十四年（前496）的时候，孔子56岁，开始周游列国。

第一站到了卫国。卫国在现在的濮阳，挨着鲁国，所以他只要一出鲁国先经过卫国，可能也是因为离曲阜比较近，孔子好多弟子都是卫国人。在先秦有两个 wèi 国，一个是"鬼委"的"魏"，那是个大国，到了战国三家分晋后才出现，一个是"保卫"的"卫"，是春秋时候一个特别小的国家，但是孔子跟这些小国家还纠缠得特别多。到了卫国后，他住在一个叫颜浊邹的人家里面，颜浊邹是卫国的一个大夫，孔子就依托这个大夫。大家都知道孔子是最反对大夫干国政的，他最不喜欢大夫，但是他自己还经常住在大夫家里，这我们就能体会到他当时那种不得已的情境了。这一天卫灵公约见他，见面的时候不跟他说话，兵仗倒是一出一入。这挺有意思的：我约你来，没说什么话，有一队士兵从这门进来，绕过来从那门出去，这是什么意思？孔子就觉得不对劲，虽然你没有把我怎么样，但是我感到很不舒服，于是孔子就走了。卫灵公这样实在不像是待客的样子。譬如我们家里请一个客人，请来了坐在那儿不跟人家说话，提着菜刀转一圈，你说他能待吗？他不待了，只好走了。

第二站准备到陈国。中途经过一个地方，叫作匡。匡的城墙上有个豁口，孔子的马夫指着豁口说，当年我们跟着阳虎就从这个豁口攻进了匡城。巧的是，孔子的样子跟阳虎长得很像，匡城人想，阳虎上次攻打我，这回怎么又来了？这次不能再放过他！于是就把孔子包围了。孔子当年很淡定，口气也很强硬：这是个误会，不是我干的，我不怕。"文不在兹乎？"天下斯文就在我身上，他能把我怎么样？老天爷要不然不要"斯文"，要"斯文"的话，他就没有办法杀我，文命在兹，口气很厉害。

然而陈国去不了了，又返回卫国，卫灵公对他还是不感兴趣，但是卫灵公的一个夫人对他感兴趣。这就又出来一个故事，叫"子见南子"。说到古人的名字，女人的名字姓在后面，名在前面，南子就是一个"子"姓、名"南"的女人，子姓跟孔子同姓，也是殷商后人，这个人对孔子很感兴趣。春秋时候的女人地位要高一点，男人叫国君，女人叫小君。我们不明白为什么国君对孔子不感兴趣，国母会对他感兴趣，不知道为何小君对孔子感兴趣，也可能是听说孔子学问好，有思想，长得又帅，带的弟子也很厉害，所以就想见见他。那么孔子可见可不见，最后孔子还是见了，回来就遇到了子路。

孔子弟子子路原来就是梁山泊的好汉，就是山东那一带，梁山泊自古就出强盗，他当年拦着孔子不让走。但是孔子这个人大家知道，我不跟你打架，你要买路钱我也不给你，结果子路就乖乖地放下屠刀，跟着孔子读书去了。这真的是循循善诱，"循循乎善诱人"。具体经过我们不知道，反正孔子最后把子路说服了，子路就成了儒者，但是还带一点儿豪杰本色，他敢说话，敢顶撞夫子。夫子的其他弟子应该不敢顶撞他，子路敢，他知道孔子去见了南子，就把孔子拦住，质问他：你干什么去了？为什么去见了南子？你们两个到底干了什么？根据历史记载，我们也不知道孔子跟子路是怎么对话的，但是我们明确地知道，孔子跟子路发誓："予所不者，天厌之！"

古人有一个思想，就是人的生命是上天给的，你在人间走一遭，你有什么福祸，都是天意。各种的幸福快乐也是上天给的，如果上天讨厌你了，认为你的福已经享够了，就把你的小命收回来。"厌"就是满，就是饱了、够了。孔子就发誓，如果我做了对不起上天的事，那么就让老天把我的命收回去。这誓很毒啊！孔子被逼成什么样，我们也可以想象到了。

据说当年垂着帘子，夫子只听见了南子身上的佩玉声，看不到这个人。事实上这种接见是很敏感的，孔子冒着这样一个舆论压力，最后还是没有结果。南子想让孔子做她的老师，孔子不干，孔子想在卫国从政，南子又不干，可能就是没谈拢。

然后又去了曹国，也没有结果。

去了宋国，又碰上一个事。当时出入境都有关卡，就像唐僧走到哪儿都要出示通关文牒一样。孔子到了宋国，还没有进城，和弟子们在郊外树底下休息，喝点水吃点东西，弹弹琴休整一下，"弦歌之声不绝"。宋国有个主政大夫叫桓魋，这个人很讨厌，他不喜欢孔子，但是孔子是"国际知名人士"，有"国际手续"，是不能拿他怎么办的，于是桓魋派兵把孔子一行人给围起来，把他们背后休息乘凉的树给拔走了。

过去有人把孔子的故事绘成图画，就是《圣迹图》。这个故事，有的说是砍树，有的说是拔树。我们都知道鲁智深倒拔垂杨柳，拔树也是有可能的。我们可以想象一下，你本来要进城，大家休息得好好的，一个人过来，也不跟你说话，走到背后就把你乘凉的大树拔出来挪走了，你就不得不晒太阳了，这个场景也是很尴尬。这什么意思呀？明明乘着凉，你力气大就把树拔走了！有意思的是，你也确实没直接得罪我。这就是春秋人做事，也挺妙的，事情有时候做得很绝，又很合理，挑不出毛病。桓魋把这件事处理得很聪明，同时又会让你觉察到非常严重的威胁。

所以宋国去不了了，计划中断，再到郑国。但是日程在计划之外，粮食不够了，车马也没有保障，然后师徒就走散了。孔子就在东门之外等他的弟子，这就是丧家犬的典故。孔子的弟子颜回问路人，夫子在哪儿？路人说在东门外边那个像丧家之狗的人就是你的老师吧！颜回说那一定是，赶紧去跟老师会合。可以想见，大家当时都是狼狈样，处境很困难。当然，这还不是最困难的时候。

然后去陈国，有个大夫叫司城贞子，对孔子不错，孔子就做这个大夫的家臣，做了三年。孔子很讨厌家臣干预大夫之命，大夫干预君王之命，但是孔子自己还给人做家臣。阳虎就是家臣，后来成了权臣。

之后去卫国，途中经过蒲国。蒲人正在跟卫国打仗，一听说孔子要去卫国就不干了，立马就把孔子包围了。孔子说我发誓，我去了卫国以后不会帮助他们攻打你们。蒲人相信了，就把他放了。结果一放他回卫国，孔子就说要打蒲人，他们很坏。弟子很纳闷，说夫子怎么能不守信用呢？孔子解释说在被威胁的情况下立的盟约无效。我们看儒家处事也是很灵活的。当然，也是一种不得已，孔子一直处在很被动的境地。

然后到了卫国，卫灵公已经老了，还是不用孔子，孔子就感叹："苟有用我者，期月而已，三年有成。"对这么一个小国，孔子还想着能用他，一个月也好。

然后又去赵国。中牟叛赵，招孔子，孔子说："吾岂匏瓜也哉，焉能系而不食？"就去了。去赵国要渡过黄河，孔子一生没有跨过黄河，但是他在河边发了一句感叹，非常有名，就是"逝者如斯夫，不舍昼夜"。大家一般会把这句话当作金句、格言、警句，督促大家珍惜时光，但是真正按照太史公的理解，当年孔子是一个什么样的心情呢？是非常悲伤的！自己已经五六十岁，苍颜白发，已经老了，时间就像黄河之水一样流逝过去，再也回不来了，这是一生马上要结束而理想还未完成的一种心情。现在我们离开了当时的情境，就把它当作一个鼓励自己奋斗的话了，其实想想，一个人要悲伤到什么程度才会说出这样的话啊！（杨畅按：《四书解义》曰："此一章书是孔子就川流以指道妙也。天地间大化流行，无时少息，随处可见。

论本体则自然不息，论工夫则自强不息。朱子曰：自此至篇终，皆勉人进学不已之辞。"）

　　如果孔子能找到一条船到达赵国，可能会发现一个新天地，而孔子那个时候一直在中原周旋，他没有去河北的赵国，没有去河西的秦国，到了长江边上的楚国，但已经是强弩之末，没有什么施展。我们就想，如果到了这些国家是不是会好一些？后来荀子、李斯、韩非到了这些强国，孔子没有，他只是在中原周旋。所以人的命运是不是也跟地域有关啊？反正孔子一生没有跨过黄河，当然历史不能假设，如果能假设的话，说不定能改变历史。

　　之后孔子又返回卫国，卫灵公跟他有一个问答，就是向他"问阵"，意思是你会不会打仗？废话，孔子当然会打仗，但是孔子不说，他说我没学过打仗，"俎豆之事则尝闻之，军旅之事未之学也"，我对这些事不感兴趣，也不愿意跟你说这些事，我不会教你怎么打仗，更不会帮你领兵打仗。卫灵公需要的就是为他领兵打仗的人，而孔子就是不谈。谈话中，有大雁飞过去，卫灵公很有意思，身边有这么一个大学者，却"仰视飞鸿"。飞鸿比我还重要吗？孔子没办法，还是说不拢。

　　到了陈国，陈国没有用孔子，但是鲁国派来了一位使者。车马铃声由远而近，大家都机灵起来了，这是家里来人了啊，都盼望着。结果人家不找孔子，只找孔子的弟子。要知道孔子在周游后期名气特别大，前半段是没什么名气，大家不用，后半段是名气特别大，用不起了，这时候用老师的弟子就足够了。好像我们现在，用博士用不起，用硕士就行了。所以孔子一看，好不容易来个人，结果一聘把他的弟子聘走了，孔子这心里应该是酸溜溜的。在老师的教导下，弟子都渐渐成名了，最后却把老师给跨过去了。孔子当时说了一句话："吾党之小子狂简，斐然成章，不知所以裁之。"我都没法教了，翅膀都长硬了。这句话说得既像是鼓励，又像是酸溜溜的一种委屈。现在我们也说"斐然成章"，是称赞的话，其实原文是话里有话。这时候，孔子的另一个弟子子赣比较聪明，他就悄悄跟冉求说，如果你回鲁国，多少有点儿用场的话，你赶紧为老师说几句好话。后来冉求回去了，帮助鲁国打仗，训练军队。大家知道孔子的弟子能文能武，鲁国是个小国，冉求居然把小国的军队训练起来，打败了齐国，鲁国的大夫就好奇，问你到底跟谁学的，冉求当然说是夫子，于是鲁国孟孙氏就把孔子接回来。接回来还是不能用，但是要知道孔子晚年差点儿死在国外，连祖坟都回不去，所以返鲁也算是一个幸运的结局了。

后来又到蔡国，到了叶这个地方，叶旧读作 shè。我们说"叶公好龙"，楚国称县令为公，叶公就是叶县的县令，做叶公的前后不止一个人，但是问政于孔子和好龙的似乎都是叶公子高，所以就惨了，没希望了。叶公问子路，孔子是一个怎样的人，子路没有回答，然后跟孔子说我没理他，那家伙不值得理睬。孔子就说，你为何不回答说，你的老师"发愤忘食，乐以忘忧，不知老之将至"？老师已经很老了，但是自己不觉得自己老，内心还是抱有希望的。叶这个地方，就是现在的南阳一带，是中原跟楚国交界的地方，虽然地方小，却是郑、楚两个大国之间的一个过渡带，一直是南北必争之地。这地方很厉害，民风比较剽悍，后来光武帝打昆阳之战就在这一带。这个地方很关键，孔子还是想争取一下，当然后来这个机会也没有。

后来在蔡国，路上见到两个隐士，就是长沮、桀溺，他们好好地把孔子讽刺了一番。孔子也是可怜，政治上落空不说，还一路受到不少嘲讽。他们问孔子为什么跟人群来往，跟社会来往，社会值得你来往吗？孔子就说，我不跟人来往，难道跟鸟来往吗？"鸟兽不可与同群，吾非斯人之徒与而谁与？"我没办法啊，真的是迫不得已。

然后差不多就到了周游的最后一段，这是处境最差的一段，也是最有希望的一段，孔子终于到了强大的楚国。楚国全盛的时候，有东楚、南楚、西楚，但是楚国的文化是特殊的，中原各国称之为南蛮。当时在位的楚昭王知道孔子很出名，决定聘用他，大家看"昭"这个谥号，就知道这个人的政绩不错，是政治比较英明的一代国君。而且楚国是大国，在整个先秦一直都是中原最大的威胁。我们知道，楚国是自己称王的，曾经向周天子请示封王，没得到批准，不同意也要自己称王，所以春秋时候有两个王。中原把它叫"楚子"，公、侯、伯、子、男，它是五等爵里比较小的爵位，但是楚国说我就是王。楚国自有一套类比天子的建制，它的文化也很先进，这些年不断出土的简帛几乎全在楚国境内，这里的文化学术背景比我们以前想象的好得多。这个强大的国家对孔子来说应该是最大的希望所在，孔子被召时可高兴了，最好的机会终于来了。

但是快到楚国的时候，走在陈国、蔡国两国之间，野外的边界上，孔子一行人被陈、蔡的联军给包围了。两国都在楚国北边，楚国一扩张就老是欺负他们，这两个小国就投降，后来晋国也来欺负他们，他们就又向晋国投降。在晋、楚两个大国争霸的时候，这两个小国总是倒来倒去的，特别不好生存。那么因为当时陈、蔡两国在跟楚国作战，倒向晋国一边，而楚国正好招孔子，所以他们就把孔子一行人包围了。楚国是我们的敌国，你们不能去。虽然只是包围而已，不打你不骂你，但就是不让你走。结果包围了七天七夜，没吃没喝，最后到什么程度呢？"从者不能兴。""兴"是起身，他们已经连起身都起不来了，就是快饿死了，到了这个程度。孔子跟他的门人弟子，我把他们叫作"孔门政治集团"，这个集团马上就要团灭了。这时候楚庄王派兵来接，孔门弟子才进了郢都。

这是孔子最好的一个机会。但是特别可惜的是，到了这一年的秋天，楚昭王就去世了。一代明君去世了，新的国王继位，一继位跟父王的做法就不一样了。

楚昭王招贤纳士，打算正式起用这批人，然后和自己的宰相令尹子西商量，说这些师生特别能干，我们楚国要重用他们。令尹子西没说行还是不行，只是反问楚王，说大王你看我们楚国的这些大臣里边有没有人做外交像子贡这样有才能的，楚王想想没有；再问我们里边有没有人做宰相能像颜回这么好的，想想也没有；那有没有将帅之才像子路这么好的，也没有；还有没有做管理能像宰予那么好的，还是没有。接下来就没问第五个问题了，其实潜台词就是做国王的人选，大王你有没有孔子这么好，没问出来，但是暗含着这个问题。这几个问题连着问出来，也不必等楚王回答，令尹子西就是让昭王仔细想想，如果你用了这批人，我们楚国是谁的楚国？人家都比我们能干，你用可以，但是楚国很快就成了孔子师生的楚国，就不是你的楚国了。楚王这么一想，那确实不能用，一个都不能用。当年秋天，楚昭王去世了，孔门师生在楚国没有得到任何机会，也只能再回来。

回来又经过卫国，这个令人讨厌的卫国。卫君和孔子谈了谈，这回是问问孔子怎么管理政治。孔子说第一要"正名"，就是要名正言顺，名实相副，在什么位置就得承担什么责任。这一招当然是比较迂阔，毕竟远水不解近渴。"正名"的确是从根本入手，但是不能马上奏效，当然又谈不拢。

到了鲁哀公十四年（前481）的时候，孔鲤死了，颜回、子路也死了，孔子这个时候彻底没有什么信心了，不断发出失望的声音来，这和早期的"苟有用我者""斯文在兹"就很不一样了。大家可以把《论语》里孔子说的话用时间连起来，比较他前后的口吻，就知道其中的变化了。这时候他经常说："天丧予！""吾道穷矣！""莫知我夫！"没有人了解我，没有人知道我是一个什么样的人。这一年子贡请见，孔子跟他交谈，感慨吟唱道："太山其坏乎！梁木其摧乎！哲人其萎乎！"唱着唱着就哭了，过了七天孔子就去世了。

孔子的一生大概如此。

2. 子贡的故事

我们顺便也说一下子贡的故事。子贡是孔门弟子里特别值得注意的，这个人不像颜回那样学问好，他本身是个商人，会经商，"家累千金"。要知道，千斤黄金在春秋那个时代是可以发动政变、颠覆国家的，社会地位比同王侯，可以说是无冕之王。子贡生意做得好，他挣出来千斤黄金，平白无故积累起巨大的财富，可以说是空手套白狼。他有很大的一个本事，《史记·仲尼弟子列传》里面给他做了一个总结："子贡一出，存鲁，乱齐，破吴，强晋而霸越。子贡一使，使势相破，十年之中，五国各有变。"子贡做使者，推动了吴越争霸，春秋五霸里最后两个霸主是在他的参与之下确立起来的。

子贡不出则已，一出则"十年之中，五国各有变"，这样一个人是学者吗？这像是孔子的弟子吗？孔门中居然有这样一个人，这是后来纵横家的手段啊！苏秦、张仪他们才能这样做，凭三寸不烂之舌，张仪用连横之术破合纵之策，苏秦挂六国相印，而子贡早在春秋时期就做到了。大家可以看一看《仲尼弟子列传》里面子贡这一段，特别有意思。这可以从一个侧面说明孔子这些儒家人物是干什么的，孔门弟子中有各种各样才能的人物，他们是特别有本事的政治家，子贡就是其中一个有外交才能的人物。《史记》记载孔子自己说，弟子们都出师了，"唯季次未尝仕"。颜回没有做过官，季次没有做过官，其他弟子差不多都去做官了，这个时候唯一没做官的就是两三个弟子加上老师本人。儒家作为一个学术流派跟政治合作，最早做出成绩不是在汉武帝独尊儒术那个时候，早在战国初期，李悝在魏国变法，魏国很快强盛起来了，虽然跟孔子本人没有直接关系，但是跟子夏有关。李悝和儒家的关系可以看钱穆先生的研究。

孔门弟子之间有很多故事，就上面这一点来说，我们看《史记》就比看《论语》明了，这其中的起伏变化特别有意思。你把子贡那段话，那段身世，直接拿到今天去做市场营销，那是最好的案例，非常有竞争性。子贡是商业之神，古代叫作财神。财神有两个，一个是子贡，一个是陶朱公。

四　孔子思想的核心概念是"仁"

接着说第四个问题，孔子思想的核心概念。

孔子建立的儒家有一套自己的学术体系，有一套思想，一套逻辑，它是一个大的系统，这个系统要说得周全一点儿需要很多时间，我们换一个思路，我们先不管整个体系，我们就找它最根本的一个核心点，这样的话我们能够节省时间，这可以叫"根本法"。从根本上说孔子,把周围的枝枝叶叶都去掉,看他最根本的到底是什么。我们不要做"延伸法",越延伸越远,越偏离原意。

学术界公认,孔子的核心思想是一个"仁"字。这个"仁"当然是一个专有名词,也可以说是哲学的一个特定概念。那么"仁"到底是什么意思?从本义到若干引申义是些什么,我们来看一下。

1."夷"即"仁"即"人"

$$尸 = 夷 = 尼$$

第一,"仁"的古体字写成"谁其尸之"的"尸"下面加两个小横,这个字很少见。同时这个字也是"夷"字的一种写法,《说文》:"夷:从大从弓,东方之人也。"段注:"盖在坤地,颇有顺理之性,惟东夷。从大。大,人也,夷俗仁。"所以"仁"字就是"夷"字,"夷"就是我们说的东夷。古人说有四夷,东夷、西戎、北狄、南蛮,合称四夷。我们笼统地可以认为四夷是比中原华夏落后的,但是如果把四夷拆开来看,中国历史上从古到今,基本上没什么人敢说东夷落后,因为自古以来东夷就是一个和中原文化交流融合比较多的民族。舜是东夷人,殷商也是东夷人,孔子自己就是东夷人,东夷怎么会落后?东夷落后过吗?

《汉书·地理志》说:"东夷天性柔顺,异于三方之外,故孔子悼道不行,设浮于海,欲居九夷,有以也夫!"

《后汉书·东夷传》说东夷"仁而好生","天性柔顺","故孔子欲居九夷也"。

东夷这个民族,它的文化就是柔的,东夷人柔,所以有"仁"这个字。所以要说起来,柔是东夷的特性,而东夷又叫作"仁","仁"这个字可能还是从东夷传来的。《后汉书·东夷传》主要讲古代的朝鲜,古代读作 zhāo xiān,所以古代朝鲜是"仁"的一个发源地,也是东方文明的一个发祥地。这个民族具体分析,有些时期相对中原来说可能弱一些,发展得也比较缓慢,不像中原那样地大物博，但整体上东夷的文化水平还是很高的。当年孔子还想去东夷呢！"子欲居九夷"，"君子居之，何陋之有？"所以东夷是很特殊的。因为东夷仁厚友好，讲究礼乐，能歌善舞，于是就出现了"仁"这个字，所以"仁"字跟"夷"字在古代是一个字。

"王宜人甗"（又称作"册般甗"）铭文"王宜人方"

第二，"夷"这个字在甲骨文和金文里面也写成"人"，"仁"这个字去掉两小横就是"人"。金文里面记载"王宜人方"。东方有一个民族叫作"人方"，有人读作"尸方"，"人方"其实就是"夷方"，也就是仁义之方，这是国家的名字——仁国。国名就写作"人类"的"人"，也就是"仁义"的"仁"。

2. "仁"古文又作"忈""忎"

忎＝忎

"仁"字还有几个古体的写法，一种是上面从千，下面从心，又或者上面的千变成两横，或者变成身体的"身"。这三种写法都是"仁"。清华的廖名春教授说上面从千或从两横是从"身"的省文，原字应该是"忎"。他认为这个"仁"字是一个会意字，身心成人，身心和谐叫作仁。

由此就关联到程朱对"仁"的一个理解:"医书言,手足痿痹为不仁,此言最善名状。"二程不好说清什么是仁,但可以反过来解释什么是不仁。不仁就是中医说的"麻痹不仁",就是人的身体麻木了,譬如说半身不遂、偏瘫了。四肢本来是有感觉的,结果它没感觉了,一条胳膊或者一条腿动不了了,这就叫不仁,和不仁相反的就是"常惺惺",就是仁。从中医角度这样解释,就与从身心的"仁"字接近。孟子说阳虎的三观是"为富不仁矣,为仁不富矣","为富不仁"就是对他人的疾苦感到麻木,失去了感觉。

朱子也说过:"心既不仁,便是都不醒了。如人身体麻木,都不醒了。"人的身体麻木不醒,没有感觉了,是不仁;相反,对万事万物、一草一木都有感觉,就是仁。仁就是感应到其他生命的存在这样一种感受,是一种感观上的相联相通。这样一种解释也和"仁"的这种写法吻合。

3. "仁,亲也"

还有第三个解释,就是把"仁"解释为"亲"。《说文》:"仁,亲也。"《孟子·离娄上》:"仁之实,事亲是也。"《孟子》和《中庸》这些书喜欢把"仁"解释为"亲",这个就比较复杂了,因为"亲"字是怎么来的我们也说不太清,字形是十二地支中的"辛",架在一个木头上。最近的"亲"就是父母"双亲",范围大一点有"六亲",就是我们说的父子、兄弟、夫妇,范围再大一点有"亲戚"。亲属分为五服之内、五服之外,从近到远,无穷无尽。但是在先秦,这个字专指一个小家庭里面的"至亲",和"至亲"相对,大家族就有社会公共领域的含义了,就不能叫"亲"了。只要是"亲"就是小范围的,小家庭又叫"私"。"公"和"私"是相反的两个概念,"背私曰公","背公曰私"。譬如鲁国的国君叫作"公",他既是国君,又是大家族的族长;孟孙、叔孙、季孙称作"三桓",是桓公后裔,封为大夫,叫作"私",他们既是大夫,又是小家庭的家长。当然后来有八口之家、五口之家,一直到今天的三口之家,是商鞅变法"分家"之后更小的家庭了。先秦的"私"范围大一些，指的是大夫和士。从公侯到大夫到士，公私之间有一个逐渐的过渡状态。

"亲"和"私"是比较接近的，"仁"和"私"也是比较接近的。"仁"在这个意思上，就是你要对和自己血缘关系近的人照顾得多一点，我们现代人称这种照顾为"爱"。相亲相爱，"爱"针对的也是小家庭、小范围。后来有一个词叫"大爱"，"大爱"不是"爱"的本义，只要是"爱"就是小范围的，也就是"偏爱"。古人对"爱"这个字比较隐讳，很少讲"爱"这个字，因为讨厌对某一个人特别关照，"爱"本义是偏爱，他们觉得这样做丢人，不好意思说，应该是对所有人都关心，"老吾老以及人之老，幼吾幼以及人之幼"，这样才对。孟子说到西周的太王古公亶父"爱厥妃"，是极其委婉的。那么到今天当然就离不开这种表达，任何场合好像都在讲"爱"这个字，但我们不要忘记"爱"这个字在古文里边是比较私人化的东西。"爱"的近义词是"惠"，"惠，爱也"，"惠者，心专也"，就是恩惠专门倾向于某一个人，而不是所有的人。

4. "仁者，人也"；"仁，相人偶也"

第四个解释很重要，我们要特别多说一点。

《礼记》讲完"仁"字，后面的注解引用了郑玄的话。郑玄是东汉时候的大学者、大经学家郑康成，这个人是学术史上较早的人物，而且汉代与先秦接近，他说的话就很受重视。

《礼记·中庸》："仁者，人也。"郑玄注："'人也'，读如'相人偶'之'人'，以人意相存问之言。"

《中庸》说，"仁"就是"人"。"仁义"的"仁"是"人类"的"人"，那么"人类"的"人"又是什么样的人？郑玄接着说，就是"相人偶"的"人"。后来到了清代，著名朴学家阮元和陈澧研究认为，"相人偶"是汉代的一个俗语、一个习语，汉代人就是这样说话的。"相人偶"，就是彼此不分，这个"偶"也写成"耦"，"长沮、桀溺耦而耕"的"耦"。"人偶"中的"人"是别人，"偶"是自己。"相人偶"就像我们过去说的"尔汝"之交，两个人说话的时候，张嘴就是你我，不分彼此，也不用谦辞。我们看过去诸侯国的国君见周天子自称"贱臣"，他们的夫人自称"贱妾"，这都是一种谦辞。如果这些谦词和敬语都不用，直接平辈相交，彼此相亲，就是"相人偶"。

"偶"在古代中原读音与"我"相近，所以"偶然"本当作"俄然"。现在陕西方言"我"读成è，与"偶"相近。"相人偶"就是相人我，大家都一样，彼此彼此。我们过去说夫妻之间"尔汝"相称，"卿卿我我"，不讲那么多规矩，彼此之间很亲密，"燕尔""亲昵"，是一种亲切的表达。

有一个小故事，汉武帝的时候征服了西域，西域的骆驼、葡萄、琵琶、胡床、胡椒、烧烤等那些好玩的东西都过来了，天子喜欢和归附的匈奴小儿一起玩，当作游戏。不住皇宫，住帐篷里，大家都不必行礼了，也不要钟鸣鼎食了，我们弄点烧烤怎么样？我们还可以做点小买卖，你摆个酒摊，我去你那里买酒，你跟我要钱，我砍价还价，好玩！就这样没大没小，不管对方是匈奴人，还是投降的俘虏，不讲什么等级名分，这个叫作"相人偶"。贾谊的文章里面说过这样的事。《贾子新书》：匈奴来降，召幸数十人，更进得佐酒，"上乃幸自御此薄，使付酒钱，时人偶之"。贾谊是汉文帝时候的人，后来贬在湖南长沙。

"相人偶"表面上看是不拘于礼节，实质上是大家互相亲爱，平等相待，在这里更强调彼此之间的一种发自内心的敬意。一见面你给我揖一个礼，我也给你回一个礼，礼节上平等相待。所以大家好好看看这个"人"字，特别像一个人在行揖礼，就是相见礼。这是从郑康成到阮文达、陈兰甫的一个一致的解释。他们还说"人"这个字后来有些变体，写得比较僵硬。人的身体本来是很柔软的，就像敲的钟磬一样，它是弯的，有一个美丽的"磬折"。身体弯下来，双手伸出去，做一个揖礼，这个行揖礼的侧面行状就是"人"，也就是仁义的"仁"，刚刚开班典礼的时候我们行了揖礼，大家可以感受一下那个片段。

这样分析起来，"仁"或"人"这个字就特别地有内涵。我们是礼仪之邦，我们彼此敬重，不分彼此。（不分彼此更侧重的是人格上的平等，人与人之间相互尊敬，但在具体礼节上还是有差别的，并不是在行为上没大没小。）不管你是天子诸侯，还是布衣百姓，大家平等相待，见面行礼，互相尊重，这就是"仁"或"人"。我们现在在有些场合会强调说"大写的人"，"一撇一捺的'人'"，这个解释就已经把汉儒的本意丢掉了。

很多时候当我们讨论"仁"时会非常苦恼。"仁"到底是什么意思？每个人都可以有不同的理解，于是等于没有解释。有一位台湾学者屈万里，他写过一篇文章来统计"仁"这个字的定义，结论是涵盖古今中外 200 多个美德。当然，我们现在还可以统计出第 201 个意思，每个人都可以基于自己的生活体验不断地增加新的含义，这是允许的。但是，既然古今中外的一切美德都可以用"仁"这个字来表达，换句话也可以说，"仁"这个字没有什么作用。因为所有好的东西都是"仁"，"仁"可以代表所有好的东西，这也就没有范围了，这个定义就被泛化了。有定义等于没定义，这样一种思维就让人很困扰，无从下手。那么反过来，另外一个方向就是往回走，看"仁"的最根本的定义。它的引申义有两百个、两千个我都不管，我只看它最根本的定义。那么，最根本的定义可能就在这里，"仁"是"相人偶"，就是人们在行揖礼时的一个侧面形象。"大"字是人体的正面，"人"字是人体的侧面。"相人偶"这个解释蛮有意思的，我觉得有些道理，所以特别跟大家说一下。

5."仁"是人道、人文、文化、文明、教化、名教

说到这儿我们再说第五个定义。

"仁"是人道、人文、文化、文明、教化、名教；是仁义之道、孔孟之道；是人文精神、人道精神；是清醒理性、入世实践。

我们既然说"仁义"的"仁"从"人类"的"人"，那么人类之所以成为人，其实就是仁义所在。在这个角度上，我们就必须回到

《易经》上来。《易经》里边有一卦是《贲卦》，卦辞里边说到了这样几句话："刚柔交错，天文也。文明以止，人文也。观乎天文，以察时变；观乎人文，以化成天下。"

这句话一下子提出了我们在现代社会里使用频率很高的几个词——"人文""文化""文明"，这三个词最早的出处都集中在这几句话上。这几句话的字面意思怎么理解呢？我们先看《贲卦》。《贲卦》是《离》下《艮》上，下面是《离》，上面是《艮》，《离》是火，《艮》是山。八卦重叠出了六十四卦，六十四卦都是重卦，下面一个上面一个，不管下面还是上面，只要带《离卦》的就有火的成分。"离"字有个繁体字，就是"離"，右边是个"隹"，隹是鸟，去掉右边的隹还是"离"，这是个独体字，其小篆体就像一只鸟。所以"离"本身就是一种鸟的名字。"禽"字也从"离"，是鸟类的总名。鸟的眼睛好，大家知道飞机上的摄像机叫鹰眼，因为鹰的视力好，可以在很高的地方看得见底下的猎物。所以如果谁的眼睛好，看得清楚，就用鸟的眼睛来称赞他，就是"离"。离朱是中国上古时期神话人物，传说他"能视于百步之外，见秋毫之末"，《孟子·离娄》篇中首句"离娄之明"，离娄就是离朱。

所以《离卦》代表的是明亮，指的是火，是南方。南方有火，天气炎热，日照明亮。六十四卦里边只要带《离卦》的卦象都有光明的意思，《贲卦》就是这样，所以《贲卦》里出现"文明"二字是很有道理的。"明"是日和月，也写作"朙"，是目和月。太阳和月亮是最亮丽的事物。文明，也就是人类后天创造的文化，当然也是亮丽的。

"文"这个字，本身也有明亮之义。"文章"可以写作"彣彰"。"彣""彰"右边都带三根羽毛，大家知道鸟兽的羽毛往往是有颜色的，虎豹有花纹，所以也有"彪"字。"文章"两个字加上三根羽毛，可知"文"字本身就代表着色彩、文采。"文"的本义是指五彩交错的线条，《说文》叫作"造画"。有色彩而又交错着形成一种图案，就是"文"。

大家有兴趣的话，可以对照古文字，多了解这个字。我们说条纹、花纹、文采，"文"这个字本身就是文采的意思。而人类后天创造的光艳亮丽的事物，就是"仁义"的"仁"，我们就叫作"人文"。人文是强调人类的后天努力，它有光明，能照耀我们的内心，所以又叫作"文明"。这个文明可以在不同的场合传播，可以薪尽火传，代代传承，从而产生一种教化的作用，就叫作"文化"。"观乎人文，以化成天下。""文化"是强调教育的一面，用明亮的事物改变人类自身的气质。

匕（"化"字的右半部分）

（小篆"化"字）

（小篆"真"字）

我们再讲一下"化"这个字，简单地引申一下。

"化"这个字，没有左边的单人旁也是"化"，就像"仁"没有单人旁还是"仁"。"化"的右半部分看起来像"匕首"的"匕"，但不是"匕"。"匕首"的"匕"是往上弯，原意是短剑、食器，"刀""匕"为一类。"匕"是小刀，用来吃饭的餐刀，餐刀要插肉，还是很锋利的，所以它既是餐具，又是武器。而"化"的右半部分在小篆里是出去以后再弯下来，表示变化的意思。

"化"的右半部分，容易和"匕首"相混的这个"匕"，单独读，还是"化"。实际上"匕"是"人"字上下颠倒的形状，字书称之为"从反人"。就像我们在永州潇湘，经常说到"脉"或"派"，其本字作"辰"，没有水旁，而"反永为辰"，"永"字和"辰"字是左右颠倒的形状。所以"化"字很有意思，它实际上是一颠一倒的两个"人"字。

甲骨文、金文中的"化"字

从"匕（化）"的字不多，有一个字是"真"，一个是"死"。"真理"的"真"，繁体字从"匕（化）"。儒家讲"诚"，不讲"真"。道家讲"真"，道教的最高目标就是成为"真人"，也就是仙人。人生不满百，最后要么成仙，要么成死。逆着做就成仙，顺着做就成死。所以老子问大家，能不能成"婴儿"？"死"的委婉说法便是"化"，如说"羽化""坐化"。人本来是活着的，最后死了，这就是最大的变化啊，所以"死"字也从"匕（化）"。

"死"字古写往往从"人"，实际上这个"人"应当是"反人"，也就是"匕（化）"字，与"真"字为一类而含义相对。

"死生亦大矣"，这句话庄子也说，朱子也说。我们看这两个从"匕（化）"的字，一个是"死"，一个是"真"，这两个字又刚好形成一种对应关系。死是自然状态，人活着要吃东西吧，生老病死都要经历一遍吧，这是自然的变化。如果逆着这个过程，明明该吃东西，我偏不吃，我辟谷，从一个大人又回到婴儿状态，就成了真人、仙人，这就是非自然的变化。道家讲"顺则成人，逆则成丹"，"成丹"就是成仙而长生不死的意思，"成人"就是自然死亡的意思，早走晚走，早晚都得走。一个顺着走，一个逆着走，两个意思都讲的是变化，而且还不是一般的变化，指的是人的生死变故。

那么，"文化"的本义就应当是指人类后天的伟大创造，这种创造出来的东西能够感染我们，让我们发生极大的变化，就是儒家说的"化民成俗""变化气质"。"化民成俗""变化气质"的作用之大，不啻人类的再生再造，不啻对于人类自身的第二次创造，这称之为

"文化"。

　　儒家讲究的就是人应该做好自己，进而影响别人，这影响的结果就是文化。"文化"是强调它的后天的变化，"人文"是强调它的文采、有序，"文明"是强调它的高度和亮度。没有亮度的，见光死的，不能叫文明，文明本身就是明亮。

　　（杨畅按：吕祖谦年少时性情卞急，一日诵《论语》孔子曰"躬自厚而薄责于人"，忽觉平时忿懥涣然冰释，遂终身无暴怒。朱熹曾说："学如伯恭，方是能变化气质。"）

　　我们现在再回过头来讨论"文"字。两条交错的笔画加上一点一横，一点一横这个"亠"部俗称京字头，其实它还是一个错画。"文"是两个错画上下叠加，所以我总是觉得它和《易经》的术语"爻"字有关。

　　我们先看另一个由两个错画组合的字——"爻"。爻有阴爻，有阳爻，《易经》里最基本的部分是八经卦，各有三个爻，重卦是六个爻。那么"爻"是什么意思？"爻"其实就是两个错画，"文"和"爻"这两个字应该是相关联的，所以《系辞》说八卦产生出了文字。

　　接着我们来找从"爻"的字，能找到的不多，有一个"效法"的"效"从爻，还有"学"的繁体字从爻，"觉悟"的"觉"的繁体字也从爻。还有一个就是"教育"的"教"字，我们大家都在做教育，"教"字右边是一个反文旁"攵"，在《说文解字》里这个偏旁写作"攴"（音扑），是拿着小棍子敲打的意思。"教"字左边是"孝"，"孝顺"的"孝"字古体也从爻，"孝"和"爻"在古代是一个读音，所以"孝""教""爻"三个字形近音近，含义都是相通的。现在我们写"孝"，先写一个"土"，再写一大撇，所以解不通。

　　我们再来看"爻""孝""教"到底是什么意思？《说文解字》里对"教学"的"教"字有这样一个解释："上所施，下所效也。"这说的是两个方面，上行与下效。一个巴掌拍不响，只有上没有下或者只有下没有上，都不成其为"教"。我们说"言传身教"，"教"一定是由双方共同完成的。"教"本身也是"效"的意思，二者是施受关系，一者施教，一者学习效仿。那么，孝顺也是效法上一代怎么建功立业贡献于社会的，自己跟着做，边看边践行。"爻"字则更是鲜明生动，一个爻一个爻比着学，是很明显的效仿，所以"爻"字本义就是效法，所谓"爻，效也"。综上可知，"爻""教""效"这三个字是同源的关系，形近、音近、义通。

"学"字的繁体"學"也跟"爻"有关，"学"字有一个保留在方言里的读音，读作 xiáo。"学"解为"觉"，"觉"字的繁体"覺"也从爻，方言里有一个读音读作 jiáo。"学""觉"和"教""孝""效"音都相近，表达的是同一个意思。"学"和"觉"也是从爻而来，本意是通过效法前人的文明成果达到觉悟。

这时候大家就知道，中国人的教育是效法、实践出来的。上行下效谓之教。《说文解字》："教：上所施，下所效也。"

中国的家长都是重视子女教育的，家长的水平再差，也会关心自己的下一代的学习，但有时候会出现这种场景：家长在客厅打麻将，把里屋空出来，让小孩子一放学就到里屋做作业，打完一局看看孩子做好了没有，然后又出来打麻将，孩子没做好作业就不准出来吃饭。这是我们生活中教育孩子的一种现象，可能还很常见，不能说这样的家长不重视教育，但是他（她）用的方法是不对的。

中国传统的教育是，我根本不拿一套东西去教育你，你就看着我做，我怎么做，你就跟着怎么做，我怎么说话做事的，你看着学就好了，家长本身也是从小这样看着学过来的。所以教育从胎教就开始了，如果想让自己的子女有教养，自己先得做好，上行下效，教育自然就在其中了。家长很有钱，成日里打麻将，教训孩子这个没做好，那个没做好，小孩子内心其实是不服气的，最服气的还是言传身教，而且身教比言传的作用更大。所以从"教"字看，教育不该单搞一套外在的东西，就是直接的言传身教。师生关系也是一样。过去师生好比父子，一日为师，终身为父，子女在家中怎么看待父亲，在学校就怎么看待老师。当然，如果能直接以父为师，所谓"畸人子弟",就更好了。所以"教"这个字里面蕴含着中国人教育观的根本思想,并且直接渗透到五伦的各个关系中。

"教"字加上"文"字,叫作"文教";加上"化"字,叫作"教化"。儒家是讲文教、讲教化的,而这种教化是通过言传身教实施的,换句话说,它不是外加的、强制的。中国传统的做法是用一种身教的方式温和地影响年轻人,一代一代地传承下去,薪尽而火传。这种东西一定是柔性的,不是刚性的。什么叫刚性?法律、军队、行政、财政,这些都是国家控制的手段。相反,不花钱,不派军队,不动用法律,不设置官吏,就只有一些家族长辈,三老、孝廉,让他们的行为慢慢地影响下一代,这才是柔性的文教的做法。

儒教的教化又被称为"风教"。我们把诗别称为"风",诗人别称为"风人",风是什么样的?风行水涣,风行草偃,风一来,草就顺着风吹的方向慢慢弯下来。我慢慢吹,你慢慢弯,用一种柔性的东西慢慢浸润你的内心,而不是用刚性的方法强制你执行。所以杜预说:"优而柔之,使自求之;餍而饫之,使自趋之。若江海之浸,膏泽之润,涣然冰释,怡然理顺。"法律、军队、行政、财政可以走刚性路线,而文化,这种人类后天的精神创造,一定是走柔性的路线,这就是文教、风教。这是完全不同的两条路径。风教首先是遵循教育自身的规律,其次用今天的话说就是节省政治成本。

儒家这条路线,用一个字来代表就是"仁",这一路下来,都是"仁"的引申义,根本内容是人类后天的精神创造以及它的传承问题。这么来看,"仁"的核心内涵就是非常丰富的。

五 孟子思想的核心概念是"义"

先秦儒家"孔孟"并称,那么谈了孔子,我们再来看看孟子,孔孟加起来就比较能代表先秦儒家的思想了。

孔子的核心思想是"仁",孟子的核心思想是"义"。"仁"是一种比较抽象的、根本的、通用的概念,这个概念具体表达出来就是"义"。所以孟子说:"夫仁,天之尊爵,人之安宅也。"又说:"仁,人之安宅也；义，人之正路也。"

"仁"就像一所房子，如果你想安静不动地待着，你可以在房子里不出来，静如处子的样子；你如果想动一动了，就走出来，"义"就是走在路上。仁义其实是一回事儿，仁本身也有动态的含义，而义的动作性的意思更为明显。所以孟子说义，就等于孔子讲仁，只是仁义二者相对而论的时候，"义"更强调为一种行动。

孔子建立儒家学派，首先确定它的根本原则，对它进行抽象的哲学界定。而到了孟子的时候，则更强调一种行动的意义，强调做一个行动的人，做一个实践者。这时候你就能体会到儒家真的是很注重实践的学派。如果只有"仁"，只在屋子里端居不动，这不叫儒家。一定要对社会有实际的贡献，一定要做出来，才是儒家。这就是孟子告诉我们的注重实践的精神。

我们现在可以总结一下，儒家到底是一个什么样的流派？"仁"引申开来，"仁者，人也"，"仁"是整个人类的、人道的、人文的、文明的后天创造，完全依循动物天然本能的不是"仁"。而人文、文化的传承又与"爻"字相关，是通过学习效仿得以代代传承的，这种教育就是文教，产生的作用就是"化人"。不仅化人，而且化物，"赞天地之化育"。"人化物"，而非"人化于物"，这叫作"文化"。"仁义"称为仁义之道、孔孟之道，代表的是整个人类的精神、人文的精神、人道的精神。这种精神是一种清醒理性的、入世的、注重实践的思想。这样一种理性、入世、实践的精神，就跟我们后来的道教、佛教以及其他宗教很不一样了。儒家没有宗教的东西，它始终是清醒的，不像基督教说上帝是绝对的、不要问上帝从哪来的教义，儒家没有这一套。"未知生，焉知死"，儒家也不像佛教那样期待来生，发愿往生西方极乐世界。儒家有信仰，无宗教，包括儒家最最重视的祭祀，还有《易经》所讲的"神道设教"，都完全是清醒理性的。儒家始终是清醒地设计着、改造着我们的世界。

第二讲 道   家

　　"道"就是哲学，读哲学就是读道家。道家是哲学、形上学的高端。

　　道家是思想者，真实的道家需要了解他的思想。"我思故我在。"

　　我们第二讲讲道家，道家起源极早，我们主要讲老庄的道家，老子实际上比孔子年长一些，姑且列在儒家后面。

　　道家在中国学术史上一直都是显学，研究的人和讲授的人千千万万，我们这里用一节课的时间把道家的脉络大致梳理一下，不能说得很完备。我在这里准备了三个题目，主要讲道家学派的名称、道家思想的重要范畴和老庄的思想。

　　在这之前我们先看一个小故事（见《孔子家语》《公孙龙子》《吕氏春秋》等）：

　　　　楚王出游，亡其繁弱之弓（一作"乌号之弓"）。左右请求之，楚王曰："止！楚王失弓，楚人得之，又何求之？"孔子闻之，曰："楚王仁义而未遂也。亦曰'人亡弓，人得之'而已，何必楚乎？"老聃闻之，曰："去其'人'而可矣。失之，得之，又何求之？"

　　楚王有次出游的时候把自己名贵的弓给弄丢了，这个弓有人记载是叫"繁弱之弓"，也有人说是"乌号之弓"。这一定是个宝弓，类似越王勾践剑这种。那么大王身边的人就赶紧为君王寻找这把宝弓，楚王说："止！楚王失弓，楚人得之，又何求之？"反正都是楚国人，一个楚国人把它弄丢了，另一个楚国人得到了，那何须寻找呢？楚王是这样一个态度，不是心系一人，而是心系整个国家，他是一个明君。

那么孔子听到这件事以后，说这个楚王了不起，但是境界还是不够，"仁义未遂"。"亦曰'人亡弓，人得之'而已，何必楚乎？"他说楚王应该这样回答：不论什么人得到这把宝弓都好，不必局限于是不是楚国人。孔子是这样一个态度，不是心系国家，而是心系整个人类。

后来这个故事又被老聃即老子听到了，老子就说，你做得还是不够啊。"去其'人'而可矣。失之，得之，又何求之？"其实这跟人也没有关系，如果不提"人"就更好了，在大自然里弄丢了，在大自然里保存着。老子是这样的态度，不是心系人类，而是心系万物。宇宙、自然、万物，意义都是一样的。

这个故事把楚王、孔子、老子的立场排列出来，刚好是一个明显的对比，能说明一点问题。就是说人君如果比较开明的话，就应当不在意个人的利益，而儒家会认为全部人类的得失都是同等的，孔子的核心概念是"仁"，"仁"就是"人"，是将全人类视为一体，不分彼此。那么老子呢？就又不一样了，天下万事万物都是平等的，只要这个东西存在，在哪里丢掉，又在哪里得到，甚至是不是被人类拥有都没关系。这个小故事从侧面反映出了政治家、儒家、道家不同的原则和立场。

这一小段文献虽然不足以表达出政治家、儒家和道家的全部思想，但是有点意思。楚王已经公而忘私了，孔子则被称为"大公"，老子更被称为"至公"。就是说政治家看起来很开明了，但其实他的眼界还是很小。相对来说，儒家的眼界就大一些，而儒家再要跟道家比，儒家的眼界还是相对小一些，道家的眼界最大。但是你也可以反过来说，眼界最大的最不务实，眼界小一点的可能比较务实，眼界再小一点的就更容易操作。所以楚王身为政治家，他在理想上小，但是可操作；道家的老子理想很大，但操作性就差。所以还是看从哪个角度上思考这个问题。这几种境界就明显呈现出了阶梯递进的序列。

这个小故事挺有意思的，而且把我们第一讲的儒家和这一讲的道家联系起来了。

一 道家的名称

后面我们要说到道家的名称，但是首先要特别强调一下，儒家和道家的渊源都非常早。我们现在一般认为儒家是孔子开创的，我昨天也是这样表达的，但是要仔细追究起来，还真不是这样。从孔子开始，儒家叫作儒家，但是儒家的内容、它的思想学说，早就有了，而道家也有可能从老子开始才有这个名称，甚至于在老子之后再晚一点才有名称，由于文献缺失，也不好说得过于确定，但是道家的思想、它的学说渊源是非常早的，跟儒家是一样早的。并且道家作为一个独立完整的学派的形成，也不一定先要有道家名称出现才算。所以这两家根本就不是春秋之学，都有更早更大的渊源背景。

我们首先来追溯一下道家的源头。这里面涉及几个代表人物，主要是商汤的宰相伊尹，周朝的开国大臣姜太公吕尚，商末周初的史官辛甲和楚国的先祖鬻子。商朝末年，鬻子也就是鬻熊作为周文王的老师，曾辅助他起兵灭商。在他90岁的时候，周文王公开招贤，他参与了。周文王问他这么大年纪还能干什么？鬻子回答说带兵打仗不行，但我可以给你出谋划策，这么说我还嫌太年轻了呢。鬻子后来被周文王延聘为师，之后还做过周武王、周成王的老师，活到了110岁高龄。后来他的孙子熊绎，受到追封建立了楚国，鬻子就成为楚国的先祖。

到后来《伊尹》《太公》《辛甲》这些文献都亡佚了，只有《鬻子》留下来一些片段，《鬻子》全本22篇，最后传下来的是残本2卷14篇，直到唐代的时候才有人重新发现，这就是目前我们所能看到的最早的道家文献，也是最早的子学文献。那么也就是说，我们此时此地在湖南讲道家是很特殊的，因为我们能看到的最早的道家文献其实是楚人留下来的，同时作者也是楚人最早的祖先，所以我们称鹖子为"楚学之祖，子学之宗"。

我之前看到过《鹖子》这部书，但是没有仔细读。到湖南以后，我仔细阅读，之后写了一些札记，后来出版了。钟肇鹏先生的《鹖子校理》是 2010 年 10 月出版的，我的《鹖子笺证》在 2012 年 4 月出版，但是我的札记《楚学之祖，子学之宗——读〈鹖子〉札记》，四万字的长文，是 2010 年 6 月在《湘学》第五辑上发表的，比钟肇鹏先生早一点。两部《鹖子》的校注相继出版，大家有兴趣可以关注一下。钟肇鹏先生是疑古派的观点，怀疑《鹖子》这本书是唐人伪造，但我读了以后认为这部书是真的，因为书中的思想本身就有很高的真实度，一般伪造不出来。

关于道家渊源的问题，我们不做太多正面的梳理，下面我们来说一说道家学派名称的含义。昨天我们讲儒家，儒家思想的核心概念是"仁"，"仁"就是全人类，就是人道，就是全部的人类文明和文化，儒家从这样一个角度来给自己的学派定位，很了不起。回过头来，道家说起来也同样了不起，甚至说更伟大。"道"是什么呢？"道"就是真理。道家说，我就是追求真理，追求真善美，追求天下的公理，我是这样的一个学派，我的名称就是一个"道"字。这是很自信，也是很伟大的。

因为一般来说在先秦那个时代，特别是春秋前期，还没进入封建社会，还处在低级的奴隶社会，社会生产力很低下。（郭沫若的"战国封建说"影响最大。）但是在那个时候，我们的祖先在没有满足基本的物质需求的情况下，他们不去贪图更多的物质享受，他们在很认真地追求真理。生产力那么低下，可能一生也很难吃几次肉。据文献记载，70 岁才可以食肉。基本的温饱都很难得到满足，而老子却满心理想地追求"道"，追求真理，并且建立了一整套的哲学体系。这是非常了不起的。我们现在从小就学知识，学到大也很少有人告诉我们要怎么样去追求终极真理，大多数人只会功利性地学习职业技能。所以我们首先要说，以"道"命名，建立一个家派，这个视野非常宏大，它关涉全人类，关涉整个生物界，关涉直至千万年之后的将来。只有追求这样一种永恒的真理，有这种心胸，它才会有这样宏大的建构。

我们现在从文字学的角度解释一下道家。先讲"行"和"五行"，再讲"道"和"道德"。

"五行"是大家经常提到的，比较熟悉的，但是不了解的话很容易对它产生误解。"道德"不用说肯定是汉语中最早出现的一批核心词了，在现代汉语中的使用频率很高，但其实人们很少了解它的本义。

北 彳 北 彳

"行"这个字，《说文解字》是这样解释的："行（彳）：人之步趋也，从彳从亍。凡行之属皆从行。"我们看这个字的小篆很像一个人形，文字学家称字形的这种写法叫作"拟人化"。许慎说"行"像人行走的样子，凡是跟行有关的字都在这个部首之下。

但是在甲骨文中"行"是象形字，像道路，它的字形与十字路口十分逼似。甲骨文和《说文》是两个不同的字源解释系统，做甲骨文研究不会完全跟着《说文解字》走，罗振玉在《增订殷虚书契考释》中说："北象四达之衢，人所行也。……许书作彳，形义全不可见。"这实际上隐约地批评了许慎。许慎把"行"写成人行走的状貌，其实就失去了象形字的特征，就看不出来了。其实"行"就是一个十字路口，可以连通东西南北四个方向，"四达之衢"代表着它是一个四岔路口，"衢"这个字的部首也从"行"，也和道路有关。

我们再来看"道"和"德"。"道""德"二字均从"行"。

甲骨文、金文中的"德"字：

彳（《合集》7271） 彳（《英》580） 彳（《粹》864）

胐（《甲》2304）　㣚（辛鼎）

“道”在《说文》中是这样解释的：“道（䢔）：所行道也。”“道”这个字现在从“辶”，就是我们说的“走之旁”，是行走的意思，它的右半部分是“首”，就是头颅。但是古文“道”字写作“衜”，这个写法是从“行”。就是说，“道”这个字按照这种古文字形的写法，它跟“行”是一类。不是从“辶”，而是从“行”。当然“行”“走”“之”这几个字的含义都是相通的，但细节上还是有差别。

“所行道也”，许慎说“道”就是所行走的道路，这个解释还是有问题的。我们先往下看。

我们再看“德”这个字。“德”字在甲骨文中写作“徝”，就是将“德”字右半部分下面的“心”省略掉，左边还是“双人旁”，从“彳”。可是它还有另外一个写法，是在“徝”右边再加一个“亍”，写作“衜”。这就与我们前面说的“道”字的古文写法“衜”相近了。可见“德”字从“彳”是一种省略的写法，它应当是从“行”。“德”这个字也和行走有关，从“行”的“衜”字与从“行”的“衜”字，是一类的。在甲骨文中，我们可以找到这样的字形的例证。这些例证中，有从“彳”的，有从“亍”的，都属省略，也有完整、不省略而从“行”的。很明显，它们就是我们前面说的十字路口、四岔路口的形状。

现在我们就可以得到一个初步的结论：“道”和“德”在古文字中其实都是从“行”的。我们现在看“道德”一词，虽然二字连用，却似乎是把两个不同的字合成一个复合词，于是两个字的本义就互相遮蔽了。其实它们本就是一类的，它们有共同的一个字源，就是“行”。“道”和“德”本来就是共生共存的关系，同时被发明，一起被使用。这就很有意思了。

1. “德者，得也”

说到“德”这个字，古代有一个说法，流传特别广，叫作“德者，得也"。很多人这样说，现在追溯下来，比较早的说法有管子、韩非子。应该是在比较早的时候，大家对"德"这个字就有共识。

"德者，得也"，第一个"德"是"道德"的"德"，第二个"得"是"获得"的"得"。获得的"得"字从寸，在古文字中像是伸手去抓一个东西，拿到后叫获得，比如打猎时看到了猎物就去追赶，终于捕获了，就是获得。

为什么"道德"的"德"可以解释为"获得"的"得"？这两个字怎么能够画等号呢？这就是一个问题。我的理解不一定对，大家听一下。就是说，两个人在一起，我能够让你获得，你得到了，而我就被称作"有德行"，所以"德者，得也"是就双方面而言，是一种施受关系。你能够让别人获得益处，于是你就被大家认可，认为你有德行，所以叫"德者，得也"。不是说你自己拥有什么，你自己就有"德"。一定是你能够让别人获得好处，然后你被别人称作"德"。"德者，得也"是这样的关系。

这种关系在古人那儿有这样的一个描述：《管子·心术上》中有几句话说："物得以生生，知得以职道之精。故德者，得也。得也者，其谓所得以然也。"

《管子》这部书是特别有意思的，稍微说一下。你说它是道家的书是可以的，说它是法家的也行，反正这部书的思想有些杂。管子是齐国的宰相，姜太公是齐国的始封国君，所以齐国是姜姓国家，它和鲁国、晋国这些姬姓不同。齐国东邻大海，视野开阔，这些人就在一个辽阔的环境里世代生活，但是土地是盐碱地，并不肥沃，重要的经济来源就是鱼盐之利。他们擅长经商做生意，喜欢出门，甚至航海，有点儿像古希腊的生存环境。这样一种情况跟我们中原内地不太一样，齐国是有一点海洋民族的味道，它的文化也有一点商业文化的味道。那么管子的思想也是这样，不是完全农耕的，有点儿喜欢经商，擅长谋略，说得再通俗一点，擅长算计。

《管子》这部书特别有价值。那么有人就说那个时代的一个宰相，那么忙，怎么可能留下这么多的著作呢？所以这本书在近一百年来被大家怀疑是伪书，没有受到太多的关注。其实这部书有特殊的价值所在，别人越是不重视，如果有谁立志研究，便越容易做出成绩。那么我们看《管子·心术上》说的这段话，"物得以生生，知得以职道之精"，这句历代传抄下来可能有讹误，也许应当是"智得以识道之精"吧，紧接着后面提到了"德者，得也"。

2. "道德""仁义"

"道德"是一个常见的复合词，我们已经知道这两个字有同一个来源，所以才会放在一起。"道德"的组合关系就有点像"仁"和"义"。"仁义"也是同义词组合的复合词，但是如果要分开来单独讲，"仁"和"义"又是不同的含义，二者可以说是体和用的关系。"仁"是一个抽象的哲学原理，是根本，是体；由它发出来的作用叫作"义"。同理，"道"和"德"如果放在一起也是指的一个东西，但分开说又有差别，二者构成的是施受关系，我给你益处，你得到了，同时，我也获得了德行，这个也是体用关系。"道"是体，"德"是用，一体而两面，其实表达的还是一回事。

我在这里举几个例子。

《乾卦》象传中说："天行健……德施普也。""天行健"是"道"，"道"发出来以后"德施普也"。

《庄子·天地》中说："通于天地者德也，行于万物者道也。"它把"德"和"道"放在一类上来分析，但是又有区别，通于天地的叫作"德"，行于万物的叫作"道"，"道"是最根本的，"德"是"道"发出来的作用。

还有《管子·心术上》中说："德者道之舍……以无为之谓道，舍之之谓德。"这个"舍"就是住处。说到住处的时候，就可以对比孟子说的话。我们第一讲说过，孟子说"仁，人之安宅也；义，人之正路也"，安安静静待在房子里不动的是"仁"，"义"则是人从房子里走出来，走在路上。在这里，"道"是人在房子里很安静，就是体；"德"是人走在路上，是具体的实践，就是用。

贾谊在《新书·道德说》中也说过："物所道始谓之道，所得以生谓之德。""道者，德之本也。仁者，德之出也。"他把"道德"还是稍微加以区分了，"道"更加偏向本体，"德"更偏向作用。

3."道：所行道也"

现在我们离开枯燥的训诂，做一下阐释。首先我跟大家说我的一个想法，《说文》中解释说"道：所行道也"，后人大都认为"道"就是人所走的道路，但是你仔细推敲《说文》的定义，这里面对"道"的解释并没有主语。

张立文先生说："道的原始意义是指人所行走的直通的道路。"（《中国哲学范畴精粹丛书：道》）

唐君毅先生说："人道，即人之所当行之道。"（《哲学概论》）

这里的主语"人"是学者阐释的时候加上去的，于是就成了"道：人所行道也"。现在大概所有学者谈到"道"，都认为"道"是人所走的道路，都是这么解释的。

我们可以推测，在《说文》传抄、流传的过程中，可能把主语给弄丢了，后人于是给它加了一个"人"字做主语，但如果这个主语不是"人"呢？这也不容易判断。它应该有一个主语，这个主语是不是"人"呢？一定是"人"吗？我认为这个主语应该是"天"，还原到《说文》中就是："道：天所行道也。"

说到这里，我们就很容易联想到鲁迅说的那几句话。鲁迅有一篇小文《故乡》，文末就说："希望本是无所谓有、无所谓无的，这正如地上的路。其实地上本没有路，走的人多了，也便成了路。"大概所有的年轻学生都学过、都知道吧，引用这段话的人很多。鲁迅是说地上没有路没关系，你大胆地往前走吧，路都是走出来的，鼓励大家要有勇气去探索未知领域，于是就成了励志的格言金句。但是这句话严格地来讲，它不是严密的哲学语言，这里面的逻辑是有问题的。事实上，你在一片森林中迷失了方向，你勇敢地走走可能会走出去，但是作为一个国家，作为一个文明社会，如果你要说前面没有路，我只管走，路便会出现，那么肯定是不对的。路绝对不能随便走，一定要先设计好，一定要先论证好。如果前人的路走成功了，我们后人跟着走就好了，不必要另外创新，创新是要付出高成本的；如果前面没有路，没有人走过，那就该先设计、论证再说，不能随便走到哪儿就是哪儿。天下没有这种随随便便的路。鲁迅的原话是"走的人多了，也便成了路"，而不是一个人无论走到哪儿都会有路。

再稍微引申一下。现代政治家讨论过"知而后行"还是"行而后知"的问题，古代政治家也讨论过"创业与守成孰难"的问题。实际上创业与守成不分难易，在创业的时候创业就难，在守成的时候守成就难。"知而后行"还是"行而后知"？在人类不具备学术知识的情况下，当然是"行而后知"；在人类已经具备了学术知识，人类文明已经有了数千年精神积累的情况下，当然是"知而后行"。你如果对任何前人的经验都不尊重，动辄从头做起，总是回到原点，自我作古，诿曰创新，岂不是笑话！

所以，道家就提出来，天地之间只有一个"道"，就是真理。任何人走出来的东西都不叫作"道"，只有一个"道"，但绝对不是"人所行道"，不是任何人走了走就叫作"道"。在哲学上，只有这一个"道"。你要么知道它，要么不知道就去探索它，可能探索了以后还是不知道，那么后一辈人就继续探索，这不是一个很容易的过程，能了解"道"不是一个简单的事情。我们说"江湖险恶"，庄子说"送君者皆自崖而反"，不是那么容易的，所以认知事物一定要有所取法。

这里就有一个问题，就是人不能跟着人走，人类自己很难找到正确的道路。人跟着人走，凭什么甲必须跟着乙走？凭什么乙一定比甲正确？是很难证明的。人类管理人类，人类引领人类，是不容易的。就像我们同学之间、闺蜜之间，我有疑问，你有疑难，每个人都需要相互学习，没有一个人是全知全能的，人跟人学习是有限的。当人类的一部分人，在理论上有资格统治人类的另外一部分人的时候，无论这部分人有多么优异，无论他的统治有多么善良，都是危险的。所以，道家没有把理论上的资格交给任何人。相反，道家对人类深怀戒备。

所以，我们现在也不知道什么是"道"，什么是完全正确。但是我们知道，道家老庄他们所追求的"道"，一定不是鲁迅所说的人世间的道路。鲁迅的话在学术上是不严谨的。一个人有的时候可能只差那么一点点自信，你用这句话鼓励他勇敢迈出第一步，也许会激发出他的潜力来，这种鼓励是可以的，但这属于心理学问题，在哲学上它却是经不起推敲的。所以道家的"道"一定是天道。"道"一定是超越人世，超越人类有限的经验世界的。

4. 道是黯淡无光的

最近永州地方政府投资文化建设，请深圳一家文化创意公司在濂溪书院设计太极亭，墙壁上是《太极图说》，中间一个大铜钟，在铜钟顶上的天花板上做了声控互动特效影片。这个公司很有创意，他想模仿《太极图说》做出"无极而太极"的效果，于是在太极亭里挂了一个钟，为它起名叫"太极钟"，希望学生在大考之前可以来撞钟祈福，敲一下这个小影片就会自动播放。电影脚本的画面描述一开始就说："一个绚丽的光点从画面中心向四周绽放，形成深邃璀璨的宇宙画面；混沌的宇宙空间，星云流转，组成太极的阴阳图案；太极的图案逐渐幻化成为地球，在太阳系之上，地球公转带来白昼，阴阳的交替。"做完之后让我看，我就跟他说，这个创意本身很好，但这个小影片的设计在内容上存在一些问题。我在修改意见上说："这里完全不对。《太极图》与地球、太阳无关，而与北斗、北极有关。《太极图说》的宇宙中心，不是'一个绚丽的光点'，而是一个黯淡不可见的中心。"

此前朱子对他的学生廖明德（字子晦）说过："'道'不是有个物事闪闪烁烁在那里。""不成是有一块物事光辉辉地在那里？"（义刚记）"不成别有个物事光烁在那里？"（贺孙记）"'无极而太极'，而今

人都想象有个光明闪烁底物事在那里。"（夔孙记）

《太极图说》讲"无极而太极"，宇宙最初的原点叫作"无极"，而"无极"不是一个绚丽的点，不是放射出的一束光芒，到下面"太极"一段才是最宏大、最壮观的，由此化生万物，丰富多彩。濂溪先生不是道家，但思维模式是一样的。他们所理解的宇宙起源，不是最亮丽的东西，而是最黯淡、最无声息的东西。平时看是看不到的，你在天空、在整个太空里面去找，如果你找到了最黯淡的一个点，它就是宇宙的中央，就是万事万物的起源，这个东西就叫作"道"。

我以前比较关注太阳，太阳运转的轨道叫作黄道，在我们中国人眼里太阳一直是一个重要的物象，我们经常会说"三光""三辰""黄道吉日""日上三竿""如日中天"。有的学者就提出来说，中国古人有太阳信仰，全世界其他的民族在原始时期也有太阳信仰。这个观点在学术界的影响比较大。但是要说到万物的起源、宇宙的来源，古人没有人认为是源于太阳。

5. 太阳与黑洞：一个思维的参照

宇宙的起源不是太阳系。我们每天一睁开眼就看到太阳，"万物生长靠太阳"，但是在整个宇宙范围内，你能找到一个非常暗的点，它才是宇宙的中心，也是宇宙的来源。这个点可能就类似于天体物理学家所描述的模型，叫作"黑洞"。我查到的资料说，黑洞是质量无限大、密度无限大、时空曲率无限高、热量无限高、体积无限小的奇点。黑洞的体积无限小，但是质量和密度无限大，热量无限高。它的体积无限小，乃至于类似数学上趋近无限的"奇点"，这个点在理论上是存在的，但是在视觉上是无法看到的，所以称之为"黑洞"。"奇点"的"奇"读作"奇偶"的"奇"jī，是单独、唯一的意思。你可以拿笔画一个点，尽量画得小一点儿，但是拿放大镜看，还是很大；你再画一个更小的点，但还是能够通过放大镜看到。那么我们就想象一下这个东西。这个点是存在的，但是无限小，近乎不存在。这样一个无限小的点，有无限大的质量和密度，任何信息都会被它吸引过去，光也会被吸进去，发不出来，所以我们描述它的时候就不容易。天体物理学这种黑洞模型和道家思想或者儒家易学的《太极图》不是一回事，但是在思维上还是比较相近的，所以可以帮助我们来想象宇宙的起点、道德的起源。

6. 北斗七星——群星拱北斗

我们说黑洞不发光，是说不容易看到。虽然这个黯淡的点看不到，但它的周围是可以看到的。在它的周围找标志，看它在什么旁边，找到那个亮点，那么亮点旁边的就是它了。那什么在它旁边呢？就是北斗七星。北斗七星是非常明显的标志，古人把七颗星连起来的形状想象成舀酒的斗形，叫北斗星，又叫杓星，《论语》称之为"北辰"。

古人根据斗柄所指示的方向判定季节。斗柄指东，天下皆春；斗柄指南，天下皆夏；斗柄指西，天下皆秋；斗柄指北，天下皆冬。

有一个特别的天文现象，众星都是围绕着北斗七星旋转的，叫作"群星拱北斗"。《论语》载孔子有云："为政以德，譬如北辰，居其所而众星共（拱）之。"

更具体地说，就连北斗七星也是以一个点为中心旋转的，古人把那个中心点称作"北极"。所以在北斗星之外又有北极星。

7. 北极——天道的中心位置

我们在夜晚仰望天空，很容易找到北斗七星，而北极星又在哪里呢？我们先判定北斗七星的位置，然后找到斗口的两颗星——天枢和天璇，把它们连起来，按照这个方向延长差不多5倍的距离，就是北极星所处的位置。

北极星古代又称天极、太一、太乙、泰一，是最接近北极的星。《朱子语类》卷二说："众星亦皆左旋，唯北辰不动，在北极五星之旁一小星是也。盖此星独居天轴，四面如轮盘，环绕旋转，此独为天之枢纽是也。"

我查到的资料说：北极星是天空北部的一颗亮星，离北天极很近，差不多正对着地轴，从地球北半球上看，它的位置几乎不变。天文学家根据地轴摇摆和恒星引力计算，到公元 2100 年，勾陈一将到达离北极点正上方最近的位置。现在的北极星是一颗叫勾陈一的亮星。在北斗七星前端的天璇和天枢两星之间连一条直线，再向天枢方向延长 5 倍的距离，便遇到一颗明亮的二等星，它就是勾陈一。这是寻找勾陈一的最简便的方法。

但是，北极星还不是北极。"极"字意为中央最高处，本义是屋脊之栋梁。北极既是天体的中心，也是地球的中心。北极、南极，是地球轴心沿着南北方向延伸至宇宙尽处的两个点，南极不可见，北极则由北极星标志出来，但北极并不等同于北极星。北极是天体不动之处，是天体的中心，并非一颗星。如果一定要冠以名称单位，大概应该叫作"北极点"。

北极星比北斗七星要暗一些，它的旁边没有星星，只有一个更黯淡的点，那个地方叫作北极点。我们地球的极轴，从南一直延伸到北，汇集到顶点就是北极点。这个类似于"奇点"的点，可以说是万事万物的起源。这个地方永远不动，永远黯淡。它什么都不说，什么都不做，无思无虑，无形无为，但是这个点只要存在，北斗就转动起来了，整个天体宇宙都转动起来了，这叫作"天运"。

我们所处的宇宙无时无刻不在运动，但从终极上说，它起源于宇宙中心的一个永恒不动的点。换句话说，一个永恒不动的点引发了全部运动的天体，这个叫作"有生于无"或者"无极而太极"。所以道家说，什么是"道"？"道"是整个的宇宙存在，万事万物合在一起叫作"道"。而"道"有自己的中心，这个中心就是北斗七星，二十八宿围着它运转。北斗七星是宇宙中比较核心的地方，但是它也在转，它围着北极星转动。北极星是更靠近中心的地方，但是它也在转，围着北极转动，围绕这个黯淡的奇点转动。这个最中心的奇点就是"道"，准确地说是"道"的核心，天文家称之为"天枢"，庄子称之为"道枢"。

"道"不声不响地存在着，不跟大家要任何东西，也不开口说话，但是因为它，万事万物都开始运转起来，都获得了生命，都获得了能量。就是这样一个不动声色的中心点，带动了万事万物的运转。庄子把它叫作"天运"，孔子把它叫作"礼运"。它是一切的本原，所以称之为"道"；它赋予万物以生命和能量，所以叫作"德"。

我们的宇宙是灿烂多姿的，但是灿烂多姿的宇宙是因为有一个黯淡的东西的存在才存在，我们把它就叫作"道"；它引发了整个天地万物的运动，道家把这个叫作"德"。所以，"道"是天道，"德"是天德。我们用单字说"道"说"德"，其实只是"天道""天德"的简称。

8. "天下明德皆自虞帝始"？

湖南永州九嶷山为虞舜羽化之地，汉代司马迁曾过来凭吊，《史记·五帝本纪》中评论说"天下明德皆自虞帝始"。这句话的字面意思是，因为虞帝的存在，从而开出了一个新的道德局面。

《五帝本纪》是根据《尚书》编写的，"天下明德皆自虞帝始"一句显然来自《尚书·益稷》的"帝曰'迪朕德'"，孔安国解为"蹈行我德"。这句话在当时有一个特殊语境。它的上一句是"于是禹乃兴《九招》之乐，致异物，凤皇来翔"，表明"天下明德"是一个空间性的含义。《左传》载，舜帝"流四凶族，迁于四裔"，可知"自虞帝始"具有阶段性的含义。

近十几年来永州本地学者阐释这句话，提出"舜文化是中华民族道德文化之源"，因为舜帝卒葬九嶷，就又说"湖南永州是中华道德文明之源"，简称"永州是道德之源"，于是在永州谈论道德的时候特别多。我觉得，如果不是永州人，听到这些话可能要笑一笑了。这是典型的将"天道""天德"改换作"人之道""人之德"的做法。

这个说法在地方社会上还是挺有影响力的，但它不能这么说，哪里不对呢？

　　第一，这个说法不符合常识。舜帝从尧帝手里接过来天子的位置，尧帝会说，我把王位传给你，天下道德从你开始，那么我在哪儿呀？我都没道德，难道你接手之后反而开始有道德了！更前面三皇的位置又往哪儿搁呢？什么叫文明？什么叫道德？太皞伏羲氏画八卦，造书契，明嫁娶，炎帝神农氏做耕稼，尝百草，黄帝之臣做衣裳，做笙簧，文明早已持续上千年。所以司马迁的本义可能是想要强调舜帝把道德发展到一个相对更高的层面上，或者说在他之前有一个相对低落的阶段，而不是说天下的道德从舜帝才开始有的。

　　第二，我们要认清"道德"的本义。"道"本质上是让别人获得，能让别人获得，才是真正的"德"。譬如说，我把自己的利益给了别人，并且不求名利回报，就像天道无私地给予万物一样，这是"德"。但假如我给别人利益是为了获得名声，而名声属于更大的利益，这就不是真正的道德。"道"黯淡无光，安然不动，无声无息。道、天地、阳光，它们赋予万物以生命，它们跟谁要东西了？跟谁要名声了？它们什么都不要，没有要求任何回报。一要回报，一开口，就已不是真正的道德。孔子说的"天无私覆，地无私载，日月无私照"，叫作"三无私"。"道"总是无声无息、无欲无求的。所以，本地学者说我们永州是天下道德之源，这句话一说出口，本身就违背了"道德"二字的本义。"道德"是不能自己来说的，一说就不是道德，一说就是有目的、求回报、想获得了。

　　所以，严格地说，凡是真正追求道德、遵循道德的人，就不能说出"道德"二字。"道不可言，言而非也。"过去人们说"替天行道"，现在"道德"词汇使用频率那么高，是"替万物收德"吧。

　　现在回到《说文》的定义。

　　"道"和"德"都跟天有关，"道"就是天所行的道，对应着天体的北极。天体在运转，天地万物在运动，它们运动所形成的道路和轨迹就是天之道，体现着大自然的意志，而不是体现某个人的意志。人类中的任何一个人都不能取代天道。凭什么一个人可以相信另一个人？一个人不能自己证明自己，一群人也不能证明自己这一群人，"易世而无以相贱"。不然的话，就会有统治者和被统治者。道家的"道"一定不是这个意思，一定是一个包含天地万物共同利益的永恒真理，这个真理顺应人类社会和万事万物的生存规律。

"道"是一个整体。总而言之，"道"是真理，是天道。分而言之，"道"是宇宙的中心，是天体运动的轨迹，是万事万物的规律。

9.《易经》有《乾卦》与《离卦》;《九歌》有《东皇太一》与《东君》

接着讨论道家，我举两个例子。

一个是在古典文学研究中经常会说到的《楚辞》中的《九歌》。《九歌》12篇，里面有个问题，就是同时出现了《东君》和《东皇太一》。你说东君是太阳吗？那么东皇太一又是什么？总不能有两个太阳吧。怎么解释东君和东皇太一呢？研究《楚辞》的学者有人认为东君是太阳神，那么"东皇太一"就一定不是太阳，它应该就是我们说的"太一神"，太一神其实就是北极。两件事物本来就是分开的，太阳是太阳，北极是北极，我认为应该这样理解。

还有一个例子是在古代哲学研究中会说到《易经》六十四卦，第一卦就是《乾卦》，"天行健，君子以自强不息"，这句原文我们太熟悉了，但是我们又说"乾为天"，那么天是什么？天是太阳吗？天在哪儿？天怎么定义？这个大家就很少谈，天其实也不好定义。当然，有一个很诡异的定义，叫"离地即天"，其实等于没说，离开地就是天，天底下就是地，哪有这么定义的？等于是废话。清人陈本礼《屈辞精义》解释"九天"说："天包地外，地处天中，离地即天，何从有九？"自来就有这个定义，但是这种说法意义不大。

"乾为天"是肯定的，但到底什么是天？"天行健"，是谁行健？谁在那里一刻不停地运动？是太阳吗？假如它是太阳，那么《易经》里面还有一卦叫《离卦》。《离卦》的"离"这个字我们昨天讲了，"离"是明亮，"离"代表南方，《离卦》就是指太阳。《离卦》如果是指太阳，《乾卦》一定不是太阳。那么《乾》的天到底是什么？不是太阳它又是什么？"天行健"，天就是道，行也是道，既然《离卦》是太阳，《乾卦》一定是天体。整个天体都在旋转，春夏秋冬，东南西北，北极居中，北斗七星带动整个天体在运转，整个都是天。一年四季下来，整个天体就这样旋转，一年一个周期，而天体运转的动力来源，还是北极那个地方。所以"天行健"的"天"指的就是整个天体、满天星空、二十八宿和北斗七星，而天体的本原又是安静不动的北极。有了北极，天体、星辰、北斗才会运转，万事万物才有了生命。

《九歌》中有《东皇太一》，犹如《易经》中有《乾卦》；《九歌》中有《东君》，犹如《易经》中有《离卦》。

这里面就涉及对古籍的解读问题，解读的起点是先弄清楚本义。读《九歌》的时候，对"东君""东皇太一"一定要有所区别；读《易经》的时候，《乾卦》跟《离卦》也一定要有区别，不能说两个都是太阳，这肯定不对。不对怎么办？二者怎么分辨？这就启发你一定去找一个对应，看谁是合理的。古人可能知道这个，但我们不知道，我们又见不到古人，所以我们理解古人的时候一定要找好这个对应。我以前也不假思索，见有学者说"东皇太一"是太阳，"道"也是太阳，起码不把"道"解释为"人之道"了，就觉得很好。有人说《乾卦》就是太阳，我觉得太阳那么伟大，太阳好像应该多多出现。但是后来觉得不对，真正决定一切存在的是最黯淡无光的地方，就是北极。这是我在阅读过程中的一个感受，补充一下。

10. 五行即五道

我们再回过来说五行。五行是在社会上、学术上误会蛮大的一件事。五行这个学派实际上起源非常早，阴阳家、五行学，起源都早。《书经》里面有一篇叫作《洪范》，那个时候就专门讲五行。《黄帝内经》也专门讲阴阳、五行。当然，专门的知识"世官世畴"，本不外传，所以比较复杂，时间太久了后人一下子也很难把它弄清楚。五行算是一门最古老、最艰深的学问了，到了近代以来，大家不信五行，认为《洪范》不可能是真的，阴阳五行到后来讲很多方术，类似迷信的东西，也使大家对五行的理解有一些偏差。

《洪范》属于"周书"部分，"洪"就是大，"范"就是法，《洪范》就是商周时期的大法，也就是宪法。它从天地之法讲起，比我们今天说的人间的宪法范围还要大。相传《洪范》这一篇在历史上是这样产生的：周灭商的时候，周武王打败商纣王的关键一战叫作"牧野之战"，这是历史上有名的以少胜多的战役。周这个小国，以虎贲3000人（《孟子》说3000人，《尚书·牧誓》说300人），打败了商纣王70万大军，这仗怎么打赢的？也很莫名其妙。有可能是70万大军不想打了，不战自溃吧，最后商纣王自焚而死，周武王就做了天下共主。这段背景里面隐含着一个事实，就是一个弱小的诸侯国战胜了一个大国，一个较低的文化战胜了一个较高的文化。周武王取得了胜利，但是据说武王得天下以后，每天都睡不着觉，周公问他为什么睡不着觉，他说我能睡着吗？我们3000虎贲，一个小国，一共才有多少人啊？殷商有360族（《史记·周本纪》"其登名民三百六十夫，不显亦不宾灭"），别看现在我们赢了，人家到时候一声号子就造反复辟了，我怎么能睡得着？我们这么弱小的民族，文化也不高，怎么能够站稳江山？后来周公给他出了个主意，说你去找箕子吧，箕子是商纣王的叔叔。箕子说，你来找我帮忙，我看了看天象，天象显示商朝到纣王这里是应该结束了，那么我就顺从天道吧，我可以去帮助你。他于是反过来帮助西周，并给了周武王这么一篇文献，就是《洪范》，说你按照这个去做就可以治国。《史记·周本纪》载："（武王）问箕子殷所以亡。箕子不忍言殷恶，以存亡国宜告。武王亦丑（自知渺小），故问以天道。"

五行的基本原理是这样的：《说文解字》："木，东方之行也。""火，南方之行也。""金，西方之行也。""水，北方之行也。""行"就是"道"，前面我们讲了，"道"（衜）字从行，"德"（悳）字也从行，"行"就是道路，五行的道路和道德的道路是一条路，都是天体运行的道路，不是鲁迅说的走多了就成了路的路，也不是大家菜园子里的路，真正的路，是大自然的天道。人类属于天地自然，所以人类的一切事物、人类的全部文明，都要效法天道。人类属于天地自然，却又不顺从大自然的轨迹，那是人吗？那不是叛逆了吗？所以，人类的文明政治首先要效法天道，五行就是天道。

五行"金木水火土"这五种基本元素，看起来比较神秘，但是《说文解字》其实解释得特别清楚，这是一种很哲学、很清醒的训解。"行"，也就是天道。天道是怎么走的？"木"是天道走到了东方的状态，"火"是天道走到了南方的状态，"金"是天道走到了西方的状态，那么"水"呢就是天道走到了北方的状态，"土"在中央不动，相当于北极。走完了木火金水，天道便走完了一个循环。所以你说金木水火土是什么呢？金木水火土合起来就是天道运行的轨迹，五行就是五条道路，这五条道路就是整个天道运行的五个阶段。五段连起来就是整个天道。天道划分出来就是五个阶段。这些道路通向哪里？具体来说就是春夏秋冬。五行就像是公交车，从起点到终点是一条线路，但是会有几个停靠的车站。五行又像铁路警察，各管一段。天道最简单的车站就是春夏秋冬四个站，下次再发车，又是春夏秋冬、东南西北。天道最简单的路程，分开说叫作五行，合起来就是一个天道，所以五行就是五道。这样理解就简单了，不要弄得那么神秘。

五行就是五道，春天来了，一定做好春天的事儿，夏天来了就做好夏天的事，秋天来了就做好秋天的事，冬天来了也做好冬天的事，这就是天道告诉我们人类要遵循的基本原则，就是"春生，夏长，秋收，冬藏"。

我们学校旁边有个山叫作西山，山就是山吧，非要把它叫作西山，其实什么叫西山？你从东边看它是西，你从西边看它又是东，你也可以把它叫作东山。学校自称坐落在西山脚下，校歌又说"校园永远永远是春天"。我就觉得这也太没有常识了。为什么不说它是东山？在西山脚下然后还永远是春天，那么这个学校怎么发展？你什么时候能吃到果实啊？永远是春天，就永远看花朵，永远没有果实。所以不能这样说，应该是春天的时候就是春天，秋天的时候就是秋天，你别在春天的时候办秋天的事，也别在秋天的时候办春天的事。"木"是东方之行，也就是"春天之道"。"火"是南方之行，也就是"夏天之道"。"金"是西方之行，也就是"秋天之道"。"水"是北方之行，也就是"冬天之道"。该到什么季节就是什么季节，顺应天道。我们追求天道，为什么？就是为了顺应它。什么是天道？春夏秋冬就是天道。

所以大家看《月令》，看《夏小正》，我们古代农耕传统就是按照一年四时十二月来安排农活的，该种就种，该收就收，早一天不行，晚一天也不行，不能"失时"，不能"过时"，不能"不及时"，必须要"得时"，就是这样的。春天你不要砍伐山林啊，不要去打猎啊，让它生长，到了夏秋你再收获，那就取之不尽了。所以春天不能入山林，这是很对的，不是说不让入山林，而是说要顺应万物"春生、夏长、秋收、冬藏"的规律。所以古代中国人重视天道，就是要依循自然规律，天道基本的法则就是"春生、夏长、秋收、冬藏"八个字。

不仅农耕、渔猎如此，而且学术、政治也是如此。当其时之谓可，《中庸》言"君子时中"，《庄子·天下》篇言"时有所用"，学术思想也是遵循天道。古代政治上有"时政""明堂"，有"九宫""十二月令"，就是要在遵循天道上做出表率。

所以，简单地说道家是这样一个学说，就是认识自然，遵循自然。

二　老子的思想

第二个问题是跟大家讲讲老子的思想。为什么是老子的思想而不是老子的行为？因为上节课我说，儒家你要看他的学说，但是首先你要看他的为人，因为儒家本质是实践者，你先别看他说得好听不好听，你先看他的为人。而道家刚好不是这样的，道家是思想者，思想者就是我们说的哲学家，一个哲学家的生平很简单，"他活着""他思考""他死了"。三句话，九个字，就把他的生平事迹写完了，至于中间的生老病死这些事情你不用管，这些跟他的思想没关系，你只管看他的思想就好了。

哲学家的生平事迹是很简单的，康德就是很简单的，老子也是很简单的。特别是道家还喜欢隐居，隐居的意思就是他故意不让你知道他在哪儿，你专门去找他，这就是你不对了。所以说道家人物，我们不要太管他过着一个什么样的生活，政治地位怎么样？政治站队怎么样？他的生活作风怎么样？他是贫穷还是富有？性格是不是很豪放？他的一生有没有爱情故事？这些都不用考虑，你就看他的思想。所以基本上说，老子、庄子这些道家人物，我们不管他们的生平，我们就揪住他们的思想。而儒家不是这样，我们揪住他的生平，可以说孔子一生的喜怒哀乐就是我们自己的喜怒哀乐。道家就不一样，但还是简单介绍一下老子的生平。

《史记·老子韩非列传》里是这样介绍老子的："姓李氏，名耳，字聃。周守藏室之史也。或曰：老莱子亦楚人……周太史儋见秦献公……或曰儋即老子。"《张丞相列传》注又说老子为"柱下史"，"主柱下方书"。这里面说得很简单，就说老子有名有姓，叫李耳，这个人在周天子的都城也就是现在的洛阳做守藏史。（裴骃《索隐》："藏室史，周藏书室之史也。"司马贞《正义》："藏，在浪反。"）他管理府库里边的文书典籍，也就相当于今天国家图书馆的馆长。老子就在这里做史官，道家之学历来都和史官、天官有关。后来老子觉得周王室不行了，没有什么希望，出了函谷关去隐居了。

那么到了司马迁这个时代，时人还流传着一种说法，说还有一个人，也是周的史官，叫太史儋，那么这个人是不是老子呢？有人说这个人也是老子。还有一种说法，认为老莱子也是老子，这就有三种说法了。"老子"应当是一种别称，李耳、太史儋和老莱子这三个人都是"老子"，司马迁把流传的三种说法都列出来了，三个人的事迹都简单而模糊，到底哪个是老子呢？

这可好了，这个说法到了现代疑古派出现以后，就开始大做文章，认为老子是不存在的，连太史公都说得稀里糊涂，你怎么能肯定他存在呢？这个怀疑就说了八九十年，学界都认为老子不存在。但是到了1971年马王堆汉墓被发现，一下出土了《老子》甲本、乙本两个帛书本。再后来到了1993年郭店楚墓被发现，又出土了《老子》甲、乙、丙三个竹简本。这两个墓加起来一共出土了简本和帛本的五个《老子》版本，于是到今天为止，没什么人再敢说《老子》这部书是假的了。但是大家还是认为，这部书跟作者之间的关系很可疑。《老子》一书是哪个老子写的？到底是李耳，还是太史儋，还是老莱子？还是不敢肯定。这个人的生平事迹是怎么样的？做过太史吗？真的是隐居了吗？还是有疑问。《老子》一书整体上已经得到了出土文物的证实，这是一个很幸运的事，大家开始重视它了，但是关于老子的生平还是有争议的。

我们就从这里开始，从老子的生平介入他的思想。为什么要提一下他的生平呢？就是因为和疑古派的影响有关，也跟《老子》第一章的解释有关。

我顺便说一下，马王堆出土的帛书里边有《老子》的两个版本，一个甲本，一个乙本。《老子》全书上下两篇，《道经》一篇，《德经》一篇，我们现在看到的传世本的《老子》大都是《道经》在前，而马王堆出土的是《德经》在前。有人就又开始怀疑了，其实古人数数，自下往上数，下面的最大。传世本和帛本、简本的字句往往不同，但整体上差异不大，《老子》这部书基本上可信，我们就不做具体讨论了。

《老子》这部书有一个特点，就是它言简意赅，内容却无所不包；文采也好，用的是韵文。要是讲解的话，通篇讲下来也很难，很费时，我重点讲对第一章的理解。

《老子·道经》一章，开宗明义，提出七个范畴，即建立了七个道家哲学的核心概念：道、名、恒、无、有、同、玄。

《老子·道经》一章：

道，可道也，非恒道也；名，可名也，非恒名也。

无，名天地之始也；有，名万物之母也。

故恒无，欲也以观其妙；恒有，欲也以观其徼。

此两者同出而异名，同谓之玄。

玄之又玄，众妙之门。

这里参考传世本、帛书本断句。这章我把它划分为五句，你把它划为四句也行，三句也行，那么我把它分成五句来阐释。

第一句：道，可道也，非恒道也；名，可名也，非恒名也。

《道经》第一章上来就谈"道"，道怎么样呢？可道。接下来谈"名"，名怎么样呢？可名。然后又说"非恒道""非恒名"。大家对这个文本是很熟悉的，以往学者做过无数的讨论了。我的想法跟别人有点不一样。细细揣摩，老子为什么急于下这个定义？为什么说了"可道""可名"又赶紧声明"非恒道""非恒名"？我们看《史记》中的记载，老子为什么写《道德经》？他不想写！他用不着写啊！他自己有知识，不一定要跟你讲，你又没给他交学费。人家本来要隐居去了，可就在他隐居之前，有一个人叫关令尹的出来，挺"讨厌"的，拦在那儿了。"你不让我唱歌，我就不给你上酸菜"，他就拦住了老子。

想象当日"强为我著书"的情形，可能是这样子的：

关尹子：必须写下这本书！

老　子：道德是不能写的。

关尹子：你不写，我就不给你上酸菜。

老　子：好吧，那你自己读歪了，莫怪老子！

儒家里边也有一个挺"讨厌"的人物宰予，就是在白天睡大觉的那个学生。《论语》记载："宰予昼寝。子曰：朽木不可雕也，粪土之墙不可圬也。"但我们也不了解关于宰予的全部文献了，可能他还有其他特殊的事迹吧。他担任出使楚国和齐国的使节，做过临淄大夫。令尹子西说，楚王之官尹没有像宰予做得那么好的。所以也不必纠缠他的"昼寝"了。

宰予这个人，据说擅长辩论。《论语》说："言语：宰我、子贡。"《孟子》说："宰我、子贡，善为说辞。"《韩非子》说："宰予之辞，雅而文也。"《史记》说："宰予，字子我，利口辩辞。"《史记》又说"子贡利口巧辞，孔子常黜其辩"，大概宰予也是如此。

宰予问过孔子一些古怪的问题，譬如问鬼神之名，又问三皇五帝。《大戴礼记·五帝德》记载：宰我问于孔子曰："昔者予闻诸荣伊令，黄帝三百年。请问黄帝者人邪？亦非人邪？何以至于三百乎？"孔子曰："予！禹、汤、文、武、成王、周公，可胜观也！夫黄帝尚矣，汝何以为？先生难言之。"宰我曰："上世之传，隐微之说，卒业之辩，暗昏忽之意，非君子之道也，则予之问也固矣。"

宰予对孔子说，你跟我讲讲三皇的事吧！孔子说你不是那个人，那么宰予就说，我不是那个人，但是你不讲就烂在肚子里了，你不讲也得讲。孔子只好跟他讲讲了，然后他就记下来，这就是唯一的一篇专门记载三皇五帝的文献，叫《五帝德》。如果没有这篇文献，司马迁就写不出《五帝本纪》，那么可能整段三皇五帝的历史就会失传。所以我们现在能看到这篇文献是宰予的功劳，这个"讨厌"的人是逼着孔子给他讲的，有时候学习就要有一点脸皮厚，"当仁不让"！

现在也有一个人出来了，关令尹也是逼老子讲东西，你不讲就烂在肚子里了，你走了就再也找不到你了，你一定得给我讲，不然我不让你过关。函谷关是一条细细的通道，像一个匣子，我们北方叫匣子，一个木匣子一样的细窄通道，山形如函，路在谷中，所以取名"函谷关"。那么关令尹就这样说，"子将隐矣，强为我著书"。"于是老子乃著书上下篇，言道德之意五千余言而去，莫知其所终。"《史记》中记载得很准确，老子著书上下篇，言道德之意，正好对应《道经》《德经》；"五千余言"，《老子》就刚好五千余字，这本书别称《五千言》，就像《诗经》别称《诗三百》。

我们想想当年的情景：老子心灰意冷，继承了很多古人的学问，一肚子学问，却无施展之地，现在就要走了。关令尹拦住他说，你走可以，但是一定要把你的学问留下来再走。你给我讲讲"道"，讲讲天地间最大的规律，最伟大的真理，万事万物唯一遵循的道理。老子说这东西讲不了，你不是那个人，我也说不出来，你也听不进去。如果我能说出来，那么就不是"道"本身，不是真正的"道"，就跟他讲了一大堆"道"既能讲又不能讲的道理。关令尹还是不放弃，说你必须给我讲讲这个不能讲的"道"，不然我还是不让你出关。老子看看不讲不行，于是只好开笔。这里重在一个"强"字，"强"是勉强，读作 qiǎng。关令尹是固问道德，老子是勉强著书，这种固问强答的情景刚好和《老子·道经》首章首句的情景完全对应。我们看《老子》全书结构严谨，文本稳定，也符合当时一气呵成的写作情景。

开笔下来，第一句就是"道可道，非常道；名可名，非常名"，这里一定不要因为熟悉就快速读过去，尽量细细理会。首先参考传世本、帛书本可以将文本补齐，就是："道，可道也，非恒道也。名，可名也，非恒名也。"有"也"字，语气就足了。可乎？可也！"也"字配上"可"字，意思才全部出来。

还原第一句的本文场景，显然是二人对答的语境：

关尹子：道，可道乎？
老　子：道，可道也。
关尹子：名，可名乎？
老　子：名，可名也。

开篇这几句其实就在回答一个人的问题，这个人是个好学生，把万事万物最终的真理给盯住了，要问出来，那么老子就没办法，就要回答他。仔细看《老子》的开篇，恰是在回答一个人的咄咄逼问。你要问我，我也没法回答；不回答你又强迫我说，那么我只能勉强地来回答。黑洞是什么？奇点是什么？说也说不清，大物理学家霍金也不知道黑洞里面有什么。介于可说不可说之间，这部书就出来了。

"道可道"，可以称之为道而言之笔之也。

"名可名"，可以为之立名而定立名词也。

"道"是可以讲说的，但是一旦说出来就已经不是往复不息、恒久存在的"道"之本身了。

赋予"道"以"道"的名称并写成文字，也是可以的，但是一旦写下来也已经不是"道"之本身了。

《道德经》就是介于可说不可说之间。不说不行，说了又不是"道"本身。说出来的是话语，写出来的是文字，话语和文字本身并不是"道"。但是"道"又不能不说，还得说。人类所有门派的哲学家都逃不出的一个问题就是世界的根本性，这个根本性是能认识的吗？是能描述的吗？描述出来是根本性本身吗？写一本书写了500页，这500页就是根本性吗？当然就只是一本书而已。但是没有这个书还不行，因为人类需要通过书本来描述、交流、讨论、认知这个真理。

所以《老子》的开篇应该是有故事的。早先有"紫气东来"的故事，后来有"老子化胡"的故事，都不靠谱，但是《史记》所记载的这段关令尹的文献应该是真的，比较符合老子思想的特点。

第二句：无，名天地之始也；有，名万物之母也。

第二句就比较有意思了，就展开说到底什么是"道"。

前面说"道"是可以说的，但是说出来的不直接等于"道"。就像禅宗说的"指月"，月亮在哪儿？拿手指给你看，你沿着我的手指就找到了月亮，但是你不能停留在手指上，说手指就是月亮，你得延伸过去。没有手指也不好找，但是手指本身不是月亮。

《大智度论》："如人以指指月，愚者但看指不看月。"

《大慧语录》："古人云：见月休观指，归家罢问程。……归到家了，自然不问程途；见真月了，自然不看指头矣。"

我们需要多认字，通过字的本义多了解它的深刻内涵。中国的文字、汉字本身就是一大发明，本身就是中华文明的一大核心内容。还有我们说认字要靠字典，最古老的字典一个是《尔雅》，一个是《说文》，但我们不要把它们当成是简单的字典，特别是不要把它们当成"工具书"，它们本身就是学术著作，本身就是经学的一部分。我们回头还要讲经学，汉字就是经学的一部分。古人认为《尔雅》是经学大家周公作的，《说文》是许慎作的，"五经无双许叔重"，那是东汉的经学大家，所以要充分认识到《尔雅》《说文》这些书的经学价值和思想意蕴。尤其不要把汉字当成是"符号"，它绝不是简单的符号。我们可以说英文字母是符号，但是汉字不是符号，汉字本身是有内容、有意义的，不是说你弄个三角也行，弄个方块也行，它是每一笔画、每一个字，独体字也好，复合字也好，都有它的内涵，有它固定的内容，有它一定的规律，绝不是单纯的符号。不能把汉字说成是符号，我们中国人的名字，也不能当成是单纯的符号，只要漂亮就行，它是有内涵的，隐含着人的德行、人的命运、人的幸福。（杨畅按：叶蜚声主编《语言学纲要》这样解释"符号"："符号"是用来标示某种意义的标记，是意义与形式的结合，是能指与所指的结合。符号系统没有无意义的形式，也没有无形式的意义。只是，世界上有两大语言系统，一者是表音文字，如英语；一者是意音文字，比如汉字。前者用音来表义，后者用意义、用形体来表义，二者也没有优劣之分。）

　　籀（小篆）　𠂤（铁 164.1）　𠂤（后 1.6.7）　中（毛公旅）　𠂤（母戊觯）　中（颂簋）

然后第二句开始，一层一层往下说"道"到底是什么。这第二句写得很整齐，说"无，名天地之始；有，名万物之母"。

什么是"始"呢？"始"字从"女"，解为"胎"。《尔雅》："胎……始也。""胎""始"二字均从"台"声。马叙伦说"始"为

"胎"之异文。

什么是"胎"呢？古人有确指。《说文》："胎，妇孕三月也。"郭璞说："胚胎未成，亦物之始也。"

"始""胎"其实是一个意思，具体指的是"孕三月"，也就是说孕一个月、两个月不叫胎，只有三个月叫胎。孕三个月什么意思？怀孕的时候，一个月不太有感觉，两个月还不稳定，三个月稳定了，需要保胎了，四个月肚子比较大了，能看出来了，五个月、六个月自然就瞒不住了。那么，孕三个月的时候，你说她是有呢？还是没有呢？你说她有，她肚子不显；你说她没有，过几个月她生了。她到底是有还是没有？好像既是有，又是没有。"孕三月"的状态，"胎"和"始"的状态，特别微妙。

怀孕是怀，分娩是分，"始"或"胎"是"一生二"中间的一个临界点，这个字的文字学训诂在中医上是有根据的。中国人造字有中医的根据，是有道理的。

我们再看"母"字。"母"是什么偏旁部首呢？宋体字看不出明显的偏旁了，"母"字从女，我们看"母"字的古文，它是在"女"字上面加上了两个点，这两个点当然是乳房。女人生下孩子以后马上哺乳，成为母亲，这个时候作用最突出的就是乳房。

举一个元太祖帖木真的母亲诃额仑的例子。

《新元史》记载：哈撒儿，少太祖二岁，有勇力，善射。幼与太祖奉宣懿皇后居斡难河上。……太祖执哈撒儿，欲杀之。会宣懿皇后知其事，奔救之。时太祖方褫哈撒儿冠带，严词诘责，见后至，惶恐甚。后手解哈撒儿缚，盛气跌坐，出两乳加于膝上，谓太祖曰："汝昔在抱，哺我一乳尽。哈准、斡赤斤二人，不能尽我一乳。惟哈撒儿哺我二乳兼尽之，使我胸臆舒畅。是以汝多才智，哈撒儿有勇力。哈撒儿为汝执弓矢，讨捕叛亡。今诸部略定矣，汝无所用之，宜其见杀也。"太祖顿首谢罪，事始解。

《元朝秘史》记载：诃额仑生了四个儿子：一名帖木真，一名合撒儿，一名合赤温，一名帖木格。……太祖欲杀合撒儿，其母诃额仑用白驼驾车，连夜起行。日出时，到合撒儿处……母怒下车，将合撒儿解了，与了冠带。盛怒盘坐，出两乳置膝上。问道："您见了么？这是您吃的乳，合撒儿何罪？你自将骨肉残毁。初你小时，曾吃了我这一个乳，合赤温、斡惕赤斤两个吃不了这一个乳，惟合撒儿将我这二乳都吃了，使我胸中宽快。为那般，所以帖木真心有技能，合撒儿有气力能射，但凡百姓叛的，用弓箭收捕了。如今敌人已尽绝，不用他了。"太祖见母亲怒息了，却说："怕也怕了，羞也羞了。"说罢，遂退。

两个版本的汉文翻译略有不同，一说"出两乳加于膝上"，一说"出两乳置膝上"。从这里就可以看出，诃额仑是一位典型的母亲、英雄般的母亲。

女人怀孕，如果没有现代技术，我们就不知道怀一个怀两个，是男孩还是女孩。生下来以后就清楚了。不太明朗、似有似无的状态叫作"始"，与它相对应，清清楚楚的状态叫作"母"。所以"始"和"母"是一组相对的概念，她是同一个女人，但是阶段、状态完全不同。

所以这个时候我们就知道，老子用字真的是特别准确，不是随随便便说的。

老子怎样讲天地的开端呢？

天地形成以前的状态，如同怀孕三月之"胎"，老子用"无"来称谓。

万物出现以后的状态，如同产子哺乳之"母"，老子用"有"来称谓。

"无，名天地之始"，天地的开端就像女人孕三月一样，似有似无，无法分别。天地的原始状态，宇宙大爆炸时候的状态，看不清楚，整体不分，所以用女人孕三月之"始"来表示，特别形象。"有，名万物之母"，万物的衍生就像母亲生下孩子一样，清清楚楚的。你说"天道"难懂，老子给你摆一个女孩出来，又摆一个母亲出来，这母亲就是若干年前的女孩，你就明白了。

第三句：故恒无，欲也以观其妙；恒有，欲也以观其徼。

我们说"道"是"无"，是想要观察它在形成以前的微小状态。

我们说"道"是"有"，是想要观察它在出现以后的显著状态。

传世本的"妙"字，古体作"纱"，帛书本作"眇"，都是极微极小之义。

传世本的"徼"字，帛书本作"噭"，都是通假字。于省吾解为"曒"，朱谦之解为"曒"。《诗经·王风》"有如曒日"，《诗经·陈风》"月出皎兮"，都是明亮、洁白之义。

"妙"和"曒"的区别，仍然是天地形成以前与万物出现以后的区别。

你要问我什么是"道"？"道"有一种"无"的状态，这个"无"的状态就像少女一样微妙；"道"还有一种"有"的状态，这个"有"的状态就像太阳一样明亮。换句话说，什么是"道"？我用两个概念去描述它：用少女般的"妙"来表达"无"这样一个状态；另外又用太阳般的"曒"来表达"有"这样一个状态。一会儿用"有"，一会儿用"无"，因为所要表达的状态不一样。老子造了一个"无"，造了一个"有"；前面说"天地之始"，后面说"万物之母"；前面表达的是天地的根据和本原，后面表达的是万物的生成和表象；根据和本原叫作"无"，生成和表象叫作"有"。

第四句：此两者同出而异名，同谓之玄。

第四句说，"无"和"有"是什么关系呢？"无"和"有"都是在观察"道"，只不过要分两个层面去观察，一个层面是观察天地的起源，是哲学本体论的层面；另一个层面是观察万物的表象，是宇宙构成论、现象学、存在论的层面。一个是本体的层面，一个是现象的层面，分成两个层面去观察，这两个层面用道家术语来表达，一个叫作"无"，一个叫作"有"。

这里的"有无"不是我们兜里有没有钱的有无，这里是哲学术语，它只是表达本原和现象。哲学需要这样一种表达。

但是，"有"与"无"，本原和现象，表达的当然都是同一个

"道"。所以第四句很关键。

"此两者同出而异名"，"此两者"一定指的是"有"和"无"，这一点学者基本上没有异议。"有"和"无"，出自同一个地方，但是有两个名称，一个叫"有"，一个叫"无"。学者没有争议。

然后是"同谓之玄"，这一句没有特别难的字，但是应该怎么讲，学术界有很大分歧。大部分现代学者是这样讲的："无"和"有"都叫作"玄"。

如果"同谓之玄"的意思是都叫作玄，那么"玄之又玄"就是玄妙又玄妙，"众妙之门"就是认识玄妙的一个门径。那么我们还原一下当时的情景：关令尹在那儿认真听讲，老子就告诉他，你怎么才能懂得"道"？懂得"道"有一个门径，叫"众妙之门"，众妙之门前面叫作"玄而又玄"，玄而又玄前面叫"同谓之玄"。那么最后"玄"是什么呢？"玄"这个字好写，但是不好懂。大部分学者理解为玄妙、深奥，老子就说"道"玄妙又玄妙，深奥又深奥。等老子讲完了，我觉得关令尹是不会听懂的。我跟你讲一个道理，这是一个哲学问题，这个问题伟大又高深，请问你懂了吗？我的哲学思想深刻又深刻，你懂了吗？如果老子是这样讲的，那么他就不是"讲道"，而是"叹道"。他只是赞叹了"道"的高深，但是"道"怎样高深，他并没有讲。成语里说"玄而又玄"，那么老子就真成了"玄玄忽忽"的了。《老子》五千言以言简意赅著称，但是这开宗明义的第一章却是浪费笔墨的空谈吗？我觉得老子不会这样，所以大部分现代学者的理解感觉上可能是不对的。

首先是对"同"这个字理解不对。"同"如果解释为"都"，就成了副词，而"同"作为副词，在先秦汉语里基本没有佐证。古汉语里表示副词"都"的时候一般写成"皆"，没有写成"同"的。所以"同谓之玄"不能解释为"都谓之玄"。

《老子》中凡需要使用现代汉语副词"都"之处，都是使用"皆"字，共有8例。《老子》中使用"同"字共有10例，《论语》中共有9例，《礼记·大学》中共有4例，《孙子》中共有5例，《鬼谷子》中共有 14 例，没有一处用作副词"都"。

"同"在今天是一个普通的词，但是在古代是一个很深刻的专有名词，是一个哲学术语。这在《左传》《国语》里面都有专门的讨论。

> 《左传·昭公二十年》：昭公曰："和与同异乎？"晏子对曰："异。"
>
> 《国语·郑语》：史伯曰："和实生物，同则不继。"

因此，"同"是名词，不是副词。

"同谓之玄"一句的正确理解应该是："同"叫作"玄"。

严复、熊十力、牟宗三都认为"同"是名词。他们没有直接陈述说"同"是名词，只是说了"同字逗"。"同"字下面要读出一个停顿来，成为"同，谓之玄"，这样一来"同"只能是名词。

严复《老子道德经评点》说："同字逗，一切皆从同字得。"

熊十力《十力语要·答马格里尼》说："两者，有与无也。同字逗（原注：从严又陵点本）。形神毕竟不异，即有无毕竟不异，以同体故，故说为同。"

牟宗三《中国哲学十九讲》说："首章谓'此两者同出而异名。同，谓之玄，玄之又玄，众妙之门'。两者指道之双重性无与有，无与有同属一个根源，发出来以后才有不同的名字，一个是无，一个是有。同出之同就是玄。""道有两相，一曰无，二曰有。浑圆为一，即谓之玄。"

"同字逗"了以后，就不是"谓"的副词，而是独立的名词术语。

既然"同"叫作"玄"，那么"玄"是什么呢？"玄"当然也叫作"同"。

第五句：玄之又玄，众妙之门。

"同谓之玄"就是："同"叫作"玄"。

　　既然"同"叫作"玄"，所以，"玄"也叫作"同"。

　　"玄之又玄"，就是"同之又同"。

　　"同之又同"，犹言"损之又损""深而又深""神而又神"。

　　《庄子·天地》："故深之又深，而能物焉；神之又神，而能精焉。"

　　《老子》四十八章："为学日益，为道日损。损之又损，以至于无为，无为而无不为。"

　　损之又损，以至于无为。

　　同之又同，以至于无异。

　　"同"在这里指的是"有"和"无"是同一的。你问我"道"是什么？我分开两边讲，"天地"和"万物"，"无"和"有"，"始"和"母"，"妙"和"徼"，都是分开讲的。现在我要合起来了，分开讲是不得已，必须分开层面去观察"道"，但是我还要告诉你，这两面其实合在一起才是"道"，所以"有"和"无"是同一的。"有"和"无"同一，我给这个"同一"又起了一个名字，叫作"玄"。"同谓之玄"，那么"玄之又玄"自然就是"同之又同"。

　　讲"道"要分开讲，分开讲完了再合起来，合起来，再合起来，不断地合，把所有看到的万物都合成一个。比如说，你看外面有樟树，樟树后面有柚子树，把所有的树都合在一起都是树，把所有的树和草合在一起都是植物，把植物跟我们人类以及其他动物合在一起都是生物，生物和无机物合在一起都是自然之物。全世界只有一种东西，天地万物只是一种东西，一种就是"同一"，所有的东西都同一。这个"同一"，不能用你的眼睛去同一，眼睛看到的全是现象；要用你的大脑、用你的哲学、用你的抽象思维去同一，全部存在都是同一个本质的东西，所以就都合成了一个。万物作为整体有它自己的根源和本质，这个东西我们叫作"道"。万物的根源和本质是什么？就是"有"和"无"的同一，我们把它叫作"玄"。"玄之又玄"就是同之又同，你知道了这个道理，你就懂得了"道"，你就开始入门了，这叫作"众妙之门"。要想进入道家之门，最重要的是

"同之又同"。

老子还讲过"损之又损"，"同之又同"就是"损之又损"。《老子》四十八章："为学日益，为道日损，损之又损，以至于无为，无为而无不为。"老子说有两条路，一条路叫"为学"，一条路叫"为道"。为学就是学习，学习的话应该"日益"，每天都不断学习新的东西，这样掌握的知识才会越来越多，这个叫"为学"。还有一个方向叫作"为道"，为道应该"日损"，要每天减少多余的欲望和杂念。你要想学习，就每天增加你的知识；你要想学道，就每天减少你的欲望，越来越少，减少到最根本、最原初的"无为"状态，你就和大自然完全吻合了，你就有点儿像是懂得"道"了，有点儿像是入门了，这个叫"众妙之门"。

所以，《老子》第一章在讲什么呢？开宗明义就讲了什么是"道"，什么是"名"，什么是"有"，什么是"无"，什么是"玄"，什么是"同"，依照马王堆帛书本还讲了"恒"，道家哲学最重要的七个概念，这一章全讲出来了。如果把这五句话、七个概念理顺的话，就差不多懂得老子的思想了，就开始入门了，这个叫"众妙之门"。

这就是道家的哲学思想。

讲完第一章，已经到了"众妙之门"，就不用说太多了。所以我们也就不讲其他章了。

《老子》第一章说明了一个问题。老子是显学，累积有成千上万的注解，但是不管怎样注解，首先要把文本弄得比较准确，理解准确以后你再发挥自己的思想。如果本义不清楚，认字认得不准，只会越解释越远，越来越偏离本义，所谓"失之毫厘，谬以千里"。所以要把本义抓住，本义没抓住，怎么解释？如果自己一个人理解差了还不要紧，要是把一个班的学生都教差了，那就误人子弟了。《老子》虽然是千古经典，文字方面还是有很多误解之处。所以我们学国学、读古典的东西，不是那么简单的。要把字都咬住，要重视文字学，坐实文字的本义，借助《说文解字》、甲骨文、金文，溯源文字的本义，这方面的工夫做得足一点。对古代文献的理解虽说不能绝对正确，但是可以尽量接近本意，然后再去阐发它的现实意义，看看这样一种思维对我们有什么启发。

三 庄子的思想

我大概讲一下庄子。庄子的思想和老子是一样的。当然庄子比老子要晚，他个人的生活态度也更偏于隐居，老子还做了一个官，庄子只做了一个小吏，他所处的时代和老子又不一样，江河日下。庄子和老子最大的差别是，《庄子》用丰富的文字、生动的话语表达了《老子》中简练的文字和高深的思想。《老子》五千言，文本很简练，所以读《老子》的思想很难，昏天黑地，不知头尾。你就多读《庄子》好了。

有人说庄子是中国古往今来的第一美文家，他的文字比谁都漂亮，但庄子主要还是一个哲学家。一方面他是道家里面一个一流的哲学家、思想家，一方面他又是能写出"天下第一美文"的大手笔。所以《庄子》这本书可以多读。

庄子能将道家哲学的术语，书写成文学的寓言故事，让哲学术语成为寓言中的人物，然后相互对话，所以庄子更生动，更幽默。这里引用了几段有关庄子其人及其思想的有特色的文本，以后有机会我们再一起讨论。今天已经超时了，就到这里，不展开了。

> 庄子者，蒙人也，名周。周尝为蒙漆园吏，与梁惠王、齐宣王同时。……楚威王闻庄周贤，使使厚币迎之，许以为相。庄周笑谓楚使者曰："千金，重利；卿相，尊位也。子独不见郊祭之牺牛乎？养食之数岁，衣以文绣，以入大庙。当是之时，虽欲为孤豚，岂可得乎？子亟去，无污我。我宁游戏污渎之中自快，无为有国者所羁，终身不仕，以快吾志焉。"
>
> 昔者庄周梦为胡蝶，栩栩然胡蝶也，自喻适志与！不知周也。俄然觉，则蘧蘧然周也。不知周之梦为胡蝶与，胡蝶之梦为周与？

恶乎然？然于然。恶乎不然？不然于不然。恶乎可？可于可。恶乎不可？不可于不可。物固有所然，物固有所可，无物不然，无物不可。

有始也者，有未始有始也者，有未始夫未始有始也者。有有也者，有无也者，有未始有无也者，有未始有夫未始有无也者。

东郭子问于庄子曰："所谓道，恶乎在？"庄子曰："无所不在。"东郭子曰："期而后可。"庄子曰："在蝼蚁。"曰："何其下邪？"曰："在稊稗。"曰："何其愈下邪？"曰："在瓦甓。"曰："何其愈甚邪？"曰："在屎溺。"

光曜问乎无有曰："夫子有乎？其无有乎？"光曜不得问，而孰视其状貌，窅然空然，终日视之而不见，听之而不闻，搏之而不得也。光曜曰："至矣！其孰能至此乎！予能有无矣，而未能无无也；及为无有矣，何从至此哉！"

知北游于玄水之上，登隐弅之丘，而适遭无为谓焉。知谓无为谓曰："予欲有问乎若：何思何虑则知道？何处何服则安道？何从何道则得道？"三问而无为谓不答也，非不答，不知答也。知不得问，反于白水之南，登狐阕之上，而睹狂屈焉。知以之言也问于狂屈。狂屈曰："唉！予知之，将语若。"中欲言而忘其所欲言。知不得问，反于帝宫，见黄帝而问焉。黄帝曰："无思无虑始知道，无处无服始安道，无从无道始得道。"知问黄帝曰："我与若知之，彼与彼不知也，其孰是邪？"黄帝曰："彼无为谓真是也，狂屈似之；我与汝终不近也。夫知者不言，言者不知，故圣人行不言之教。……"

南海之帝为儵，北海之帝为忽，中央之帝为浑沌。儵与忽时相与遇于浑沌之地，浑沌待之甚善。儵与忽谋报浑沌之德，曰："人皆有七窍以视听食息，此独无有，尝试凿之。"日凿一窍，七日而浑沌死。

第三讲　法　　家

法家最深刻地了解人性，最现实地设计政治。

一　荀子的核心思想是"礼"

今天我们讲法家。

这一讲有个安排，就是把荀子放在了法家的前面，因为过去有一个说法叫作"礼法"，礼和法在义理上很接近。另外在传承上，法家集大成者韩非子和秦国宰相李斯的老师都是荀子，法家人物很多都是从儒家出来的，李悝是子夏的弟子，还有像汉初的叔孙通、贾谊、晁错，应该说都是儒家人物，但做了很多法家的事。所以我没把荀子放在孔孟后边，因为这样会冲淡孔孟的脉络，孔曾思孟一线之传，到了荀子就有些变化了，这个变化又引起了法家这一派的崛起，所以我就把荀子放到了法家这边来。孔子的核心概念是"仁"，孟子是"义"，荀子是"礼"，到了韩非子是"法"，"仁义礼法"四个概念形成一个阶梯状的发展趋向。

"礼"这个字我们都比较熟悉，它左边是一个"示"，凡是从"示"的字都跟祭祀有关，这个字在甲骨文里面是两横，底下就像照相机的三脚架似的有三只脚，其实就是一个台子，祭祀用的这样一个台子就写为"示"。

《说文》："示，神事也。""神祇"的"祇"古文也写作"示"，读作 qí。

"示"小篆及甲骨文字形：

祭祀神灵的台子引申为敬神和祭祀的各种活动，也成为"礼"的代称。"礼"字繁体写作"禮"，右边是一个豆，上面像一个小筐一样，豆在古代是盛食物的器皿，也用作礼器，放很多东西。

"禮"也可以写作"豊"，和"丰满"的"豐"字形相近，不过"丰满"的"豐"简体字"丰"其实与"豊"不同，"丰"更接近于"半"和"彡"，本义是毛饰。所以张三丰就不能写作繁体"张三豐"，按他的名字说，他的胡子长得好，不是身材丰满。史称张三丰"魁伟美髯，寒暑一衲"。《诗经·郑风·丰》"子之丰兮，俟我乎巷兮"，郑玄笺"丰……面貌丰丰然豐满"，用"丰"解"豐"应该还是指须鬓丰满。

1. 礼貌、礼仪

"礼"这个字在现实社会中使用得比较频繁，我们经常会说到"礼貌""礼仪"，但是仔细分析，"貌"本义是面目，"礼貌"指的是我们外表做出来的样子，心里想什么不清楚，但面部表情是能看到的，这个叫"礼貌"。"礼仪"重在仪式，是遵循某种程序做出来的肢体动作。礼貌、礼仪其实都比较表面化。"礼"在过去是渗透在生活的各个方面的，古人周旋动静，一言一行，全都是"礼"，规定得非常细密，《中庸》说"礼仪三百，威仪三千"，《周礼》三百六十官，都是"礼"，不合乎礼就叫作"非礼"。一方面可以说它繁文缛节，非常啰唆，另一方面它也是文明制度进化到这个程度的体现。

2. 礼义、礼意

在各种"礼"的形式之外，古人还讲一种东西，叫作"礼义"。大家读书时要注意，"礼义"的"义"有两种写法，一种是"主义"的"义"，一种是"心意"的"意"，两个字是相通的。"礼义"不是"礼"和"义"，而是指"礼"的本质，刚好就和"礼貌""礼仪"相对。不管"礼"的形式做得多么复杂烦琐，这个"礼"所表达的思想、用心是最重要的。

《汉书》里有一个例子，说"汉兴，乐家有制氏，以雅乐声律，世世在太乐官，但能纪其铿枪鼓舞，而不能言其义"。又说"汉兴，制氏以雅乐声律，世在乐官，颇能纪其铿锵鼓舞，而不能言其义"。这个家族传承下来礼乐歌舞，但是只会表演，而表演的思想用意自己也不知道是什么了，就是说"礼义"已经失传了。只知道什么时候敲鼓，什么时候舞蹈，但是不知道为什么这样做，秦火造成了文化断裂。《汉书》传达给我们的信息就是，"礼义"要比礼仪的形式更加重要。

还有一个《庄子》中的故事：

> 子桑户死，未葬。孔子闻之，使子贡往侍事焉。或编曲，或鼓琴，相和而歌曰："嗟来桑户乎！嗟来桑户乎！而已反其真，而我犹为人猗！"子贡趋而进曰："敢问临尸而歌，礼乎？"二人相视而笑曰："是恶知礼意？"

虽然庄子是道家人物，《庄子》属于道家文献，但是庄子特别了解儒家，他对孔子弟子和儒家学说的思想言行有很多描写，这些描写有点儿讽刺，但是非常生动，可能有些时候庄子对儒家的了解比儒家自己还深入，所以讲儒家的时候，还是可以谈谈《庄子》的，譬如朱子就熟读《庄子》。《庄子》书中说，有一位好朋友死了，儒家来吊丧，见到道家的人不哭，就批评他们非礼，道家的人就反驳说，你们不知道"礼意"。

到了魏晋的时候，像竹林七贤那些风流名士，就是不拘于礼貌和礼仪，但最根本的礼义还在。

很多时候形式化的东西很烦琐，注重外表。"礼义"可以说是礼的灵魂。所以我先提一下"礼貌""礼仪"和"礼义""礼意"的关系。在现实生活中我也有些感慨，国学院隔壁就是音乐舞蹈学院，他们可以唱各种各样的歌曲，唱欢快的歌时表情是快乐的，唱伤心的歌时表情还是快乐的，不论古典的、流行的，美国歌、苏联歌，

可以任意切换，表情却没有变化，永远保持微笑。我看了就会想起
《汉书》里的那句话——"不知礼义"。歌唱家唱歌可以不走心，不
必体会真实的快乐或忧伤，也不必了解西学和中学、传统和现代的
文化变迁，有旋律，有技巧就行了。我觉得这种情况也蛮可怕的。
一个人能做任何事，但并不懂得其中的道理，这就是"不知礼义"。

"礼义"是什么？礼的核心思想是敬，是互相尊敬。儒家尊敬任
何人，道家尊敬任何生物，包括一草一木。这种敬意只要在，礼的
本质和精神就在。中国人强调要尊敬对方，尊敬生命。每个人都是
生命，每个生命都得自于禀赋，每个禀赋又来自于天道天理。所以
一定要尊敬生命，尊敬祖先神灵，尊敬天地自然。这样一种敬意是
礼的核心精神。

"礼"这个概念是非常丰富的，它还经常和一个字连起来搭配，
就是"礼节"。我们现在说的礼节多指礼仪，古代的礼节是说礼的效
果，或者说礼的功用。礼是用来区分身份、节制言行的。"节"字繁
体从竹，本义就是竹。所以"礼节"有时候也叫作"礼之分""礼
之辨""礼之别"，"分"字和"辨"字本义都是把事物分成两半。
"礼节"就是把人群区分开、节制开，让人知道自己所处的位置，更
加合理地处事。

这种观念的基础来自于"位"的思想，在《易经》里体现得最
清楚。《易经》的基本概念就是"位"，《易经》中每一个重卦有六
爻，一个长横线是阳爻，两个短横线是阴爻，两种爻在不同的位置
排列，就有六十四种状态。《易经》最基本的作用就是定吉凶，定
吉凶要看爻的位置。阳爻好还是阴爻好呢？阴爻有好的时候，阳爻
也有好的时候，好不好要看所在的位置，在合适的位置上就是吉祥
的。二四是阳位，一三是阴位。如果阳爻在阳位，阴爻在阴位，就
是"当位"。阳爻不在阳爻的位置上，阴爻不在阴爻的位置上，就是
"不当位"。这里就特别讲究"位"的重要性。儒家看待天地万物、
看待每一个人，也都有自己的"位"，做得到位就是对的，就合乎
礼。礼本身就是让你到位的，所以叫作"礼节"。"礼"的存在让每

个人都有了自己的"位"，也可以说是"名分"。

我们现在不是等级社会，不会那样严格地区分名位了，但其实我们每个人在生活中都有不同的身份、不同的位置、不同的次序。（譬如一位女老师，和丈夫在一起时是妻子，和孩子在一起时是母亲，明天上课时又成了老师，在办公室里见到系主任又是部下，回到娘家、婆家又有自己的父母、兄弟、姐妹。）一个人的"位"是多重的，也是不断变化的。上升到国家层面，我们会说"各为其主"，在中国则效忠中国，在日本则效忠日本，在美国则效忠美国；在中国则称中国为本国，在日本则称日本为本国，在韩国则称韩国为本国。"位"随着时间、空间而不断转移，只要随时随地到位，就是合乎礼，就是正当的。所以《易经》又强调"时中""时义"，随时居中，随时适宜。

我们说中国传统文化以儒家影响最大，而儒家的文化我们可以把它叫作"唐尧之道""虞舜之道""孔孟之道""圣贤之道"；古代社会以农耕为主，我们也可以把它叫作"农耕文化"；另外我们还可以称它为"东方文明""礼乐文化"，不同的称谓反映着不同的侧面。我们尤其自豪中国是"礼仪之邦"，礼仪之邦最讲究礼乐文化，这时候"礼"和"乐"就搭配在一起，这种搭配也是挺有意思的。

事实上，"礼"和"乐"是相反的，但是它们搭配起来是一个整体，叫作"礼节乐和"。"礼"是讲节的，但是不能只有节制，所以还要有"乐和"跟它搭配。"乐"有两个读音，音乐的乐 yuè，快乐的乐 lè，其实在古代音乐和快乐是一回事，音乐要能使人快乐。换句话说，快乐从音乐来，不能从打麻将、扯胡子来。古代的"乐"包括诗歌、音乐、舞蹈，三个元素。现代人经常讲"幸福感"，幸福到底是什么？幸福指数就是快乐的程度，"乐"给我们带来的快乐才是正宗的。传统的礼乐，一面追求礼节，一面追求快乐，所以古人以前对快乐没少议论，传统里面非常重视每个人的快乐。孟子说，"与民同乐"，"与百姓同乐，则王矣"。

"乐"是怎么来的？在"礼"的场合下一定要守本分，但是在

"乐"的场合下却可以放下名分，放下各种条条框框，不分彼此，没大没小，童言无忌，允许充分地抒发情绪，大家一起快乐。"乐"有这个好处，就是与民同乐，大家放下架子，一起 happy 一下，其乐融融，这叫作"乐和"。这就刚好消融了"礼节"的外在的匡范，而使人获得内在的抒发。所以"礼乐"合在一起，刚好是一个很好的搭配。

"礼节乐和"是就一般社会而言，但对快乐的理解和定义还真的是另有境界高低之分。到底什么是最高的快乐呢？《庄子》里有一篇叫《至乐》，说的是最大的快乐，不妨读一读。老子、庄子会把问题看得更深更透，能够透过现象世界看到更远的地方。

"礼乐"有一种整体性，但是单独出来又有区别，互相对立。"仁义"也是一个整体，但是单独出来也是对立的。"道德"也是这样。这种关系是相对的、不断变化的。在大环境里面，"仁义""礼乐"是一体的，但是从每个字单独来看，是对立的。礼与乐、仁与义、道与德，可以是一个整体，同时又有一种对立性。

"仁"是整个儒家思想的核心，是天地万物的本质，但同时"仁"也代表一个具体的元素，对应着"东"和"木"，"仁"是充满了春天的生气。而"义"刚好相反，对应着"西"和"金"，象征着秋天、肃杀、管辖、节制。"仁"是有点儿柔弱、心软，而"义"就是强硬、心狠，大义灭亲。所以"仁义"是一个东方一个西方，一个软一个硬，一个满是生机，一个充斥着肃杀之气。

"道"和"德"也是这样。"道"就像五行中的东方之行一样，引发万物的生长，而"德"是五行中的西方之行，该给谁不该给谁，执行得很严格。"仁义""礼乐""道德"三者，可以作为一个整体解释，也可以分开来看，我们读文献的时候，对文字可以解读得细腻一点儿。

举个例子：我看到过一个著录的汉代瓦当，圆形里边四等分写着"道德顺序"这四个字，"道德"应该有什么样的顺序吗？这个意思挺不好理解的。其实"道德顺序"就是说天道按照春夏秋冬四季的顺序运转，要顺着走，不能跳着走，更不能逆着走，春生夏长，秋收冬藏。"道德"就是春秋，也就是生长和肃杀。春秋两季又可以代表春夏秋冬四季，四季按照这个顺序运转就是遵循天道，"道德顺序"就是在讲天道循环运行。它这里不说"春秋"，说"道德"，因为"道"是给予万物以生命，"德"是该给的已经给了，不该给的现在收回，有时候给你，有时候不给你，有一个刑杀的意思在里边，"杀"是减少、降低的意思。五行学说里有一个词汇叫作"刑德"，讲的也是增多和减少，含义和瓦当上的"道德"相似。

《汉书·艺文志》中有一段话，论诸子九流十家，说诸子各家之间的关系是怎么样的呢？"其言虽殊，譬犹水火，相灭亦相生也。仁之与义，敬之与和，相反而皆相成也。"水火代表五行，五行相生相灭。谚语说"水火不容""势同水火"，水火通常是对立的时候多。仁与义，敬与和，就和水火的关系一样。敬与和，就是礼与乐，礼的本质是敬，乐的本质是和。仁义、礼乐，它们的关系是相反的。

然后《艺文志》又论六艺，说六经之间是什么样的关系呢？"《易》为之原"，"五者盖五常之道，相须而备"，"世有变改，犹五行之更用事焉"。六经之中，群经之首的是《易经》，是本源。除此之外，还有五经，它们就像五行一样，"更用事"。五行"金木水火土"，或者说"东南西北中"，轮流坐庄，谁坐庄谁发牌。该用《诗经》的时候《诗经》就是对的，该用《书经》的时候《书经》就是对的，没有说谁适合任何场合，永远都是对的。中国古人看问题，总是会结合具体的环境，结合时空背景来分析。一家人坐在一起，没有说大人永远都对，小孩子永远都错。这是不可能的，天道不是这样走的。天道循环，五行就是五道，"道"在五个不同的阶段上是轮流发挥作用的。

《庄子》也讲了一个故事，他说："堇也，桔梗也，鸡雍也，豕零也，是时为帝者也。"乌头、桔梗、鸡头草、猪苓根，这些低价的草药，到该它们发挥作用的时候，它们就是对的。假使你得了个小感冒，咳嗽上火，你就吃桔梗、柴胡、地黄、板蓝根这些便宜的药就好了。如果你体虚，要慢慢补，大概可以吃点儿人参那样的补药。但你不能说，因为自己家里有钱，要吃就吃最好的最贵的，无论什么病都吃人参，上火也吃人参，结果连吃几天，可能小命就没了。我们中医讲"对症下药"，讲"辨证"，这是中医固有的概念。后来马克思哲学来了，用中医的"辨证"两个字来意译马克思哲学的对立统一思想 dialectics，两个概念就串在一起，不好区分了。就像佛教、基督教会用好多道家、儒家的术语一样。中医讲"辨证"，就是说没有一种药对一个人、一种病永远有效，一定是随着实际情况随时调整，望闻问切，千变万化的。当然现代的中医有点程序化了。中国人很早就讲"辨证"，中医是中国的伟大智慧，《内经·素问》是很好的医书，也可以说是很好的哲学书。

昨天我给大家举例子，讲我们的校歌说"永远是春天"。西方人雪莱说："冬天来了，春天还会远吗？"那意思就是冬天不好，春天好。但永远没有冬天，只有春天，还真的不行。中国为什么叫"中国"，清朝人解释是中纬度国家。

张之洞《劝学篇》："其地得天地中和之气，故昼夜适均，寒燠得中，其人秉性灵淑，风俗和厚，邃古以来称为最尊最大最治之国。"

叶德辉《叶吏部〈非幼学通议〉》："良以地居北极温带之内，气候中和，得天独厚，而又开辟在万国以前，是以文明甲于天下。"

中纬度国家，春夏秋冬四季分明，一季三个月，孟仲季非常整齐。雪莱是英国人，英国纬度上和我们北方差不多，英国能永远是春天吗？所以文学的语言，或者老百姓日常的语言，我们听得懂就行了，这些话并不是学术语言，或者说在逻辑上是站不住脚的，而作为学者，我们要注意语言逻辑，一面把古文献的文本理解得深一点，一面发现现代汉语的思维漏洞。一个注重逻辑思维的民族才是了不起的民族。

"礼"是天理天道，是制度，是有序。最近看到一篇网络文章，标题是《正派社会就是制度上不羞辱所有人的社会》，作者周濂，是中国人民大学哲学学院教师。没看文章内容，只看标题，觉得挺好。如果能在制度层面上，让所有人都获得恰如其分的位置，那么就既不会自辱，也不会辱人，这样的社会就是文明社会。"礼"就是要起这样一个作用。

二　商鞅、李斯、韩非的故事

下面说法家。我们先讲几个故事，法家的几个代表人物，商鞅、李斯、韩非他们的故事很有意思，也很典型。

法家形成很早，可以上溯到春秋初年的管仲。韩非说"今境内之民皆言治，藏商、管之法者家有之"，把管仲和商鞅并称。管仲之后，晋献公初年有士蒍，帮助晋献公除掉桓、庄之族，尽杀群公子。士蒍之后有郭偃，辅佐晋文公，有书传世。战国初年有李悝，辅佐魏文侯。李悝之后有尸佼，为商鞅的老师。

商鞅是卫国人，又叫卫鞅，卫国是特别小的一个国家，老是受大国排挤，被大国看不起。另外有一个魏国，是从三晋分出来的，在战国初期，魏文侯、魏武侯在位，魏国是首先强大起来的一个国家。商鞅就去了魏国，魏惠王在位，有个宰相叫公叔座，商鞅就做他的门客，公叔座也很器重他。后来公叔座年纪大了，临死前跟魏惠王说，我死了以后，你最好用商鞅做宰相接替我，"愿王举国而听之"。如果你不用，就马上杀了他，别让他再跑到别的国家去。魏惠王回去之后就跟左右说，看来老宰相真的病得不轻，脑子糊涂成这样了，怎么能重用商鞅这样一个年轻人呢？公叔座也猜到君主的安排了，就跟商鞅说，我先为国家考虑，其次我也要为朋友着想。我跟国君说了，如果不用你就杀了你，现在你赶紧跑吧！商鞅很淡定，说如果国王听你的话，自然会用我为宰相；如果国王不听，他也不会因为你这句话杀了我。于是他安居不动，魏惠王果然既没有用他，也没有杀他，结果这个大便宜就给秦国拿去了。战国时群雄争霸，列国间互相争夺人才，用人用得最好的时候也是战国，像秦国本来是西部小戎狄，有什么人才啊，全是从六国招募过来的。

秦孝公下令国中求贤，商鞅就去了。秦孝公是历史上非常著名的一个君王，变法图强，秦国30年不到就突然崛起了，然后一步步地灭掉六国，统一了天下。《史记》中记载了卫鞅和秦孝公见面的故事，我们仔细看一看。

话说秦孝公大力招募人才，可是一般人没有机会，也见不到，于是商鞅托一个叫景监的宦官帮忙，让秦孝公能够召见他，后来秦孝公就见了商鞅。《史记》原文记载，"语事良久，孝公时时睡，弗听"。第一次见面，商鞅讲了好久，但是秦孝公不停地打瞌睡。"罢，而孝公怒景监，曰：'子之客妄人耳，安足用邪！'"商鞅走了以后，秦孝公对景监发火，说你推荐了一个什么人呀？这人怎么能用！景监转脸批评商鞅，商鞅就跟他说，我跟国君讲的是"帝道"，"其志不开悟矣"，看来他是不懂。你帮我个忙，我再见他一次。过了五天又见，"益愈，然而未中旨"，稍微好一点，但还是不行。于是秦孝公又批评景监，景监又转过来批评商鞅，商鞅解释说，我这次跟国君讲的是"王道"，他还是不懂，你再给我找个机会。景监帮人帮到底，于是过了几天又见第三次。秦孝公当时的表示是，"善之而未用也"，觉得还不错，但还是不能用。商鞅走了以后，秦孝公跟景监说，"汝客善，可与语矣"。没再提出批评，还稍微表扬了一下。商鞅就明白了，对景监说，"吾说公以霸道，其意欲用之矣"。好像是快要采用了，你再给我引荐一次吧，我知道怎么拿下他了。这个故事也特别有戏剧性。最后见第四次，大家看《史记》的描述，"公与语，不自知膝之前于席也。语数日不厌"。这回真是开了窍了，有什么表现呢？先秦时人们跪坐在席子上，中间是一个方的空地，主人坐北朝南，臣下坐南朝北，相向而坐，结果这对君臣说话的时候谈得太投机，膝盖不自觉地一点点往前挪，都快挪到人家身边去了。接下来连着听了好几天还没听够。所以秦孝公说起来也不是太笨，应该说还是很聪明的一个人。一个君王能够听学者讲治国之道，听几天还没听够，那也真的算是英明的国君了。

秦孝公一高兴，景监就高兴了。景监刮目相看，问商鞅，"子何以中吾君？吾君之欢甚也"。你怎么做到的？我当了那么多年宦官，从没见主上这么开心过。然后商鞅就解释说，我一开始游说国王讲的是帝道和王道，国王听不下去，然后再讲霸道，也听不下去。国君说："久远，吾不能待，且贤君者各及其身显名天下，安能邑邑待数十百年以成帝王乎？"你跟我说帝道、王道都好，但是我等不及啊！30 年以后我都不在了，我看不到那个时候的效果啊！秦孝公很英明，但确实着急，他一定要自己能看到、享受到政治改革的成果，如果只是为后人做铺垫，他坚决不干。这也是做君王的一种普遍心态吧。当年唐太宗打下天下的时候，还很年轻，28 岁，也是给魏徵出了一道难题：天下能实现大治吗？如果能，要多久，我能活着看到吗？孔子说过"世而后仁"，"世"是 30 年，孔子都说了需要 30 年才能实现仁政，唐太宗十分犹豫。魏徵说不一定，结果只用十几年就实现了"贞观之治"。

那么当年秦孝公说，我一定要在自己这一代、在 30 年之内，看到大治的结果，这是必备条件。于是商鞅就说，"故吾以强国之术说君，君大说之耳"，我没办法了，帝道、王道、霸道都不行，只能跟他讲最后一招——"短平快"的强国之术了。结果马上见效，秦国真的强大起来。但是商鞅最后也补充了一句："然亦难以比德于殷周矣！"殷商 400 年，周朝 800 年，那是比不了的。您马上就能实现天下大治，但是可能赢秦这个朝代会很短命，有得就有失，暴起亦暴亡。商鞅这句话说得特别对，最后历史的命运也果不其然。所以我们就知道商鞅应该是跟孔子一样的人，什么都懂，知识非常丰富，你要什么我给你什么。先给你最好的帝道，你不要，我还有王道；王道不行，我还有霸道；实在不行，我还有强国之术，看你要什么了。而秦孝公就要"短平快"的，要有眼前可得利益的。所以后来古代社会文明的发展就是政治周期越来越短，这也是没办法的。说到底是"德"在走下坡路，"德"越来越缺少。不是商鞅不懂长治久安之道，而是政治家们选择了这样一个结果。这个时候没办法，就只有选择法家之路，法家就这样走上历史舞台了。（杨畅按：儒家代表人物孟子就不是这样，帝道、王道、霸道这些孟子也都懂，但孟子仍然坚守自己的政治主张，不向现实做任何妥协，不屑讲这些霸道和强国之术，这也是孟子兀傲伟岸的人格闪光之处。从这个角度说，每个人都有自己的选择，坚守心中的理想就是了。）

据野史记载，商鞅跟秦孝公谈强国之术，秦国的都城在咸阳，山南水北为阳，咸阳是在九嵕山之南，渭水之北，商鞅在渭滨给犯人论罪，出现了一个现象，渭河的水本应该是平常河水的颜色，结果全都变成血红色。秦国法网特别严密，"弃灰于路者刑，步过六尺者罚"，于是"号哭之声动于天地，畜怨积仇比于丘山"。渭水都红了，可能也预示着从此以后会血流成河，秦国将会充斥着杀气，天下也将充满杀气。这一切商鞅其实早就预知了。

法家残忍，刻薄寡恩，心狠手辣，不把人当人，这种惨烈的风格就跟儒家、道家完全不一样。所以历代学者都不会从正面讲法家，也不爱讲法家，觉得不好意思，传出去名声也不好，人们会说这个人讲的什么啊？整天坐在屋里讲"人性恶"干什么？这人是个什么人？学者不敢讲法家，今天我们真的也是不得已，法家的确是声誉不好。

李斯和韩非，《史记》里这样记载，"李斯年少时为郡小吏"，当小吏的时候，看到衙门旁边厕所里的老鼠，吃不到好东西，而且一见人就害怕，因为见到老鼠人人喊打。后来他又看到粮仓里也有老鼠，处境完全不一样，吃得好，人又不敢打。你把它们打死了，它们尸体腐烂了，粮食也就烂掉了；你灌水淹死它们，那么粮食也淹了；你放火烧，粮食也烧了。你只能乖乖地养它们，把它们养得又白又胖，就是《诗经》里说的"硕鼠"。所以同样是老鼠，处境却不一样。李斯说，我一定要做"粮仓里的老鼠"，秦国就是我的粮仓，所以他就去了秦国。这个事你说是励志还是投机？如果说是励志，好像动机不是那么光明正大。

韩非也有故事。"韩非者,韩之诸公子也。……非为人口吃,不能道说,而善著书。与李斯俱事荀卿,斯自以为不如非。"韩非口吃,不擅长这种抛头露面的交际活动,但是擅长著书立说,文笔特别好。

三 "道生法"

法家学派我们都熟悉,但是法家的"法"是从哪来的?这是一个比较深的学术问题。在《管子》中记载着这样几句话:"法者,所以同出,不得不然者也,故杀戮禁诛以一之也。故事督乎法,法出乎权,权出乎道。""事"是由"法"来的,"法"是由"权"来的,"权"是由"道"来的,那么我们也可以说"法出乎道","法"是从"道"来的。

这个记载以往没有太多人注意,因为疑古派认为《管子》这本书不可靠,不是辅佐齐桓公的管仲写的。后来马王堆出土的帛书里面有一篇文献叫作《经法》,《经法》的第一章叫《道法》,《道法》开篇第一句就是"道生法"三个字。大家于是追溯回来说《管子》曾经说过这个意思,出土文献和传世文献对应上了,大家承认先秦一定有"道生法"这个说法。但是怎么理解呢?好像学者们也没有说得特别明白。

我的理解是这样的:法家在思想上是从道家哲学来的。法家这个学派在先秦来历很明显,好像是走了两条路。一条路是儒家的师承。法家人物有一部分是从儒家来的,最明显的就是儒家的荀子带出来了法家的李斯和韩非,在师生相传的系统之中,法家跟儒家关系密切。另外在地域上,法家人物多来自三晋,荀子就是三晋赵国人。法家在地域上主要出自三晋,在师承上主要出自儒家的荀子。另一条路,就是在逻辑概念上,法家出自道家,所以可以称为"道生法"。

为什么说在思想上法家出自道家呢?道家是这样的,它认为天地万物有一个统一性,统一性叫作"道"。这个观点如果成立的话,应该说在"道"的范围之内，在天地万物中，没有任何事物是和"道"背离的，要不然这个统一性的"道"就是不成立的。"道"成立的前提应该是囊括一切事物，它运行的规律符合万事万物的运行规律。在逻辑上，"道"这一概念其内部应该是统一的。可是恰恰老子和庄子对很多事物提出批评，说它们都不符合"道"。一边说天地万物有一个"大道"，一边说有些事物是不符合"道"的，那么老庄的理论体系本身就是内含矛盾的。

老子说："天之道，其犹张弓欤？高者抑之，下者举之，有余者损之，不足者与之。天之道，损有余而补不足。人之道则不然，损不足以奉有余。"老子用一张弓来做比喻，弓是一个弯曲而有弹性的木条，两边连上丝做的弦，丝本来是柔软的、绕成圈的，但是一连上木条的两端，就会绷得非常直，非常平。老子说天道公平，就像弓弦一样平，但是人道跟它相反，刚好是不平。弓弦是把弯曲的地方全给扯平，凹的地方上去，凸的地方下来，而人道很像西方人说的"马太效应"，让多的更多，让少的更少。这样天道就不成立了，就被打破了。这一点在庄子那里也一样，他一边说有一个很好的"天道"，人类只要效法天道就行了，一边批评说还有一个所谓的"人道"存在。但是逻辑上"天道"之外不能再有第二个"道"，不能再有一个独立的"人道"。庄子说："何谓道？有天道，有人道。……天道之与人道也，相去远矣，不可不察也。"

这样的矛盾怎么处理？老庄没有办法。道家只是严厉地批评社会违背天道，但是道家没有说明白应当采取什么样的对策。要么"人道"是对的，"天道"不存在，人类可以恣意妄为；要么"天道"是对的，"人道"包容在"天道"里面，并且顺从"天道"。"人道"顺从"天道"，实际上也就取消了"人道"的独立存在。

道家做不到，谁做得到？法家来做。法家承接过来道家的概念和矛盾。人道不是不平吗？法家就用"法"的办法来把人道弄平，使它最终像天道一样平。无非就是该增多的增多，该减少的减少，该赏的赏，该罚的罚，抑制贵族，扶持平民，而不是多的更多，少的更少。所以法家在理论上是从道家来的，并且是用"法"的办法解决了道家的思想矛盾和逻辑缺陷，这叫作"道生法"。

四 韩非的核心思想是"法"

"法"这个字特别突出的地方就是从水，我们知道水在器皿中静止的时候是最平的。"水平"本身就是一个现代度量标准，在古代也是这样，用水准来取平，所以水平成了一个度量仪。"法"字还有另外的一个写法是"灋"，这个字左边是水，右边在"去"的上面再加一个"廌"。廌是一种动物，据说有点像犀牛，有一只犄角，是古代的异兽，它能辨别是非曲直，所以古代法庭上用它来辨别诉讼。怎么辨别呢？就让诉讼对立的双方都站出来，让廌用角去顶，它顶谁，谁就是没理的那一方。所以古代的法官都带着这种像廌一样的冠，叫作解廌冠，又叫獬豸冠。大家可以想象一下，古代的法官站在朝廷上，跟文武两班在一起，穿一种特殊的制服，像绣衣使者那样，头上戴着这种廌。这就是"法"的繁体字的意思。

法家有一整套术语。我们说到"法"的时候，经常会联系到"法律""法令""刑法"；说到"刑法"，经常会联系到"刑具"，于是"刑"的含义就降低了，法家的思想境界的伟大之处就不显了。其实"法""刑"最初都不是具体事物，而是抽象概念。或者说，"法""刑"等一整套法家术语，一方面都是抽象概念，另一方面又落实为具体事物，都有两面性，既形而上，又形而下。

"刑"字本义是羹器，《周礼·天官》说"羞修刑胏"。"刑"又通"型"，"型"是铸器的范模。"刑"字从"刀"从"幵"，《说文》说："幵，平也。象二干对构上平也。""幵"这个字读 jiān，就是两个杆子，用来测量高度，是一个测量工具。

"法"字、"刑"字都与测量、标准、尺度相关。还有"模""范""称""验"等，都是度量衡术语，法家这一套核心概念都从度量衡来，有度量标准之义，取法的标准就是要公平公正。

"法"字还有一个异体字，就是从水从正。"法"字古文一作

"金"，又作"泟"，与"正"字相关。"刑"字也有"正"的意思，《广雅》"刑，正也"，《诗经·思齐》"刑于寡妻"，陆德明《经典释文》引《韩诗》云"刑，正也"。

到西汉初张释之为廷尉，宣称"法者，天子所与天下公共也"，讲的就是"法"的本义。这么看来，法家学派在理论概念上特别合理，也特别高尚。我执行天道，我拿出一个办法来了，而且我的办法很公正，像度量衡一样公正，道家就没有这么果断。

法家学派有三部分，叫作"法、术、势"。君主以人性理论为依据，由人性的好利恶害而设赏罚，就成为"法"。君主循名责实以课责群臣，自己则南面而无为，就叫作"术"。君主执柄以处势，临之以利害，使官吏不得不居其下而守其职，就叫作"势"。

> 《韩非子·定法》：法者，宪令著于官府，刑罚必于民心，赏存乎慎法，而罚加乎奸令者也。
>
> 术者，因任而授官，循名而责实，操杀生之柄，课群臣之能者也，此人主之所执也。
>
> 《韩非子·八经》：君执柄以处势，故令行禁止。柄者，杀生之制也。势者，胜众之资也。

"法"的内容比较清楚，主要就包括两个方面——赏和罚。赏罚分明，立成条文，由政府公布下来就是法。国民的言行该赏就赏，该罚就罚，清楚明白。这样的强制性办法，的确可以弥补道家解决不了的问题，让"人道"像"天道"那样公平起来，这是一个办法。

"术"和"势"，操作起来就跟理论有点不一样了。申不害是用"术"来辅佐君王韩昭侯的，他是怎样教给君王用这个术的呢？其实"术"就是一些小办法，用这些小办法来控制政治局面，达到政治目的。大家知道做君王、做一把手是不容易的，因为你有很多部下，不好管理。据美国的管理学家讲，一个一把手有六个部下最合适，多了管不好，少了达不到最佳效果，有一个合适的区间。在中国，我们说"文武百官"，一个君王可能管一百个官，三省、六部、五寺、九监、一台，关系比较多。但是不管多少，所有的部下在一把手面前表现得一定是很好的，大家都是忠臣，奸臣一定不会把自己的阴暗面暴露在一把手面前，奸臣只会暴露在下属面前。

有一类最糟糕的君王，就是鲁哀公这类的，从谥号"哀"字就能看得出来。（《谥法》"恭仁短折曰哀"，张守节云："体恭质仁而功未施。"）他没有什么能力，做不出政绩来，很让人哀怜。鲁哀公自己说，我怎么可能治国啊？"寡人生于深宫之中，长于妇人之手，未尝知哀也，未尝知忧也，未尝知劳也，未尝知惧也，未尝知危也。"（《荀子·哀公》）他是君，但是他生于深宫，没有历练，不知民间疾苦，他怎么管理朝政？怎么调动大家？人家怎么服气？如果遇上了这类君主，在管理学上就非常麻烦。一把手一上来，面前全部都是小人，可是每个人都对你笑，恭敬有加，其实都是小人，这时候分清楚谁真谁假特别难。

于是申不害就提出来，有一种东西叫作"术"，就是把一些小手段教给君王，使君王产生一种让大臣害怕的效果，从而慑服他们，管理他们。他的办法是这样的：他对君王说，上朝的时候，您只管端坐在朝堂之上，派一个人到门口去看谁来了，让他赶紧通报。比如现在有一个大臣走进来了，你就问他，看没看见门口一百步、路右边有一头牛啊？大臣说我看见了。再问，那头牛是黑色的，额头上有一个白点，是不是啊？大臣一听还真是。这之后再跟大臣们谈公事，谁都不敢隐瞒，因为他们真不知道君王到底知道些什么，大臣们就不敢说谎，就被吓住了。其实就是一个小把戏，没有高深的理论，但是确实奏效。

再讲一个李林甫的例子。李林甫是唐代的宰相，唐代宰相不是一个人，最多的时候十几个人，三省的长官都是宰相，他们在一起议政，议政的地方叫作政事堂。李林甫当政的时候，就用计谋把他们一个一个撵走。当时唐玄宗任用了一个叫陈希烈的宰相，很信任他，李林甫想要专权，就装模作样地给陈希烈出主意，说我们国家目前财用不足，听说华山底下有银矿，你可以上报，开采出来，这样国家就有钱用了。陈希烈觉得是个好主意，赶紧写奏章上呈，唐玄宗看后就问李林甫，这事怎么看？李林甫说，谁给君王出的这个馊主意？华山是我们始祖李耳住的地方，是我们皇族发祥的地方，如果把华山给挖了，破坏了龙脉，泄露了精气，我们的江山还能稳固吗？唐玄宗听了不说话了，从此以后陈希烈再说什么都不听了，李林甫就从此独断专权了。这也是个小法术，但是很管用。

慎到喜欢讲"势"。"势"是什么？是一只看不见的手，是一种无形的东西，是用无形的气场来控制别人。政治家应该是要琢磨这个东西的。明明两个人，年龄、出身、背景、才气都一样，怎么分出高低来呢？那就看气势，谁的气势盛，谁就能把老实的一方给压倒。这种东西不是靠实物支撑的，是靠气，我们说"气场""气势"，用一种气来压倒别人。"气"是看不见摸不着的，但是"气压"还是能明显感觉出来的。

实际上在"气"的背后也有硬件在做支撑，这个方面我们举一个例子。司马迁在《史记》中写过一篇《货殖列传》，讲的是怎么赚钱。我们感觉很不可思议，《史记》这么早，西汉中前期的著作，居然能够讲怎么赚钱，给成功的赚钱人写了一系列传记，这可以说是全世界最早的"商人列传"了。"殖"就是增加，一分钱变成两分钱。《货殖列传》讲到底怎样增加财富，怎样让钱生钱，另外也讲商人怎样为社会做事，怎样平衡自己的精神状态。这个列传当然就很重要了。我们都知道，现代人谈到物质，首先提起的经典就是《资本论》，说的是人类在社会关系之外还有一种经济关系，人受这种经济关系的支配，而且离不开这种关系。一个人可能特别优秀，但是家里没有钱；另一个人可能特别糟糕，是个渣滓，但他家里有钱，这个人就可以控制那个优秀的人。人的社会关系被经济关系、物质关系给控制住了，马克思把这个叫作"异化"。资本主义如果这样走，就要推翻它，《资本论》就是无产阶级革命的原理。但是在这之前，远在公元前，耶稣基督还没出生的时候，司马迁就写了《货殖列传》，提出了一种相似的思想。

《货殖列传》中有一段话："富相什则卑下之，伯则畏惮之，千则役，万则仆，物之理也。"他说人与人之间，别的条件假定都一样，只是拥有的财产不一样，由此产生的差异就会很大。人与人之间的财产相差 10 倍，就有高低了。明明我们俩个子一样高，但是你的钱比我的多 10 倍，我见到你就觉得你比我高，或者我就不敢跟你一样高，我得哈一点儿腰来见你。财产相差 100 倍，明明我们都是合法公民，你并不是我的长官，但我看见你就有点儿害怕。如果我们的财产相差 1000 倍、10000 倍，虽然我们都是平等的，都是自由人，但实际上我得听你的使唤，像你的奴隶一样，我就像失去了自由的身份一样，你让我干什么，我就得乖乖干什么，你让我奉献什么，我就奉献什么，我全都听你的，没办法，你的财产太多了。其实他可能手握巨资并没有分给你一点钱，你可能反而倒贴了自己一点儿家底进去，你还是不能不乖乖听话。（杨畅按：类似马克·吐温短篇小说《百万英镑》中一张百万支票的讽刺效果。）司马迁这句话不是他的主张，他是把这个现象点出来了，就是财产可以压人。这就是一种势，势就像水位一样有位差，有压力，所以"势"就能号令别人，控制别人。

有个词语叫"造势"。像男孩跟女孩谈恋爱，女孩不要很主动，现在越主动，以后越没地位。如果矜持一点，男孩就只能求着你，不断地求你，依照惯性一辈子就下来了，这个"势"就造出来了。本来没有太多的物质支撑，但是"势"造出来了，主动地位和被动地位就形成了，这个叫"势"。说起来是一只看不见的手，也真的很神秘，看不见但不能说它不存在。

学术界认为法家的"法、术、势"是"三位一体"，商鞅讲"法"，申不害讲"术"，慎到讲"势"，最后到韩非集大成。

五　酷吏

法家的理论是非常高尚的，在逻辑上是很伟大、很了不起的，但是在应用的时候还有一个问题，就是像秦朝后来走的就比较极端，历史上叫"急政暴政"，底下被逼急了，就造反了。所以司马谈说法家"可以行一时之计，而不可长用也"。

法家也经常会走到酷吏层面上来。为什么叫酷吏？法本来是公正的，走到极端就已经越过了法。就像我们现代有一个词语叫作"严打"，法律本来应当是稳定的，100年都不变，这几天忽然变严了，那么在这几天之前呢？是不是又变宽了？宽和严都不符合法律的精神，实际上是政治意图压过了法律原则。

《史记》七十列传中有两篇特殊的传记，一篇是《酷吏列传》，一篇是《循吏列传》，都是司马迁的独创。"酷吏"是严刑，但是酷吏只针对皇亲外戚、州郡长官、地方豪强，不牵连老百姓。"循吏"是任事不任法，只要把事情办好，有时可以承担违法的责任。譬如遇到灾害，来不及等诏书，救人要紧，循吏就矫令开仓放赈，最终赢得民心。循吏都是地方官吏，针对的都是基层百姓，所以"循吏"刚好和"酷吏"是相反的。

汉武帝即位以后，全国经济发展，版图扩大，各地的诸侯王都很有势力，那么汉武帝就要加强中央集权。那些同姓诸侯都是他的叔伯兄弟，异姓诸侯都是开国功臣后裔，但是也要把他们除掉。他怎么做的？

有一个祭祀的例子：诸侯王到京城来祭祀高祖，每个人都要进献一点儿黄金作为赞助，称为"酎金"。这时汉武帝突然来一个招数，检验黄金的成色。黄金的成色哪有百分之百的？也有提炼的问题啊，差不多就行了吧。可他就说大家的成色不足，所以他们失敬，因此而"失侯者百余人"，其中就包括绛侯周勃的子孙。这就是突出"法"的作用，法律变成了一种严酷的政治斗争的工具。

有一条法律说诸侯王之间不可以交往，这个诸侯王不能到那个诸侯王家里去做客，但大家都是亲戚，还是要交往的，他就故意管得很严，悄悄地跟踪这些人，把违法的情况记录下来，然后把两边的诸侯全给抓起来，罪名是"交通王侯"，又通过连坐制度把全家人都杀掉，一家百十来口大小不留。这也是找了一个法律的依据，但是做了夸大的处理，利用法律的幌子为借口，就除掉了这些亲戚和功臣。

设置"刺史"的作用也和酷吏相仿。汉武帝把天下州郡划分为13个州部，每个州部设置一位刺史，刺史专管刺探情报，职责范围共有六条，六条以外一概不问。一条，强宗豪右田宅逾制，以强凌弱，以众暴寡。二条，二千石不奉诏书，遵承典制，背公向私，旁诏守利，侵渔百姓，聚敛为奸。三条，二千石不恤疑狱，风厉杀人，怒则任刑，喜则任赏，烦扰刻暴，剥截黎元，为百姓所疾，山崩石裂，妖祥讹言。四条，二千石选署不平，苟阿所爱，蔽贤宠顽。五条，二千石子弟恃怙荣势，请托所监。六条，二千石违公下比，阿附豪强，通行货赂，割损正令。所谓"二千石"，指的是州郡长官的俸禄，而刺史的俸禄是多少呢？六百石。这下好了，派六百石的小官，监察二千石的大官，这就不是官官相护，而是官官相忌恨，所以特有积极性，于是就把州郡长官、地方豪强都给管住了。

武则天也用酷吏这招，借助酷吏把李唐的子孙几乎都杀掉，中宗、睿宗后来幸运地活下来，其他都给杀掉了，包括她自己的亲生儿子，都给杀了。到了这个地步以后，史官就把它叫作"酷吏"。

尉缭说秦始皇"蜂准，长目，挚鸟膺，豺声，少恩而虎狼心"，司马谈说"法家严而少恩"，司马迁说商鞅"其天资刻薄人也"，吴起"刻暴少恩"，韩非"惨礉少恩"，晁错"刻削诸侯"，酷吏往往有这种性格。

汉代陆贾说"天下安，注意相；天下危，注意将"，韩信说"狡兔死，良狗烹；高鸟尽，良弓藏；敌国破，谋臣亡"，后来曹操说"治平尚德行，有事赏功能"，功臣是挺大一个问题，不处置功臣他们就嚣张，处置了又觉得冤枉。譬如韩信，立了很多功，刘邦很少自己打赢过，西楚霸王哪能那么容易打败，都是韩信他们这些人的功劳。打完了之后，要求韩信把兵权交出来。交出来了还是不行，担心这些人位高权重，最后就把他们都除掉了。后来赵匡胤是比较明智的，"杯酒释兵权"，不要功臣们的性命，给他们财产、给他们高贵地位，让他们回家娶100个小老婆去开心吧，但是绝不允许干政。刘邦不是这样，他比较狠，随便找个小理由就把韩信这些功臣给杀掉了。汉代酷吏编织法网，除功臣，除亲戚。诸侯王不能看书，不能互相通信，否则就犯法。

有个故事说，大将军卫青看不过去了，就委婉地批评汉武帝，说陛下您这样做有些浪费人才，您除掉那么多人，这些人都很能干，都是人才啊！汉武帝就说，谁是人才？我用他，他就是人才，我不用，他什么才也不是。汉武帝"用人如积薪"，新人上来了，旧臣就可以毫无顾惜地淘汰掉。在武帝一朝的功臣名将中，大多数人无法做到长期受重用，甚至很少能保全终身。汉武帝说我就是这样，杀了一批又一批，越杀人才越多。事实上还真的是这样，汉武帝一朝人才辈出。班固称："汉之得人，于兹为盛。儒雅则公孙弘、董仲舒、兒宽，笃行则石建、石庆，质直则汲黯、卜式，推贤则韩安国、郑当时，定令则赵禹、张汤，文章则司马迁、司马相如，滑稽则东方朔、枚皋，应对则严助、朱买臣，历数则唐都、洛下闳，协律则李延年，运筹则桑弘羊，奉使则张骞、苏武，将率则卫青、霍去病，受遗则霍光、金日磾，其余不可胜纪。"

武则天也大量聘用人才，破格重用，只要是人才，毛遂自荐都可以，但是稍微有点小毛病，就杀掉，结果越杀人才越多，越杀人才越能干。后来把李唐子孙快杀光了，但她死了之后，留下的这批人才最后帮助唐玄宗实现了"开元之治"，姚崇、宋璟都是武则天录用的人才，后来成了历史上有名的贤相。酷吏这招确实管用，武则天的时候政变很多，人人自危，但是社会经济发展很快，人口增多，疆域稳定，为后来的盛世打下了很好的基础。《剑桥中国史·隋唐卷》做过统计，说武则天时期经济发展最快。

六　性善论还是性恶论？

最重要的问题放在最后说。法家在学术上有一个特别突出的主张——性恶论。性恶论以荀子、韩非为代表，所以我们把荀子和韩非都放在法家来讨论，在逻辑上也是比较顺的。

荀子主张性恶，他的一篇著作标题就叫"性恶"。什么是性恶？荀子有个定义："凡人有所一同。饥而欲食，寒而欲暖，劳而欲息，好利而恶害，是人之所生而有也，是无待而然者也，是禹、桀之所同也。目辨白黑美恶，耳辨音声清浊，口辨酸咸甘苦，鼻辨芬芳腥臊，骨体肤理辨寒暑疾养，是又人之所常生而有也，是无待而然者也，是禹、桀之所同也。可以为尧、禹，可以为桀、跖……"

他说人类有共同的本质，"饥而欲食，寒而欲暖"，谁都一样，生来就是如此。趋利而避害，是人的共同本性，这就叫作"性恶"。性恶论不"损人"但"利己"。性恶主观上不是要损人，但是为了利己可能实际上就会损人。现在我们看到社会上的变态杀人犯，为了满足自己的嗜欲而杀人。但性恶论并没有故意杀人犯法的意思，它只是说要追求个人利益，一个人最基本的利益是饮食衣服，是满足这些生存的保障。

《性恶》篇后面还说："小人可以为君子而不肯为君子，君子可以为小人而不肯为小人。小人、君子者，未尝不可以相为也。"人性都是趋利而避害的，为什么还会有君子呢？有些人喜欢做君子，其实他也可以做小人；有些人是小人，其实他也可以做君子。有些人愿意做君子，做君子也有做君子的好处。他不一定吃得饱，像孔融让梨，他把梨让了，但是他有名声，而名声可能是更大的利益。荀子认为君子终究还是在追求利益。所以人人都在追求利益，这种不是故意伤害人但有时造成了对他人的伤害，只是由一种像小孩子要吃奶一样的生存本能所驱使。

韩非和荀子一样，也主张性恶。他论证说："舆人成舆，则欲人之富贵；匠人成棺，则欲人之夭死也。非舆人仁而匠人贼也，人不贵则舆不售，人不死则棺不买。情非憎人也，利在人之死也。故后妃、夫人、太子之党成而欲君之死也，君不死则势不重。情非憎君也，利在君之死也。"

这是韩非子的性恶观，举的例子特别生动。舆就是车，古代的车构造复杂，有木质结构，有金属部件，有皮革配件，造车是一个很复杂的工程，今天小轿车的生产也是一个很复杂的工艺，那么过去拥有一辆马车，就相当于现在拥有一辆宝马汽车。制造马车的舆人希望什么呢？他希望人人都富贵，这样才有人买他的车。还有一种人是匠人，做棺材职业的工人，希望人人都早点死去，这样他才有生意做。这两种人，貌似一种人用意善良，一种人用意险恶，我们应该支持谁呢？后面韩非就解释说，匠人心里边不是想让大家死，但是不死人，谁买棺材呢？舆人也不是心里边想让大家富裕，但是不富裕，谁买车呢？希望人富裕的心，好像是善良的，其实是为了自己获得利益；希望人早点死掉的心，好像是恶的，其实还是为了利益。

古人说，"天下熙熙，皆为利来；天下攘攘，皆为利往"。忙忙碌碌，熙熙攘攘，全是为了一个利。滚滚红尘，芸芸众生，大多数人一辈子从生到老无非都是为了利，不会真正明白生命有什么意义。所以老子、庄子对此有很多的批评，道家强调的是人类在物质生活之外，一定要有精神生活的存在。

韩非还说，君王最亲的人就是他的夫人、太子和大臣们，这些人结成一党，希望君王早点死。在君王眼里，国家的利益是第一位的，他要对国家负责，但是太子用得着对国家负责吗？登上王位之前，他只要对自己负责，父王不死，他怎么能继位呢？所以大家就注意到，一把手跟二把手、三把手之间的关系是很微妙的，一把手要对全局负责，二把手往往只对自己负责，不管国家怎么样。他不会考虑"皮之不存，毛将焉附"，"覆巢之下，岂有完卵"，他只关注眼前的利益。我们看明末的崇祯皇帝那么好，底下的那些大臣们却那么昏庸腐败，然后多尔衮来了，大家全部鱼死网破，这也是奸臣们自作自受。崇祯那时候，一把手没问题，老百姓也是好的，关键在中层、管理层。法家就是专门盯住管理层，所以你看武则天那个时候酷吏再怎么严酷，社会经济还是在往前发展，因为他不伤及老百姓。

所以荀子、韩非的性恶论跟我们今天讲的成心欺负别人的恶人作恶是不一样的。而恶人作恶的问题需要另外做深入的讨论。

说到性恶论，大家都知道孟子在前面主张"人性善""法先王"，荀子在后面主张"人性恶""法后王"，二人存在对立的现象。《孟子》说："孟子道性善，言必称尧舜。"

什么叫"法先王"？先王就是尧舜，"法先王"就是以尧舜为楷模。大家知道孔子法谁呢？孔子是法周公。"先王"就是比周公还早的时代，孟子"法先王"，表明他的理想程度比孔子还高。尧舜时代的政治叫作"王政"，就是"不杀人而取天下"；相反的政治，"杀人而取天下"就是"霸道"。西汉初期有"黄老之治"，唐代前期是"贞观之治"，什么叫"治"？"治"在古代是治理得好的意思。政者正也，治者治也，已正已治叫"政治"，现在"政治"成了中性词了。治理得好有哪些标准呢？一个是物价低，买东西便宜，特别是买粮食很便宜。一个是没有战争，天下连年太平无事，兵戈无用。还有一个就是"刑错"。枷锁明明是拘禁罪人的，但是我用不到，就一直放在那儿，接连30年都没动用过刑具，因为天下没有罪人，没有人犯法，监狱是空的。监狱和警察不是越多越好，而是越少越好。这就是"王政"，古人认为这是尧舜那个时候的政治局面。想要效法、达到这个局面就是"法先王"，与这种高尚理想对应的就是"性善论"。

然后到了荀子，却主张"法后王""人性恶"。《荀子》说："法后王而一制度，隆礼义而杀《诗》《书》……举错而定，一朝而霸。"什么叫"法后王"？"后王"是周公以后的王，确切地说就是春秋时期的王，最典型的就是齐桓公、晋文公、楚庄王、吴王阖闾、越王勾践，合称"春秋五霸"。"尊王而攘夷"，"挟天子以令诸侯"，用仁义又兼用权谋，认可军队、刑法、权术的作用，这就刚好跟"王政"相反。荀子还去秦国见过应侯范雎，荀子在政治上的作为也比孔孟大一些。

我们摆出了两个对立的观点，但两个人又都是儒家。这成立吗？可能吗？只能说有一个是真的，有一个是假的，或者两个都是假的，因为他们不一样，所以一定有一个是不对的。那么自然就会面临一个问题：荀子和孟子谁是真儒家？

我们前面说过，儒家讲人道，讲后天清醒理性，具有积极入世的实践精神。孔子、孟子、荀子都完全符合这一条标准，只是三个人的途径不一样。途径不一样是因为时代不一样，时代不一样所以局面就不一样。"世异则事异"，"事异则备变"，韩非是这样说的。

于是就像老师对待学生一样。对待学生无非有两个办法，一个是表扬，一个是批评。学生的表现都差不多，有的时候做得好，有的时候做得不好，一个学生不可能永远都是零分，也不可能永远都是100分。这次考了80分，"已经不错了，再努力努力就到90分了"，这就是表扬；还有一种就是批评，"才80分，为什么没上90分！"有半桶水，乐观的人感觉有水喝很幸福，悲观的人会想只有半桶啊？对待考80分的学生的态度也是一样的，或者表扬，或者批评。孟子用的就是表扬的方法，他说人心本身都是善良的，"人人可以为尧舜"，用表扬的办法让大家积极入世，鼓励诸侯把政治搞好。荀子则刚好相反，用的是批评的方法，说看看你们这些人，看看你们这个德行，太恶心了，人性这样还了得？还不赶快反省！其实，无论是用表扬的方式，还是批评的方式，两者的目的是一样的，只是途径不同，孟子主张性善说以提撕人心，荀子主张性恶说以鞭策人心，最后殊途而同归。

那么为什么孟子选择表扬而荀子选择批评呢？因为孟子的时代是春秋后期，"争地以战，杀人盈野；争城以战，杀人盈城"，世风比不上三代，但还是可以维持的。到了战国，"上无天子，下无方伯，力功争强，胜者为右，兵革不休，诈伪并起"，就彻底没有前途了，这个时候没办法了，只能当头棒喝。所以选择什么办法又跟时代有关，时代不同了，办法也就不同，但本质上都是为了争取一个新的有秩序的政治局面。

这样看来，儒家无论孟子还是荀子，都是让大家改造自己，只是用的托词不同。性善或者性恶，很难验证，其实都是托词而已。用什么理由是无所谓的，性善或者性恶可能都是一种假象，或者说是一种理论的假设。这种理论假设可能不会成立，不一定符合事实，一直到现在都是一个可以继续争论下去的话题，是不会得出最后结论的问题，在孟子和荀子那里应该说只是他们理论的一个依托而已。

　　（张晚林教授 2019 年 12 月 14 日在国学院所做的学术讲座《为什么性善论是唯一的人性论》，提出了一个别致的论证："若我们承认人是一种宗教性的存在，人总会去追求那绝对的而不是工具性的善的话，那么，性善论就是唯一的人性论，且善是本体论的而不是伦理学的；若我们只承认人是一种肉体性的存在，只追求经验性的可欲生活，那么，性恶论是比较有效可行的人性论，但此时的善仅仅是伦理学的。这种有效可行乃就经验而言，若做进一步的追问，必然依靠人性善才能最终成立，伦理学的善最终依赖于本体论的善。"张晚林教授是我非常崇敬的学者，他认为性善论是唯一的人性论，他的观点很有学术价值，故补记于此。）

第四讲　经　　学

儒家系统的中国文明史的开端，见于《书经》，始于《尧典》《舜典》。

经学之盛在三代、四代、五代，子学之盛在晚周；由诸子向上追溯，就看到了经学。

今天我们讲第四讲——经学。前面三讲以儒、道、法三家代表诸子百家，诸子百家由于时间限制，不能讲太多，我们就讲最重要的三家。这三家的顺序我们也做了一点调整，应该是道家在前面，但人们习惯先谈儒家再讲道家，所以就按儒家、道家、法家来排序了。由诸子向上追溯，就到了经学。

一　关于经学的几个基本问题

1. 经学是什么时候的学问？

诸子思想都有很早的渊源，比如道家在伊尹、鬻子那个时候就出现了，但是它的繁荣时期是在东周，也可以说诸子主要是东周的学问。那么经学是什么时候的学问？经学是东周以前的学问，所以前面我们是倒着讲的，现在是追溯回去。

过去我们有一个说法叫作"三代"，夏、商、周合起来叫"三代"。夏、商、周"三代"再上溯虞舜一代，合称"四代"，再上溯唐尧一代，合成"五代"。夏前面是虞舜，虞舜前面是唐尧。尧、舜、禹、夏、商、周，这样连续下来。

春秋战国学者称道古史，都是说"三代""四代""五代"，譬如说"三王四代唯其师""三代之英""四代之政刑""四代五王之取人"

等。尧、舜、禹曾经是同朝君臣，"三代""四代""五代"的说法，其实都差不多，这里暂不细究了。

说到三代、四代、五代，就刚好跟永州连起来了，因为舜帝是死在这边的，舜帝的事迹我们都熟悉，特别是从宁远来的三位老师更熟悉了。《史记》记载虞舜"践帝位三十九年，南巡狩，崩于苍梧之野，葬于江南九疑，是为零陵"。

经学是三代、四代、五代的学问，也就是说，它是中国历史进入文明史以后最早出现的学问，经学之后才是诸子学。我们现在从诸子学往前推，追溯到了唐、虞、夏、商、周的时代。我们的七讲时间安排上是倒着走，现在是往前追溯。

2. 经学的内容是什么？

经学基本的内容就是六经，当年孔子从王官学中把六经挑选出来，并加以修订。修订以后，他就用这个作为教材来教导学生，历代传播延续不绝的就是这六部经典。其中有一部《乐经》后来失传了，六经变成了五经，因为乐有乐谱，舞有舞谱，这个东西不好记录，难于传播。乐舞最好是手把手地教，万一传人断了就传不下来了，不像其他的经，师承断了文字还在。虽然《乐经》失传了，幸好《乐记》还在，是对《乐经》的讲解，收在《小戴礼记》里面。

后来孔门师生不断给六经、五经做注解。古人做注跟我们不一样，我们做在正文边上叫夹注，做在页下叫脚注，做在文章后面叫尾注。古人不是这样的，对经的讲解是单独成篇的。古代的书有不同的形制，经书开本最大，写在二尺四寸的竹简上，而讲解只能用八寸的短简，是经书的三分之一。因为正式的经，叫作"正经"，等同于国家文献，和国家法令一样，要用二尺四寸，按整数说就叫"三尺简"。而像《论语》这样的书，是对经学的一种注解，就用八寸的短简书写，形制有点儿类似后代的"巾箱本"，现代的"口袋装"（pocket book）。还有像《春秋》三传的《公羊传》《穀梁传》《左氏传》，《易经》的《易传》，《诗经》的《韩诗外传》，《礼经》的

"礼记"（包括《大戴礼记》《小戴礼记》），还有孔子向曾子讲关于"孝"的学问，曾子记下来叫《孝经》，还有解读文字的《尔雅》，统称为"传记"，或单称为"传"。这些本不是经，本经还是六经。

这些书从先秦一直到汉晋都不断有人做章句训诂，统称为"注"；到了唐、宋，时代更久远了，又不断有人给注上加注，统称为"疏"，最后形成十三经的"注疏"。我们后人直接看经书正文是有困难的，所以汉晋的传注自然相当重要；但汉晋离我们也很远了，需要再通过唐宋人做的"疏"了解汉晋人做的"注"，间接了解经的本文。历史文献就是这样不断积累，形成了一个"经学阐释学"的体系。

正经、传记和注疏构成了一个广义上的经学系统，合称为"经传注疏"。现在有个名称叫"阐释学"，从阐释学的角度来说，经典是积累下来的，直到今天为止，经传注疏可以看成是一个整体，都是经学的一部分，不能说只有五经是经学，后来的传记、注疏也是离不开的，它们已经合为一个整体。

经学的知识含量是比较大的，跨度三四千年；经学又是整个中国学术的核心，从分量上来说也是非常重的。所以经学自古就是一个单独的部类，汉代称为"六艺略"，后来称为"经部"。现在有人读经，只读正经，或者只读传记，离开注疏，甚至讲"六经注我"。"六经注我"是可以的，但那是子家的路子，已经不是经学的途径了。

自古以来经学就是我们国家学术的核心，从汉武帝"独尊儒术"以后，我们国家已经没有道家、法家这些诸子了，至少已经不是主流了，而是以儒家为主，在儒家人物身上或多或少留下一些道家、法家的影响。汉代以后只有儒学与佛教、道教的并列，没有儒家与道家、法家的并列，读书人大都是儒家，读的主要是经书。

譬如我们评论一个人物，他的思想有点儿法家的味道，如王安石；有些人看来有点儿像道家，如苏东坡。但其实他们立场上还是儒家。不能因为一个人的思想倾向于法家就说他是法家人物，他有放浪潇洒的一面就说他是道家人物，他还是不妨成为大儒。所以说我们整个文化的核心就是儒家，儒家的核心当然是六经五经，经书的分量是非常重的。我们看唐朝人写字，有的时候写行书、草书，写得挺好看，可那不是唐朝的正式字体，官方正式的字体就是正书，又称楷书。唐朝人还写诗和散文，柳宗元有《永州八记》，可是散文、诗都不是唐代的正式文体，正式的文体都是骈文。这些草书、行书、散文、诗词，都是休闲文字，都是辅助性、私密性的东西。汉代以后的诸子百家也是这样。

可惜的是，经学在新文化运动以降被瓦解了，改革开放以来重拾，仍被严重地误解。

3. 经学是不是一门独立的学问？

有人会有疑问了，经学包罗万象，那么它还是一门独立的学问吗？在新文化运动的时候，西学东渐，西方的学科体系也传进来了。当时大家有一个观点，说经学核心是五经，五经不是一类啊！不是一类为什么是一门学科呢？所以就把它拆散了。我引两段蔡元培的话：

> 《书》为历史学，《春秋》为政治学，《礼》为伦理学，《乐》为美术学，《诗》亦美术学……《易》如今之纯正哲学。（《学堂教科论》）

> 我以为十四经中，如《易》《论语》《孟子》等已入哲学系，《诗》《尔雅》已入文学系，《尚书》《三礼》《大戴记》《春秋三传》已入史学系，无再设经科的必要，废止之。（《我在教育界的经验》）

蔡元培说的话非常有影响，他认为六经可以按照西方的学科体系划分成这样几类，这样就再没有单设经科的必要，可以废止。当年蔡元培、钱玄同等很多学者都有这样的议论，蔡元培、钱玄同议论得比较详尽一点。六经不是一类，怎么可以放在一个学科里？那么就解散它。于是从民国初期开始，经学学科就真的被废除了。高校里面不讲经学了，也没有人研究经学了，图书馆里也没有经学这一类了，除了整套的丛书之外，单经都被拆散了。

关于这个事，我觉得也不用做太多的分析，我就只提一个问题：马克思有经济学的著作、政治学的著作、哲学的著作，也有美学的著作，甚至还有自然辩证法这样的著作，那么为什么我们今天都把它们设为 A 类呢？我们查阅资料就会知道，按照"中国图书馆分类法"，A 类是马克思主义经典著作，B 类是哲学心理学，C 类是社会学，D 类是政治学，F 类是经济学，I 类是文学，J 类是艺术，K 类是历史学，等等。为什么可以把马克思不同门类的著作设为一类，却不允许六经单成一类？

所以新派学者的逻辑简直太可笑，当时那么多大学者，言满天下，名满天下，但是对经学的理解可以说完全不着边际，甚至可以说他们在政治经验上也是相当幼稚。可能新派学者预先立有成见，有一个思维定式，就是我一定要这样做，然后就这样做了，大批学者也就跟着转了。用分类法这样一个似是而非的理由，简单地推翻经学，却不想把经学打掉了才没几年，马克思主义经典著作却按照同样的分类法处在了过去经学的位置上。一个不成立的说法，一个小小的违背常识的逻辑，就结束了延续三四千年的学术传统。

民国之后我们没有经学这个学科了，1949 年以后直到 80 年代恢复高考，国家开始正常的学术研究之前，都没有经学。这时候有一位学者叫作周予同，他站起来说，我一直在研究经学，全国只有我一个人在研究经学。但是我们看周先生在新文化运动兴起以后的著作，其实他是明确反对经学的，写文章说读经是"僵尸的出祟"。周予同为什么说自己一直持续研究经学没有间断呢？他说，我一生的志向就是结束经学。我们没想到，唯一没有间断地研究经学的经学大师，居然是这样想的！周予同很像顾颉刚，顾先生一生研究历史，是因为他的志向就是推翻古代史学，周予同这个路子就跟顾颉刚的路子是一样的。假如我是研究数学的，我一生的志向就是结束数学；我是研究医学的，我一生的志向就是结束医学，这也是挺莫名其妙的！这是一个很吊诡的事情。过去有这么一批人这样对待经学，但是他们的学术目的让人不太理解。我们的讲习班立了一个态度，"与人为善，不与人为恶"。如果与人为恶，我们可以写很多批驳的文章。

周予同先生当年在复旦大学研究经学，虽然周先生本人已经过世了，但是他的学生们还在继续研究经学。还有像清华大学的彭林教授，研究古代的礼仪，在清华建立了中国礼学研究中心。还有上次我们通识教育班的吴飞教授，在北大的哲学系建立了经学研究中心。另外还有一些重要的经学著作，高校开设的经学课程也比较多。

我国大陆的经学著作，大概通史、通论类的从80年代以来有10种以上。还有就是分经研究，单独研究十三经中具体某一经的著作比较多。最早的《经学历史》《经学通论》是湖南长沙善化的皮锡瑞写的，时当清末，是他首先开了先河。稍后日本学者也有若干经学史、经学通论著作，譬如泷雄之助、安井小太郎、本田成之、诸桥辙次。民国时期，湖南学者研究经学，还有马宗霍的《中国经学史》、刘异的《经学概论讲义》、陈鼎忠的《六艺后论》，步皮锡瑞后尘，值得关注。

4. 经学、子学的本末源流

经学中有一个普遍存在的问题，我给大家特别提示一下。很多人认为先秦诸子百家是中国学术的开端，而误以为经学的开端在汉代，这其实把经学时代延后了很多。汉代的时候"独尊儒术"，当然有一套建制，在中央设立太学，其中设经学博士，五经都有博士，五经博士带的学生就是太学生，在中央最大的学校里讲经学，可见那个时候经学作为官学是很兴盛的，所以汉代最主要的学问就是经学，就是"官学—经学—太学"的系统。到了东汉中期，太学生的规模已经发展到三万余人，和现在北大、清华的规模差不多。"太"

就是"大"，"大"字古代读作"大夫"的"大"（dài），与"太"同
音，二字完全通假。直到清末京师大学堂时代，全国只有中央一个
大学，中央大学规格最高。我们想想那是在公元 1 世纪，那是很了
不起的。也因为汉代的经学很盛，所以现在的学术研究基本上是把
经学看作是汉代的学问，认为先有先秦诸子学，再有汉代经学，诸
子学是第一个阶段，经学是第二个阶段。这样的一个看法，我认为
是不太对的。

这种看法有一个基本的逻辑谬误，就是按图索骥，依照"经学"
名称是否出现作为标准判断"经学"是否存在。

当然，同样的论证也出现在"诸子学"的研究上。譬如，大家
始终在找"儒家""道家"两字什么时候出现，找到的好像都比较
晚，于是就认为"儒家""道家"的形成比较晚。这里面当然也有
早的文献，就再挑出来考证其为晚出而将这类文献剔除。在剔除了
《礼记·经解》和《庄子·天下》篇等文献之后，于是推论说先秦文
献里没有说到"经学"，没有"六经"二字，怎么能说有经学了呢？
于是就把经学"移置"到后面来了。

我们不能根据"经学"二字何时出现来判定经学的源头在哪里。
先秦没有"经学"这两个字，经学就不存在吗？

我认为这在思维上存在着一个很大的也很简单的错误。凡是一
件事物，如果你有计划，你可以提前给这个事物起一个名字；如果
不是事先计划的，每件事都是先出现以后再有名称。一般情况下，
事物一件一件自然发生，都是在发生之后才有名字的。所以一般规
律是先有事情，后有名字。"道可道……名可名"，《老子》第一句话
就告诉人们，"名"的存在介于合理与不合理之间。"名"是人类后
来追加的，"名"本身不是事物，只是一个称谓而已，你不能拿它当
作事物本身看待。如果我们说一定要先有名字，才能承认这个事实，
那么，想想我们国家什么时候叫"中国"的？什么时候设国境线
的？什么时候有国旗、国歌的？都很晚，清代才有国旗、国歌，那
么我们不能说清代才有我们的国家。

过去名家学派"循名责实",现在经学研究是只问名,不问实。《礼记·经解》和《庄子·天下》篇中都讲了"六经",疑古派的学者说这个有问题,就把这方面的证据剔除出去。先秦文献保存至今的可能不到十分之一,如果另外十分之九的文献里有"经学""六经"的名称怎么办呢?只看名称是否出现,这是一个特别简单的违背常识的思维,而它就被学术界最高端的学者反复地使用,也真的是很吊诡。

所以我们说,"经学"事实上在三代、四代、五代的时候就出现了,后来才有了名字,但这不妨碍它在历史上早就出现、早就成立的事实。我们研究学问,更重要的是注重事实,而不是名称,名称总是后来追加定性的居多,我们不能因为晚出的名称就把自己蒙在里边。

5. 中国学术的正题与反题

经学与子学的错置还涉及中国学术的正题与反题的问题。

希腊古有黄金时代,中国古有大同之世,此为中国文化之正题。

晚周一向称为衰世,诸子百家莫衷一是,大哀伤心,大醉终身不醒,孔子开创儒家,全由"周文罢弊""礼崩乐坏"反动而出,此为反题。

王正颜《国学原理考》:"晚周之学术,以之与中古尧舜之世相比,诚衰之极矣,宜乎庄周叹其分裂矣。""周自东迁以降,王纲不振,文化亦随之而扫地尽矣。于是列国以干戈相尚,争地争城,生民涂炭。以视前王道盛时,尚礼义,明孝弟,真不啻天壤之别矣。"

近代学术亦从晚清民初衰世起,故错认晚周为中国文化的原点。

在中国文化的早期阶段,三代王官学是源,晚周诸子学是流;三代王官学是正题,晚周诸子学是反题。取消三代王官学的源头地位,而代之以晚周诸子学,其影响不只是缩短年限的问题,更是正题与反题的倒置,是中国学术各期的整体错位。

表 4–1 中国学术的正题与反题简表

	三 代	东 周	秦 汉	魏 晋	隋 唐	宋 代	元 代	明 清
正题	王官学		经学 ↘		经学 ↘		理学 ↘	
反题		↘ 诸子学		↗ 玄学		↗ 理学		↗ 实学

　　以前岳麓书院的张松辉先生举过一个例子，比如说这有个人，长得很帅，把他老爸年轻时候的照片拿出来，跟他现在的照片对比，两个人长得很像，都是一个年龄照的，还真的分不出来谁是谁，摆在一起看，搞不好就容易父子颠倒。所以张松辉就说，把诸子放在经学的前头，其实就是父子颠倒。这可是一个大事，不能说因为像，你就可以乱摆，父亲就是父亲，儿子就是儿子，你不能把儿子放前面，父亲放后面，人伦颠倒，这绝对是不行的。

　　到今天为止，我们看很多学者，包括侯外庐先生、张岂之先生、李学勤先生、姜广辉先生先后编写过《中国思想通史》《中国思想史》《古代思想史》《经学思想史》，都是多卷本的著作，也基本上把经学放在汉代，把父亲放在儿子的位置上了。（补记：最新的相关成果有郑杰文主编《中国经学学术编年》，凤凰出版社，2015 年出版，共 15 册；郭齐勇主编《中国经学通史》，江苏人民出版社，2021 年出版，共 10 册。）

　　汉代开设太学讲经学，而春秋战国没有类似的专门讲经学的大学，于是就颠倒了，但是六经是汉代人创作的吗？绝对不是，明显不是，六经作为事实一定是在诸子之前的。

　　经学是三代、四代、五代圣人所创，史官所记，而司徒之官所以授受。汉代的经学已是经学文献学，汉代的太学、儒家、儒林，如同三代的司徒之官，这只是“经学教育学”，而不是经学本身。

　　汉代经学，古文经学主要是章句、训诂、注疏，今文经学主要是用隶书写定经文，而不再是口耳相传，所以，汉代经学准确地说应该称之为"经学文献学",汉以后太学、儒林中的经学都是"经学文献学",直到"理学"的兴起。

二　从经学看哲学的起源

我先说了关于经学的几个基本认识,还有两个问题,一个就是从经学分析中国哲学的起源,一个是从经学分析中国文学的起源。如果你觉得这个还有道理,你就知道经学其实是中国学术的起源,也是中国政治文明史的起源。经学在中国的传统学问中是万原之原,是黄金时代。特别是经学是中国传统政治的最高典范,所以经学有它辉煌的高度,有特别伟大崇高之处,这远远不是诸子学所能媲美的,也不是汉代经学的那个模样。汉代经学就只知道读文献了,而在三代、四代、五代的时候,经学是致用的,是能用起来的鲜活的学问。在那个时代,以经学为中心的中国学术,也就是整个的中国文明,有一个特别崇高、特别灿烂的性质。

我们下面就从两方面来阐释一下:第一,从经学看中国哲学的起源;第二,从经学看文学的起源。首先分析第一个问题。

1."哲学"之名

我先说一个例子,讨论中国哲学的起源。我们这七讲主要讲的是中国的学术史,中国的学术史如果说得狭义一点,其实就是中国的哲学史。因为哲学史谈这些东西最多,哲学系差不多都会从诸子学讲到宋明理学,但是哲学好像不太谈考据学。那么说到哲学史,一定会有一个哲学起源的问题。在最近100年以来,我们的哲学史学者是怎么看这个问题的呢?中国哲学早就存在,但是"中国哲学"这个学科,是西洋的学科体系进入中国以后,我们为了跟它配套而建立的,这个事本身也是先有事实、后有名字,没有"中国哲学"这个说法和"哲学"两个字,但是事实是中国哲学早就存在的。后来日本人看东方没有 Philosophy,就把"哲"和"学"两个汉字复合起来,成为"哲学"。"哲"有睿智的意思,Philosophy 在古希腊就代表"爱智慧",拿"哲"字来命名可以说对应得很好,所以大家就接受了这个称谓,于是日本先有"哲学"这个词了,我们就借着用,用了以后,我们也建立了自己的哲学体系。

2. 第一部《中国哲学史》之争

一般认为中国人的第一部哲学史著作是冯友兰先生的《中国哲学史》,这本书有好几个版本,最早是 1931 年在神州国光社出版的。其实是因为大家愿意接受冯先生,所以都认同是他写的第一部中国哲学史著作。实际上在他之前,胡适早在 1920 年就写出了《中国哲学史大纲》,但那本哲学史著作只出了卷上,没有卷下,曾名《中国上古哲学史大纲》,所以也可以说,完整的中国哲学史著作从冯先生开始,胡适的那本不算。这里面也有背景,反正就是大家不愿接受胡适,愿意接受冯先生,一个学派内部有不同意见,所以有不同的说法。但是,不管是接受胡适还是冯友兰,必须承认一个事实,就是在他们两人之前,四川学者谢无量最早出版了《中国哲学史》这样的著作,1916 年在中华书局出版。谢著在正式出版前,似乎先有线装铅排的讲义稿,而且大约与谢无量同时,北京大学陈黼宸(陈介石)也编写了《中国哲学史》讲义,后来收入《陈黼宸集》。大家在接受"中国哲学史"的过程中,各有不同的眼光,反映着不同的学术派别,还是挺有意思的,这本身就是一个"中国哲学史"的接受史话题。不过从宏观上说,《中国哲学史》第一部著作的分歧从根本上反映了中国哲学学科的先天不成熟性。

胡适讲"中国哲学史"先讲老子,冯友兰先讲孔子,他们有不一样的观点和讲法,所以互相不认同。冯先生这一派就说,老子是反面的、消极的,孔子是正面的、积极的,总得先有正面的,再有反面的,哪有把老子写在前头的道理?称胡适的《中国哲学史》是"无头哲学"。但孔子去洛阳向老子问礼,孔子比老子年龄要小。冯友兰不管这些,在他的信念中就是要把孔子放在老子前面,所以这些事都挺有意思的。

3. 关于"中国哲学开端"的认知

如果你认为中国哲学是从老子或者孔子开始的，一定会认为它处于前所未有的新高度。不知道是正着推导出来，还是逆着推导出来的，大家就认为殷商、西周一定是没有哲学的，如果有，就轮不到孔子、老子出来了。既然到了孔子、老子才开始诞生了中国哲学，那么一定要捧这个人，而且一定要把前面的人贬下去，哲学史就这样梳理下来了。中国哲学从道家或者儒家时候才开始产生，前面还没有出现。怎么解释呢？就说殷商那个时候信鬼神，到了西周的时候信天命，信鬼神、信天命都不是哲学，只有到了孔子的时候不信鬼神、不信天命了，开始相信人的自由理性了，这时人的思想自觉了，哲学才开始了。按照这样一种定义把"中国哲学史"搭建起来。

这其实很像欧洲文艺复兴的构思。在文艺复兴人文主义兴起之前，中世纪的基督教神学思想占统治地位，那时候没有哲学，只有神学。在中世纪之后，经过文艺复兴，人们摆脱神学桎梏，生发出个人的世俗思想，因为这种思想是人间的、生活化的、世俗的，所以西洋把它叫作 Renaissance、Humanism，这是欧洲古典哲学兴起的路子，中国哲学的搭建刚好跟这个很相似。

大家可以注意一下，20 世纪 30 年代前后，共产党一方的郭沫若写了《先秦天道观之进展》，专门论述天道。在那前后，国民党一方的傅斯年写了《性命古训辩证》，这是对阮元的《性命古训》做的注解，专门注解"性命"这样一个哲理性的概念是怎么兴起的。这两个人都用了大量的甲骨文做论证，很有说服力。傅斯年对甲骨文很熟，他主持了殷商小屯遗址的发掘工作，郭沫若是甲骨文研究的四大家之一，世称郭鼎堂，结果两个人殊途同归，两边都认为殷商、西周信天命，信鬼神，到了孔子那一代，人的自信才生发出来，所以到孔子、春秋时期，才有哲学的开端，是这样一个论证的路数。

我觉得这里面也有一个很简单的思维误区，说起来不复杂，就是一个人应不应该相信鬼神和天命呢？如果他完全不相信鬼神和天命，那么他相信谁呢？他只能相信自己。那么大家都是人，你也是人，我也是人，凭什么我相信你呢？谁都不会完全相信谁，只能用思想来压迫对方相信自己，这样一来，就有了思想的钳制。人都是人，人跟人有什么距离？没有距离，只有用压迫思想来统治，用一个阶级征服另一个阶级的这种做法才能成功，结果并没有实现人的思想觉醒、精神自由，反而引出很多社会弊端。

我们不讨论唯物论，只说无神论。无神论没有忌惮啊，王安石"三不足畏"，不畏天地，不畏人言，不畏祖先，什么都不怕，什么都不怕也就没有了底线，也就无所不为了。

一个人在殷商、西周那个时候，没有自己的思考吗？全部听鬼神的吗？又有谁能证明一个人到了西周以后，全部听自己的，一点都不信鬼神的呢？没有人能证明吧！事实上是在孔子以后，大家还是很尊重天命、尊重鬼神的，只不过不是完全受鬼神天命的摆布。反过来在西周、殷商那个时候，谁说人是完全受天命鬼神控制的呢？我就觉得"殷商、西周信鬼神天命，以后完全信人自己"这种看法有些绝对，截然分成两段，两边都做了夸大。用这个来做鸿沟，一分为二，把前面说成是全部相信，后面说成一点都不信，这在常识上也是一个很糟糕的事儿。这大概既不符合历史和人性真实，可能也不利于现实，不利于将来。

4."中国哲学的合法性"

如果认为中国哲学是这样开端的，中国哲学能立得住脚吗？其实最近二十几年，中国哲学界一直在讨论一个问题——中国哲学的合法性，也就是中国哲学的起源。中国哲学是怎么兴起的？中国哲学应该怎么建立？古典文学也在讨论类似问题，叫作"重写中国文学史"；史学也在讨论类似问题，叫作"重写中国学术史"，其实都是一个问题，就是在思考自身的学科是怎么建立的，它到底是在什么基础上建立的。如果哲学的基础没建好，汉代的哲学、魏晋南北朝的哲学、唐宋元明清的哲学全部都得倒塌，所以这100年有可能就是白干。可能大家有些人很自信，也有很多人不自信，现在还在讨论中国哲学的合法性，这个问题到今天也没有太多的结论。中国文学讨论重写文学史，重写了不少，好像也没有太多满意的。史学就更不用说了，一直在论证，现在还在找夏代，史学与考古学的关系还都纠缠未定。

现代学科的建构也很有意思。我在洛阳待过几年，在那儿有几个好朋友。洛阳的二里头遗址，大家认为是夏代的遗址，到底是不是呢？郑光先生担任二里头考古队队长20年，后来参加夏商周断代工程，给我的《古史辨派与中国现代学术走向》写过序。然后是许宏任队长，也有20年，我在洛阳的时候，蔡云章先生领着我去拜访过。当时许宏自己也不敢说，二里头就是夏代遗址。学术界议论纷纷，或者是，或者不是，否定的居多，总之是找不到夏代。我就问洛阳的学者，二里头遗址到底是怎么回事？有没有青铜器发现？蔡先生说，我们能知道什么啊？一年挖不到几米，它一共几万米，挖不了那么快啊！要等挖完了再判断到底有没有夏朝。所以古代史也真的是一片狼藉。哲学史、文学史、古代史，都面临挺多问题的，所以大家要好好读书，好好探讨，尽可能从正面、好的方面，合乎善意又合乎证据地把这些传统的人文学科从头建立起来，这是将来学术研究的一个大目标。

5. "三圣心传"——中国哲学的真正起源

我们现在回到经学上来，我先举一个例子来讨论中国哲学真正的起源在什么地方。我们看《书经》，《书经》也叫《尚书》，它分几段，从虞夏一直到周秦，跨了好多时代，把这些历史文献汇编在一起，按时间顺序依次为《虞书》《夏书》《商书》《周书》，后面还有《秦书》。孔子那个时候《尚书》可能不止100篇，有可能上千篇，孔子选了100篇，后来秦始皇焚书坑儒之后留下来28篇，这28篇又分不同的来源，比较复杂，有今文，有古文，其中《虞书》《夏书》是最早的一部分，一共有5篇。其中《大禹谟》中说了这样一句话，就16个字，"人心惟危，道心惟微，惟精惟一，允执厥中"。

这 16 个字被称为尧、舜、禹"三圣心传",当年尧用这句话来作为自己治理天下的一个法宝,尧让位给舜以后,就把这 16 个字传给舜,舜后来把天子之位禅让给禹,又把这 16 个字传给禹,所以叫作尧、舜、禹"三圣心传",这个"心"就是秘诀,要记在心底。这在中国古代有一个很大的背景,三代君主都承认这样一个纲领,并奉为治国大法,我们想想在历史上哪还有这样的事?只有这一件!"三圣心传"在中国历史上不简单,是一个很重要的事,过去人们把这16 个字抄下来,写在匾额上,由谁来写?历代的天子。如果你继承了王位,承接了天子之位,你是元朝、明朝、清朝的君主,你可能会写这 16 个字,放在自己的宫廷上,大臣们是不敢写的,哪个大臣都不敢写。这"三圣心传"是天子之学,是治国的要学,不是做大臣、做宰相的秘诀,是做天子的秘诀。

这很不一般,但是我们要说的不是这个,我们想分析一下它的含义。这句话说,这个世界上有一个东西叫作"道","道"一说出来,哲学就出现了。这个"道"不是一般的田间小路,它是治国的大道,或者说是天地的大道理、大规律。"道"都出来了,你还等着孔子出现才有了哲学吗?"道"字是中国人的一大贡献,也是中国文化的一大特点,我们国家在那个时代,应该是在"原始社会",顶多是"奴隶社会",大家在吃不饱、穿不暖的情况下,首先认识到有一个东西最重要,叫作"道"。而且"道"还不是一个东西,不能说可以把这东西找到,找到了以后揣在兜里,然后紧紧地握住,一刻不放松,或者锁在保险柜里,埋在地窖里,死了以后交给自己的后代,或者把它卖掉,卖很多个亿,不是这样的。"道"在哪儿?抓一把抓不到,听一听也听不到,盯着看也看不到,但是它是存在的。抓不到又怎么传呢?这就要靠心传。这种东西是什么?当然就是思想、就是哲学了。如果说这不是哲学,那什么才是哲学?所以"道"一出来就是哲学。这个字已经出来了,不是作为一般的名词出现的,而是在哲学背景的思考中出现的。(杨畅按:事物先出现,再有名字,这时"道"字出现,说明哲学在这之前就已经孕育了。)

6. 天道与人道

"道"又一分为二，"人心惟危，道心惟微"，这边出现了一个"人心"，那边出现一个"道心"，一种是大自然的规律，万物的规律，一种是我们人类的东西，不管它是性善还是性恶，这里没有这么说，反正有一种东西好像跟大自然应该一样却又不一样。

"人心惟危"，不是说人心一直处在危险的境遇中，而是说人心很容易出现危险的情况、走到危险的境地。（杨畅按：《诗经·小雅·小旻》言："战战兢兢，如临深渊，如履薄冰。"）因此庄子说，"人心险于山川"，人心比高山还高，比深谷还深，忽上忽下，忽然一下子上去了，忽然又一下子掉到了万丈深渊、粉身碎骨的边缘，这是"人心惟危"。那么"道心"呢？道心就比较好，但是这比较好的道心又是很微弱的，叫作"道心惟微"。

这边"人心"是看得很清楚，人人都在生活，但是很危险；那边"道心"很好，是天地万物的主宰，赐予万物以生命又从来不追求回报，非常平衡又非常稳定。你看我们人一出生，立于宇宙之间，天地壮观，太阳东升西落，月亮阴晴圆缺，又有满天星辰，万物皆自得，这个地球太美丽了，这一切都是天道带来的。但是天道在哪儿？很遗憾，它很微弱，你看不到它，找不到它。

我们的童话故事中有很多都是寻找宝物找不到。有一个东西它很好，叫作"道"，可偏偏就是微弱得让你找不到，你不能说把它赶紧找到存在保险柜里，像传国玉玺那样，只传给亲生儿子。另外有一个东西，就是我们的人生，它非常艰难、非常危险，但你离开人群又不行，你只能跟人们在一起。所以我们人类应该怎么办？这中间要有一个张力，一方面要照顾到人的本位，一方面要遵循自然之道。不管哪个天子即位，都要在这两者之间找到一种平衡，就是"惟精惟一，允执厥中"。这样一种对"人心""道心"的点破，我认为就是中国哲学的起源。

"人心""道心"的张力，比孟子、荀子、韩非"性善""性恶"

的对立，要深刻得多。

中国古代所有哲学，从孔、曾、思、孟以来，一直到宋代理学周、程、张、朱，都是在讲人心和道心之间的张力。有道心，但是它又微弱；有人心，但是它有危险。一直是这样讲。宋明理学的基本的口号就是"存天理，抑人欲"。天理就是道心，道心不是明晃晃地已经在这儿了，被钉子钉在这里永远不动的，你不找它就没有，你找还不好找。我们过着人的生活，但是人心很危险，要抑制过分的欲望，不然欲望就滔滔无限，淹没全世界。到了宋明理学的时候，还是按照这个路子走的。所以关于这十六字心传谁讲得最细呢？就是朱熹。朱子在什么时候讲得最细？是给《中庸章句》作序的时候。朱子作了《中庸章句集注》并为它作了序。《中庸》是孔子的孙子孔伋（子思）作的，孔伋自己也说儒家"祖述尧舜，宪章文武"，说儒家不是从我爷爷开始的，儒家是"祖述尧舜"，是从尧舜那时候开始的，传到周文王、周武王，中间低落，到我爷爷是第二次崛起。尧舜时候是什么思想呢？后代祖述的是什么呢？就是《禹夏书》的这16个字，这就是中国哲学的开端，叫作"三圣心传"。这样来看，《书经》重不重要，自然不言而喻了。

我这里引了清代学者孙奇逢的一个材料，孙奇逢在《通书述解序》中说："儒之统何昉乎？尧、舜、汤、文，儒而在上者也；孔、颜、思、孟，儒而在下者也。治统、道统，原不容分而为二。自分而二之，而君道、师道遂成两局，始专以儒统归孔子。颜、曾、思、孟尚矣，周、程、张、朱继之，独此九人者为传道之人。"

孙奇逢是明末清初的学者。明末清初的学派中有一派叫北学派，北学派就是北方的学者，孙奇逢是北学的领袖，他在为周敦颐的著作作序的时候有这样一段话，他说儒家有三个阶段，第一个阶段的时候"治统""道统"不分，天子本人就是最好的学者、最好的思想家；到孔子那个时候是第二个阶段，不能不分了，天子是天子，思想家是思想家；然后再往下又有第三个阶段，以周、程、张、朱为代表。所以儒家的第一个阶段其实是在三代、四代、五代，不在孔子那时候，孔子是诸子九流十家中儒家一派的领袖，并不是中国学术思想的开端人物，整体开端还是在尧、舜、禹那个时候。他们做了一些什么事，说了一些什么话，有很多我们不好细说，但其中就有十六字心传这个事流传下来，于是我们就知道，中国哲学从这里已经开始了，并且有着很清晰明确的叙述，而且之后历代儒家的思想模式都还是围绕着"道心""人心"的问题展开。其实道家一派也是这样，始终在"道心""人心"之间做论证，"有天道，有人道，天道与人道相去远矣"，两者之间完全不同，但是又同时存在，到底应该怎么办，老庄也在讨论同样的问题，这就是中国哲学的主线。

天道与人道的问题是中国哲学的主线，这跟西方哲学的唯物论与唯心论，或者实证派与浪漫派，或者宗教与人文，这些成组成对的范畴都不太一样。西方的哲学中还有二元论，这都不太一样。中国有自己的传统，这个传统就是从经学开始的，经学的重要性由此可以说是管中窥豹，可见一斑。

三　从经学看文学的起源

我们再讲第二个问题，就是中国文学的起源。这个问题说起来也蛮大的，在座的有几位是学中文出身的，"文学"在中国自古以来就有了，我们现在说的文学往往是说文学学科，是近代以来西方的学科体系进入中国以后我们重建的一个文学学科，而"文学"两个字自古至今都没变过。你看"哲学"这两个字是新的，是从日本借来的，但是"史学"和"文学"的名称是老的、早就存在的。在孔子那个时候就有"文学"这个说法（杨畅按：孔门四科：德行、言语、政事、文学），现在的"文学"指的是学科的文学，它是一级学科。国家有一个学科分类表，规定谁是一级，谁是二级、三级，这是国家标准，叫作"GB"，国标就是法律法规。一级最高，拥有一级的资源，二级、三级资源就少一些，按学科划分，划分好了以后体现的是资源。

1. 中国文学与世界文学

西方的学科体系传过来以后，世界有世界文学，中国有中国文学，这就可以和国际接轨了。但是说起来这里面还是有问题，我们跟谁接轨？我们在跟世界文学接轨，可是哪有世界文学？比如我们说非洲有很多个国家，但每一个国家都有自己的文学吗？我们从来不会接触"刚果文学史"吧！有些国家可能有，有些本来就没有。世界文学的核心其实是英国文学，或者说世界上最早建立的文学学科是英国文学。那么英国文学怎么建立的？英国本土一直有自己的文学作品、文学活动，但是它不用叫"英国文学"，因为如果没有和其他国家对比，英国人没有必要把自己国家的文学称为英国文学，有这个事实但不需要有这个名字。因为后来英国成了一个殖民大国，殖民地非常广阔，遍布全球，在它的殖民地上，让大家都学习英国的文化，这才成就了英国文学的核心地位。

那么为什么学习英国文化首先要学习它的文学呢？我们想，如果一开始直接学政治，难免会有些强迫感，而文学是优美的，体育、艺术这些都是美的东西，接受起来就很容易。这也是一种风教，潜移默化地先让你接受英国的文学、英国的语言，后面制度、法律、思想就慢慢都过来了，于是为了殖民统治的需要，英国人编撰了给外国人使用的"英国文学"。然后又有美国文学、德国文学、法国文学、日本文学，总之谁的国力强，谁的影响就大一点，这就出现了所谓的世界文学，它是在一个殖民化、全球化的时代背景下出现的。然后到了近代，我们追求与西方接轨，把自己国家的文学称为中国文学，同时我们也学习世界文学，核心还是欧美的文化。所以这是一个殖民过程，一个西学东渐的过程，不是天生就有的。

2. 中国文学和西方文学的不同

英国文学与中国文学两边可以接轨，但是双方的风格是不一样的。大家知道英国文学最早的就是《坎特伯雷故事集》，类似《十日谈》《一千零一夜》，这些故事集是当年一些社会底层的人编造的段子，另外有些沙龙中的富老太太，聚集一些富贵闲人，没事也爱编点小段子，讲讲故事。故事写下来就有了版权，有了版权就有机会出版，出版后就可以分得版权收益，所以国外很早就有出版业。我们中国以前也有私人印书，印书的小铺子也赚钱，但两者性质还不一样。

西洋人是这样赚钱的：我编一些你可能爱听的小故事，你爱听就会买，最后挣的钱分成。比如说这本书的定价是 10 便士，可能其中 50% 给作者，30% 给出版者，20% 给零售者。按比例分成，这就是较为成熟的图书出版交易市场。它从一开始便是底层的读者，然后经过版权制度市场化，最后的传播又与殖民过程有关，这样一个路数下来。

然而我们古代从没有通过五经赚过稿费，李白、杜甫的诗写得好，人人都读，李白、杜甫没有拿过稿费。五经刻在石碑上供天下学子抄写，唐诗尽可以辗转传抄。西方不行。你看西方出版的通俗作品，读者都要给钱，所以西方文学的流传跟商业市场有关，跟读者的消费有关。并且西方文学中最重要的就是小说，小说、戏曲、诗歌是西方文学的三大类文体，这其中又以小说为主，因为小说富于情节，最抓人心。从发生学的角度来说，如果一本书想要卖钱，你就一定要让读者开心。读者看什么最开心？是看比较低俗的段子开心。你要迎合市场，考虑读者的接受心理，才能卖得出去。不能说你自己喜欢什么就写什么，你要看读者喜欢什么，但这样一味迎合，写出来的东西的境界也越来越低。

西方文学是这样的，反过来，我们的文学没有那种版权体制，没有那种商业体制，也没有世界殖民体制。我们的古典文学核心是诗，然后才是小说、戏剧，小说、戏曲的地位要比诗文低得多得多，甚至被正统文人看不起。我们的诗中最伟大的是四言诗，其次五言、七言，再其次是长短句、是词，再不行才到了那些零零散散的小段子，就是元代的杂剧、明清的小说。杂剧、小说是文人最轻视的东西，谁会研究这个？

朱自清《诗言志辨》说：

西方文化的输入改变了我们的"史"的意念，也改变了我们的"文学"的意念。我们有了文学史，并且将小说、词曲都放进文学史里，也就是放进"文"或"文学"里；而曲的主要部分，剧曲，也作为戏剧的讨论，差不多得到与诗文平等的地位。我们有了王国维先生的《宋元戏曲史》，这是我们的第一部文学专史或类别的文学史。新文学运动加强了新的文学意念的发展。小说的地位增高，我们有了鲁迅先生的《中国小说史略》。词曲差不多升到了诗里；我们有刘毓盘先生的《词史》，虽然只是讲义，而且并未完成，还有王易先生的《词曲史》。民间的歌谣和故事也升到了文学里，"变文"和弹词等也跟着升，于是乎有郑振铎先生的《中国俗文学史》。

正宗的学问是要"抑人欲"，杂剧、小说是在"顺人欲""逐人欲"，说得不好听叫"诲淫诲盗"。我们在大学中悠闲地讲各种文学，可是在座的这几位中学女生，适合看《西厢记》吗？适合看《红楼梦》吗？你敢让自己的女儿在初中这个年龄段去看《三言两拍》《金瓶梅》吗？描绘市井，描写奢靡，描写人欲，章太炎说教育不应当走向"市道"。所以文人称小说、戏曲是"诲淫诲盗"，它们没有教人淫，没有教人盗，但是它们间接地会往那个方向上引导，让人在那个方面感兴趣。今天的影视圈、娱乐圈基本上就是这个路子，一边连着欲望，一边连着市场，只能迎合市场机制、迎合观众心理。笑贫不笑娼，这完全是西方文学的路数。

刘咸炘《推十书》说：

> 近者小说、词曲见重于时，考论渐多，于是为文学史者争掇取以为新异，乃至元有曲而无文，明有小说而无文，此岂足为文学史乎？

> 元人散曲……十之八九为黄冠、草堂、香奁。

> 明以来之剧曲，则十九皆说男女之情，并仙道、林泉亦少。

谚称剧曲，不离二言"男子落难，女儿嫁汉"，非苛讪也。

3. 中国文学在西学背景上的变化

我们中国人有了文学以后，在中国建立了文学框架，但是跟西洋的文学对接来对接去就有一个压力。他们说小说能反映更广阔的社会情景，受众更多，更大众化，你们为什么不重视小说？我们就学习西方，跟着西方来，把四大名著、白话小说抬出来，把元曲抬出来，然后把这些和唐代律诗、汉魏五言诗，甚至于跟《诗经》《楚辞》并列。可以说这完全是西方压迫我们，诱导我们做的。西方文学达不到《诗经》《楚辞》的高雅程度，他们的作品大多是小说，于是就让我们也重视小说，我们的语文老师，中文系教授，也纷纷研究小说。在中文系，你讲《诗经》《楚辞》，我讲章回小说，各自拥有二级学科、三级学科的资源，各自拥有数量差不多的课时，每节课有平均相等的课酬，大家平起平坐。其实怎么可能平起平坐？我们的主体是诗，诗是最高雅、最复杂的韵文，西方的主体是小说，是最世俗化的。而我们现在最大的变化就是跟人家接轨，也让元曲小说，甚至更低下的东西，比如俗文学、民谣学，全登大雅之堂，和《诗经》《楚辞》平分秋色，这是非常大的一个变化。

这其实是在西学背景下出现的变化，其中也暗含着贬低中国的意图。你想想《诗经》《楚辞》的时代是在什么时候？《坎特伯雷故事集》都到了文艺复兴以后了，人家心里怎么想的？凭什么你那么高大上，我非得把你的低俗的东西给你弄出来，让你也有低俗的东西，让你没话说，这里面真的有一种东西文化对峙的背景。就跟日本人在侵华之前要贬低我们的历史一样，他们有一个理论是"尧、舜、禹抹杀论"，说你们中国根本没有尧、舜、禹，哪有那么高大上？哪有那么伟大？还不全是你们中国人编的，你们中国的历史学家都是骗子，都是造伪者。就这样先打击中国的历史，打击中国学者的自信，然后再侵略国家就容易多了。于是他们觉得，我们的古典文化不比你低，近代的启蒙文化还比你高，我当然就有理由、有底气欺负你。民族文化的高低对峙暗示着生存权利，德国人认为自己文化高就可以欺负犹太人，英国人提出的生物进化论也是这样，强调的就是弱肉强食，适者生存，我高级我当然可以欺负你，这样给欺负别人制造借口。

4. 以往关于"中国文学起源"的认知

现在中国文学史课上讲到中国文学的起源，有神话起源说、劳动号子起源说种种说法，那么文学到底是怎么起源的？这些不同的说法其实让中国文学没有了起源，我觉得背后一定有一个阴谋性的用意。说文学起源于民歌，最早的民歌你知道吗？不知道。说文学起源于劳动号子，什么劳动有这么一个号子？谁做的？不知道。

总之是"很久很久以前"，有那么一批人，发明了文学。那一批人是谁？是人民群众。人民群众是谁？不知道。说了其实等于没说，其实没有一个可以确定的起源，把历史模糊化了。还有神话起源说，更是虚无缥缈。各种说法都比较模糊，几乎没什么意义，不太能让人满意。

5. 中国文学的真正起源：中国文学的主体就是诗

现在我们说中国的文学真正起源。中国文学的主体就是诗，最早的就是《诗经》时代的诗，以四言为主。《楚辞》是单独一类的诗，名称叫作《楚辞》，其实还是诗。汉赋是韵文，其实也和诗关系比较近。后来有五言，有七言，然后有格律，有五律、七律，后来有了长短句，就是词，再后来有元曲、章回小说，这样下来。不管是什么样的文体，在历朝历代中国文学中，诗是核心，或者换句话说，中国的诗学诗史差不多可以代表整个中国文学的基本精神。不一定要把所有文体都加在一起去做一个平衡，大致上说，中国的诗就可以代表中国的文学，西洋的小说就可以代表西洋的文学。

中国的文学以诗为代表是没什么可争议的，那么谈到中国的诗，特别是《诗经》的时候，我们常说的一句话叫"诗言志"。《诗经》分"风、雅、颂"三部分,"颂"有《商颂》《周颂》《鲁颂》,其中《商颂》是最早的,但是《商颂》据说是春秋时宋国人祭祀祖先的时候记录下来的,所以大家认为《诗经》最早的年代是在西周初年。但实际上在现存的《诗经》300首之前,早在《尚书·虞夏书》里已有"诗言志"这样的准确表述了,这也就是说虞夏的时候一定有诗的存在了,只是没有大量作品传下来。"诗言志"是对诗的最早定义,也是对文学的最早定义,体现了中国文学的基本精神,也可以说是文学起源的标志。

6."夔典乐"

我们看《尚书·舜典》原文"夔典乐"一段:

> 帝曰:"夔!命汝典乐,教胄子,直而温,宽而栗,刚而无虐,简而无傲。诗言志,歌永言,声依永,律和声。八音克谐,无相夺伦,神人以和。"夔曰:"於!予击石拊石,百兽率舞。"

《尧典》《舜典》在内容上是衔接的,也有人说这两篇其实是一篇,《大学》就认为《尧典》《舜典》都是一篇,把它们合称为《帝典》。《尧典》《舜典》主要讲尧舜命官,尧帝任命羲和四子"治历明时",舜帝任命了22个官职,有四岳、十二牧,再加上禹、垂、益、伯夷、夔、龙6个官职。他任命了22个官职,并且提出了相应的职责,每一个官职对应一个工种、技艺,其实也就是对应一个学科。治水有治水的学问,天文有天文的学问,教育有教育的学问,各司其职。掌管某个工种或者学科的时候一定有相应的要求,掌管教育要做到什么程度,掌管天文做到什么样子,治水要做到什么样子,都有相应的工作要求。这个工作要求其实就是这个学科的原则,也就是这个学科的定义。你掌管天文,那么你就要把天文学研究好,管理好,维护好,一年四季365天循环下来,一天不落地组成一个周期,这就是你的学问,也就是对你的要求。尧舜命官的过程,其实就是制定学科、划分学科的过程，尧舜对官职的要求就是各个学科的定义。

22 个官都是这样的，我就不多说了，重点说有一个人，或者一个家族，叫作"夔"。"夔"这个字笔画多，不好写，它不在哪个部首里边，这是一个独体字，"其状如牛"，在形体上是有点像牛。这种牛比一般牛的牛皮厚，所以适合做鼓。我们南方有铜鼓，声音不会太响，通常还是用牛皮蒙鼓，敲起来很响。用夔皮蒙鼓，可以声闻 500 里。我们知道乐舞一定要有乐器，夔皮做成的鼓是其中的一个代表性乐器。执掌乐舞的这个家族，擅长做鼓，所以称之为"夔"，担任的官职叫作"典乐"，这就是"夔典乐"的字面意思。那么主管音乐有什么准则和任务吗？这就是接下来说的这四句，"诗言志，歌咏言，声依永，律和声"。做到这些，这个官职就合格；如果做不到，就要被处置。如果更换了其他家族，那么这个家族就可能无法生存，"失官不食"，所以这是一个很严肃的事儿，是关系到家族生死存亡的一件大事，所以必须按照这个原则去做这个官职。而这个官职其实就相当于一个学科。

7. "诗言志"

"诗言志，歌永言，声依永，律和声"，整齐的 12 个字。大家要知道这四句话是很关键的。那个时候政治就是学术，学术就是政治，最好的政治家就是最好的学者，最好的学者来做政治家，"政学合一"，"学优则仕"。所以它表面上是命官，其实也是一种学术，它不是权力的官，而是学术的官。现在是有个印把子就可以做官，不管有没有学问；做官首先是拥有权力，不管官职怎么定义。古代不是这样，你非要有专门的学问才能做官。我们现在不说那么宽，就仔细分析这几个字。（我喜欢用字做分析，因为如果要引申，可能没完没了，越引申越远，越远越不充分，不足以服人。）我们往回追溯，看他这几句话最初的本意。

我们就集中看"诗言志"这三个字。"诗"这个字的繁体，左边是"言"字旁，右边是"寺"字。"寺"字上面有一部分，下面有一部分。"寺"下边这部分现在是从"寸"，尺、寸都是用人的手腕、手肘、小臂的一部分来表示长度，"寸、尺、咫、寻、常、仞诸度量皆以人之体为法"，在造字上都与人的关节相关。英尺"foot"也是以英国女王的脚作为长度标准。尺度是从人的身体量出来的，所以"诗"字从寸从心，可以替换，都是人的身体部位。"寺"上面一部分，我们现在看起来像一个"土"字，其实不是。《说文》："诗（䛃），志也。从言，寺声。訨（𡬭），古文诗省。""寺"字从寸之声，本义为朝廷，解为有法度者。"寺"和"诗"不可能从"土"，这部分在小篆里写成"之"（𡳏），"之"也就是"停止"的"止"，是个象形字，就是脚趾。"之""止"不仅是静态的停止之义，还有动态的往哪儿去的意思，是朝着一个方向走去。往哪儿去呢？中国人说往哪儿去的时候，不会指明方向，但其实暗含着方向。中国人说"人往高处走，水往低处流"，你们还年轻，问问你们有什么志向，不是说你们的志向可以往任何地方走，这个方向一定是往高处走，没有说往低处走的，这个意思我没有说出来，但其实是暗含的，所以"之"字就只有一个方向，就是往高处去。高到什么程度？最高就是"止于至善"。

《周南·关雎诂训传》说："诗者，志之所之也，在心为志，发言为诗。""所之"的"之"就是"志"，"之"底下再从"心"更是"志"。如果把"寺"字右上面的"土"替换成"之"，把下面的"寸"替换为"心"，那么这个字是什么字呢？不就是"志向"的"志"吗？

回过头来再看"诗"这个字，左边是"言"，右边是"志"。"诗"这个字，本身就是"言"加上"志"。右边是"志"而不是"寺"，"志"指的就是我们的志向往高处走。"诗"字表达的就是这个意思，也就是说，史官在造字的时候，就是按这个意思来造的。"诗"这个字一造出来，就是用"言"加上"志"两个字合成的。在造字的时候，"诗"这种文学现象就已经明确了，就已经出现了，不然就不会这样造字。"诗言志"这句话，既是"诗"的文学定义，又是"诗"的训诂定义。

$$诗 = 言 + 志 = 誌$$

既然这样造字，那么就这样来做事。舜帝就问夔说，你怎样做典乐这个官，你懂吗？夔就说"诗言志"，从"诗"这个字的训诂定义，引申出"诗"这种文学现象的学科定义。舜帝听了，知道夔是胜任的，而"诗言志"这句话一出来，诗学、文学就出现了。"文学"狭义一点说就是诗学，广义地说是诗、乐、舞。而文学的社会作用，就是引导人们有一个高雅的志向，移风易俗，化民成俗，温柔敦厚，止于至善，既是诗的职责所在，也是全部文学所要追求的精神品质。这和刚才我说的《坎特伯雷故事集》完全不同。我们中国的诗在一开始就是有意提升人的精神境界。

你看这个意思有多好，到这个时候你就读懂了这个字，"诗"字就是"言"和"志"，诗这种现象也就是去"言志"。这个时候文学开始了，不管你是写诗还是写小说，是骈文还是散文，最终践行的都是"诗言志"的精神。这是一个总的精神，一个总的原则，按照这个大原则去创造文学和解读文学，这才是中国文学自主自觉发生的一个定义。中国文学不是老百姓随便编段子，或者说有一个什么劳动号子，有一个什么神话传说，然后把中国文学带出来，坚决不是，完全不是。中国文学是有意识地开始，是高雅地开始，而且时间之早是早到有文字就有文学，不然不会这样造这个字。所以在有了文字的时候，非常早的时候，就有这样一个文学自觉，一定要让大家往高处走，这是文学的使命和责任。

你可以往低处走，但却已经违背了文学的原则，违背了文学的初心。（杨畅按：此处和鲁迅等人提出的魏晋时期的"人的自觉""文的自觉"相区别，可引申出纯文学与杂文学的对立、"诗言志"与"诗缘情"的对立。）（杨畅问：现在文学史普遍认为，魏晋时期"人的自觉"带来了"文的自觉",而对"文以载道"的观点褒贬不一,您怎样看待这个说法?张京华答:这是西方所谓的"纯文学""文体划分"概念影响下产生的说法。单纯强调"纯文学"概念是有伤文学自身的"道"的。学科越是独立,越是不发达。万物皆须载道,道是无所不在的,内容空洞的形式只能是唯美。"文以载道"不是说文学是政治的附庸,实际上,政治乃文学之大舞台,文学必表演于政治意识之中,斯为文学最后最高之意境所在。如果不把文与道割裂,文的自觉则早在《尚书·舜典》"诗言志"中开始了,这是有目的、有方向地说明文学自身的意义,即指引人的心灵向好的方向发展。——摘自《潇湘答问录》)

读中国文学史,在读到中国文学起源部分的时候,我就认为中国的文学肯定不会是模模糊糊起源的,说不清到底是谁,也说不清到底是什么年代,就这样浑浑噩噩一直到《诗经》出现,绝对不会是这样一个过程。中国文学从一开始进入记载,就有一种高度,高标远引,为后世企望莫及;中国文学从一开端就有一个非常辉煌的局面,是一个极其文明、极其典雅的事件;中国文学是在一个高度上产生的,这是中国文学的特性,同时也是中国文学对于世界文学的贡献。所以我就觉得中国文学,还是要在经学背景的指引之下重新梳理。

8. 不可超越的黄金时代

考虑到中国哲学的起源、中国文学的起源,举这两个例子,我们就知道经学里面到底包含着什么。经学包含了上古的大量的高雅文明,一字一句非常典雅,中国文化最典雅就是在那个时候。这种分量和高度,为中华文明史提供了一个清清楚楚的开端。这样一种遗存,我们称之为经学,具体来说就是五经、十三经,仔细读,好好读,它们中有很多智慧,有大量的内涵,不要把它们一开始想象成像《一千零一夜》中的故事那么简单,它是人类高级文明的一种积累。这些作者们也都是有名有姓的,是我们的列祖列宗,我们不能一上来就想象他们是不是很原始，是不是很愚昧，他们不如我们后人聪明，可能刚好相反，我们的列祖列宗比我们聪明，比我们伟大，比我们努力，比我们高尚，这是我们自己的祖先，就是这样子的。经学是在圣人的努力之下忽然兴起的，那是一个极尽高雅、极尽文明的历史阶段，这个阶段怎么能放在汉代？刘邦这个小流氓，他所处的汉代勉勉强强可算一个（典型）时代，但又怎么能跟唐、虞、夏、商、周这三代、四代、五代相比呢！我们如此灿烂的时代，怎么能被抹杀呢！我们说诸子已经非常光辉灿烂了，经学比它们还要光辉灿烂。

经学是我们的一个开端，也是我们的核心，要好好重视、好好学习这么一个开端的时代。

在政治上，尧、舜、禹就是最高的政治典范。古人是崇信古代的，没有说越早的越糟糕，越往后的越发展。生物进化论挪到政治学、社会学上以后，变得很无理。为什么越来越好？谁在台上谁就越好，谁活到最后谁就越好，前面任何好的东西都不如我，我不需要向他们任何人学习，进化论一直在为在位者辩护。破除进化论，可以使得人们虚心一点。你是最好的吗？你有唐宗宋祖那么好吗？就算有，那么你有三代那么好吗？一定没有。你要虚心，你虽然是君王，但你照样要承认这一点。如果按进化论的观点，在政治上，人一定高傲自大，朕就是法律，成王败寇，我是胜利者，一切我说了算。这时候还可以有文明吗？如果一个人，权力最大，道德就最高，那还要文明干吗？还要学问干吗？还要研究干吗？还要"道"干吗？只看谁胳膊硬、膀子粗就行了，谁的牙齿硬谁就可以咬别人，这是典型的弱肉强食。这个就不是人类文明了，这是动物界的做法，针对动物界有效。西方人喜欢这个，中国人从来不喜欢。我们说人的生物本能是重要的，但绝对不是第一位的，古人不是说否定它，但是一定不能把它放在第一位。中国自古就是这样的，所以"道"比天子大，哲学比政治大。

"道"最大，最合乎"道"的时期就是尧、舜、禹的时代。"道"

有"三无私"，那个时代叫作"天下为公"。除此以外，没有任何时代是天下为公的，谁还能超越他们？历朝历代，任何天子即位，都要向尧、舜、禹看齐，向他们学习，但无论怎么学习，还都不可能超过他们，他们就是我们中国文化的光速，每秒 30 万公里，你的速度可以不断加快，但是你不能超过光速，就是这样一个地位。所以我们把这个时代叫作黄金时代。在中国历史上，自古以来，包括北朝、元代、清代，一直都是确信尧、舜、禹时代是中国最好的黄金时代。

不要认为越往后越好，历史不会自动地变好。人类因为努力进入人文而发展，不是看时间先后而发展，不是说只要时间在前面的就不好，在后面的都会自动变得很伟大，绝不可能。我们今天很伟大，但是我们随时可以掉进"文革"的深渊，随时可以爆发世界大战。人类文明看着已经很好了，但是人心惟危，一夜就可以回到解放前。

我们说，三代文明、经学时代首先它是一个事实，其次它也给中国的政治带来了一个前进的动力，就是有一个目标在前面指引。如果没有目标指引，每个在位的人都认为自己是老大，后果可想而知。所以越是信奉进化论，越不能前进；越是注意退化论，越能激励大家前行。统治者一定要虚心，才能够进步，要励精图治，卧薪尝胆，才能够发展。进化论听起来像是合理的，其实它只能带来狂妄自大，怎么能进步？

四　最高政治典范："天下"、"四海"、"公天下"、道德之化

1."天下"

我们讲"天下为公"，不能讲太多，上次通识课程上吴飞老师讲了两个半天，此讲我只讲一个词语。

我们都知道"天下"这个概念很常见，我们也会常常提起"天下"，现代政治也很推崇这个词，但学术界经常批评这个词，说这个

词不好。怎么说呢？一些学者说，国家之间的界限清清楚楚，边界在哪里就在哪里，什么叫天下？这个概念太模糊了，不像欧洲国家那样，国与国之间的边界约定得很清楚，处理国际关系明明白白。我们这个就非常糟糕，哪有这样一种思维方式，动不动就说"天下"。"天下"的中心在哪里？跟外国是一个什么关系？有这种质疑。但是我要说，"天下"在尧舜时候用得最多，它指的是什么，现在很多人没有读懂。

2."四海"

我在讲"天下"之前，先讲另一个词语"四海"。中国并不是一个海洋国家，但我们为什么经常说"四海"呢？"放之四海而皆准"，"四海之内皆兄弟"，什么叫"四海"？四海是东南西北四边有海吗？不是，四海不是海洋，也不是沙漠，"四海"在《尔雅》中有准确的定义。《尔雅·释地》："九夷、八狄、七戎、六蛮，谓之四海。"我们不懂就真的不懂，懂了也就明白了，《尔雅》说的"四海"就是"四夷"。"天下"是和"四海"相关的一个词，有"天下"就有"四海"，"天下"再具体一点就是"四海"，所以"天下"具体指的也就是"四夷"。

古人说的"天下"和古人说的"华夏"不一样。古人说的"天下"指的是四夷，四夷是什么呢？是跟我们的文化不一样的人群。面对这类人的时候该怎么办？还是要推行风教。明明可以征服，却不征服；明明可以殖民，却不殖民；明明可以发动战争，却不发动战争。我们不这样做，我们用风教慢慢感化他们。我们自己修我们的德行，让他们能够从我们身上获得更多的利益，然后用这种方式来影响他们。首先，我们不用法律，不用军队，也不用金钱收买，而是努力修德，修德就是让别人获得。然后，让他们接受我们的教育，接受我们的汉字，接受我们更高的文明，是这样一种做法。

尧舜是这样做的，所以他们经常讲"四海"，经常讲"天下"。舜帝不远万里从山西来到了湖南，来到了永州，来到九嶷山下。不远万里过来，就是为了处理不同文明、文化之间的关系，而且是用"公天下"的方式来处理。"公天下"指的不是汉人与汉人之间的同种文明，不是行政地区之间的关系，而是不同文化类型之间的关系。所以"天下"是"夷夏之辨"的概念，是说不同文化之间应当怎么办，然后专门有这样一种做法。可能任何西方国家都不像我们这样早就有了这么明确的意识，有些人羡慕外国国界划得很清楚，比如美国的国界线。而我们说的"天下"到底指什么，我觉得这种就是不看《尔雅》、不认字的说法。

"天下"是一个有核心的层级外延的概念。从核心到边缘会递减递弱，但却可以有很多逐渐过渡的层级，直到被忽略和不能描述为止。它没有边界，因此才完整。有边界的区域是有限的，而没有边界的区域是无限的。"天下"的空间性与词语的含混模糊完全是两回事。"天下"有多层的过渡，所以有空间，有想象，有美感，有诗意。先民的"天下观"如此，文学观、文化观如此，民族观与政治观也都如此。

因为有这种观念的存在，所以舜帝能够处理好很多民族之间、不同文化类型之间的问题。史载舜帝任命夔典乐之后，凤凰来仪，一起起舞。那就是说来自四面八方不同文化的夷狄都对华夏有了认同，所以凤凰都来了。凤凰来了说明"天下"是一种和平的局面，不通过战争而达到了不同文化类型之间的平衡，有这样一个象征。

对政治家来说，可能无论怎么做都是对的，但是舜帝的做法是更加深入人心、更加长久持续的，他是用道和德来感化人，他给别人做事，亏欠自己，把利益给别人，由此达到"公天下"，达到各种文明之间互相融合、和平相处的局面。所以舜帝是真的高不可及，尧、舜、禹、汤、文、武那时候，好多事情都高不可及，三代在政治上同样建立了一个永恒的、最高的政治典范。

舜帝在我们现代人的观念里面感触不是很深，顶多就是一个名人，其实他是一位天子，是历代帝王的最高模范。只要你想做最好的帝王，你先赶紧去祭祀一下，要不然根本想都别想。所以从祭祀的规矩上就可以看出舜帝在中国历史上的高度。舜帝是"五帝"中的最后一位，也是上古文明集大成的一位。

五　两个论断

后面还有两个具体的问题，就是说到经学的时候，经学中有两段核心的文献，可以稍微温习一下，一个是《文史通义》中有两句话，另一个是《礼记·经解》中有一段话，我把这两段话读一下。特别是在座的几名中学生应当知道，《文史通义》是清代最杰出的一部著作，是大儒章学诚（字实斋）的著作。

《文史通义》中开篇就说："六经皆史也。古人不著书，古人未尝离事而言理，六经皆先王之政典也。"后面又说："古无私门之著述，六经皆史也。"这个陈述，我们叫"六经皆史"。

《礼记·经解》中有这样一段话："孔子曰：'入其国，其教可知也。其为人也温柔敦厚，《诗》教也；疏通知远，《书》教也；广博易良，《乐》教也；絜静精微，《易》教也；恭俭庄敬，《礼》教也；属辞比事，《春秋》教也。'"孔子在周游列国期间，经常走到其他的国家，他就说"入其国，其教可知也"，即去一个新的国家，这个国家的文教是一个什么样的水平和风格，是可以知道的。后面这段他虽然没说到"六经"这个复合词，但是把六部经典说得清清楚楚。还能说没有经学？六经中每个经都有自己独特的意义，比如说《诗经》教人温柔敦厚。这个国家的人民性格温柔敦厚，说明《诗经》学得好；反过来，《诗经》是干什么的？就是让人的性情变得温柔敦厚的。《书经》《礼经》《乐经》《易经》也都有各自的作用，这个作用是别的著作无可替代的，《史记》《汉书》《楚辞》替代不了。这是不是经学？经学是不是一类？这六种作用，不可替代，共同形成一个体系，这是不是一类？怎么能说《诗经》只是文学，完全归到文学中？我们的任何文学作品，要么就效法《诗经》，温柔敦厚，要么就偏离《诗经》，每况愈下。文学作品是取代不了《诗经》的。

所以读《经解》篇中这六句话，就知道六经有自己特殊的作用，形成一个特殊的体系，独成一类，其他任何部类、任何著作，都取代不了这个完整体系，所以六经作为经部是当然成立的。经学有自己独特的性质，有自己特殊的社会作用，而且都是积极良好的社会作用。六经也是做学问的很重要的六个方面，所以国学院也是以六经的性质作为院训，我们挑出来其中两句——"絜静精微，疏通知远"为代表，我们也在照着这个精神去努力的。

第五讲　国　　学

国学是国家学术，是开国、建国、立国、治国、保国的学问。

非常辛苦大家，我们今天讲第五讲——国学。我们全部的讲座叫作"国学讲习班"，择要安排七讲，今天这一讲标题是"国学"，说的是"国学"的具体概念。

我先介绍一下，我在2015年底开办国学读书会，至今四年（到2021年底改名为国学研究院，国学院结束，共计六年）。我们国学院有自己的一套课程设置，我们的基础课程是把文、史、哲三个一级学科做一种比较简化的处理，然后每个学科都上课，就是把文、史、哲综合起来，打通起来。我们的核心课程就是按照传统模式来讲经、史、子、集。现在学科的观念很强，文、史、哲各自是一级学科，但是稍微早一点，在民国的时候，大家还认为文、史、哲很接近，有"文史哲不分家"这个说法。我们走的路数跟这个有点像，就是不让它分家。

我们的文学、史学、哲学课程一般会先讲"概论"或者"通史"，比如"文学概论""哲学通史"之类的，然后配上"经典文献导读"。中国传统的学问叫"四部之学"，就是经、史、子、集。经、史、子、集有自己的思路，一是不把学问分得太细，只分成四类，另外这四类里面也有主次，并不是说经、史、子、集四部是平行并列的，是有侧重的，以经部、史部为主，诸子是放在后边的，集部更是后来的。先有经史，后有诸子，到了汉以后才有总集、别集，是更晚才出现的。四部出现的时间早晚不一样，地位也不一样，所以它们的地位并不是平行并列的，是以经、史为主。

　　实际上，在中国人眼里，学问就分成四类，而其他三类全部都是围绕"经"展开成为一个整体的，所以我们传统学术的特色就是整体观。我们在学问上没有截然分开或对立，任何学问都载道，用"道"、用"经"来统领所有学问。有人会说，这样做反正就都统死了。但是实际上，传统经、史、子、集四部发展得很好，都保留下来了大量的遗产。

　　我们讲国学，一方面是把文、史、哲综合，另一方面是经、史、子、集四部各讲一门课，也就是各讲一门概论，把经、史、子、集都接过来。现在全国的大学中大概有二三十家国学院，基本上都是把文、史、哲整合在一起。怎么整合在一起？最后怎么拿学位？在毕业前可以和历史系的导师联系做毕业论文，拿历史专业的学位；也可以跟文学系的导师做毕业论文，然后拿文学专业的学位；也可以拿哲学专业学位，总之各有选择的机会。像这样文、史、哲不分，合在一起混合选修，就叫国学院，现在基本上是这个状态。

　　这样的国学院仍然是以学科为主，多则三个学科，或者两个学科，比如说史哲、文哲、文史这样搭配，也叫国学院，也是文、史、哲打通的一个路子，但是真的打通没有？可能也有一个过程。因为两个学科、三个学科叠加在一起，不等于打通，还差点儿软功夫，要有点柔性的功夫在里面才行。我们的设计是，不仅每一个同学都会学习文、史、哲三个学科的课程，而且每一位教师也能跨越文、史、哲三个学科。当然，前提首先是精简教材和课时。

　　我们国学院更注重的课程是经、史、子、集四部概论，目前国内大学中的国学院，以经、史、子、集四部为核心的这样一个结构的国学课程体系，现在好像还没见到。大家可以看我们国学院的小册子里的介绍，这里就不多说了。

一　理解国学的几个误区

1. 章太炎："经"是经线，经书就是"线装书"

　　讲国学前我们讲的是经学，那么历来在经学和国学方面都存在着一些误区，有若干种理解得不太准确的地方，下面择要加以评述。

我们说在清末民初的时候，有一位经学大师叫章太炎（章炳麟），他是研究古文经学的，所以也可以说是在文献学上、文字训诂学上最好的学者。那么这个最好的学者在解释"什么是经学""什么是经书"的时候，便从文字学的角度入手。我喜欢用文字学解经也可以是说受太炎先生的影响，但是解法可就不一样了。章先生说，这个"经"是从丝旁，右半边是一个"巠"字，这个"巠"字就是丝的纵线，用丝织布的时候有经线、有纬线。有经有纬，但是以经线为主，为主的纵线就叫"经"。

他解释这个字最早的意思是纵丝，是织布时候的主线，这还不错。但是之后他就把这个字的训诂的意思直接应用到"经书""经学"上来了。他说经要是经线，那么经书是什么呢？就是线装书，就是用丝来装订的书。我们现在大家手里拿的书，在民国时候叫洋装书，现代机器装的叫洋装，而过去我们用宣纸、木版印刷出来，用线缝起来的叫线装书。先秦的竹简也有皮绳编联，所以有"韦编三绝"的典故。章太炎先生说经书就是线装书，我一开始听到他有这个说法的时候，我觉得这是一种滑稽搞笑的说法，但是后来看到他好几次都这样解释，我觉得他是严肃的，他很严肃地把经书定位成线装书，那么这个跟经书的本意可就差得非常远了。他拿一种"形式"来定义一类特殊的学问，实际上也是把这门学问简化了，这也就意味着经书没有什么分量。不考虑它的分量、它的特质，不考虑它的重要性、它的特别巨大的影响，就只是说，线装起来的书就叫线装书。实际上任何书我们都可以用线一装，那都是线装书，都是经书。洋装书厚的话也需要锁线。经书没什么了不起，经书没有那么神秘高尚，就是用线装订的书嘛。一代最好的国学大师这么讲"经书"，我觉得真是挺滑稽的。现在说到经书的时候，还有人援引章太炎先生这个定义，我觉得就是囫囵吞枣。

2. 钱穆：“学术无国界”

这几天说国学，我们没少提到钱穆（字宾四）先生。钱穆先生是民国时已出名的人物，从 1895 年出生，到 1990 年去世，享年 95岁。他是一位民国的学术大师，又是当代的学者，很长寿，再加上他很勤奋，所以他的成果特别多。而且他对自己有特殊的期许，我觉得他是从一学者提升为一位儒家人物了，他不会认为自己是一个职业教授，他的身份不仅是这种工具性的，他更是一位有人文情怀的儒生，他自居为一个国家民族的精神领袖，那绝不是一般的职业家所能做到的。

钱穆先生同时代的不少学者成就不比他低，但是境遇不如他好。比如说王国维先生，他后来觉得没办法活下去就沉湖了，走的时候才 50 岁，50 岁学问还没做完，没做完也就结束了。还有陈寅恪先生，他在“文革”的时候因为受到不公正的待遇感到很委屈，有病也不去看病，躺在床上不吃不喝就死掉了，差不多也算是自杀，夫妻两个都这样走了，也是学问还没有完结，半途人就没了。钱穆先生不是这样，别人事业走到一半的时候，他还有一半没走，他后来又走了一半，所以可能民国以后的学者算起来，钱穆先生的学问应该是走得最远、成绩最好的。

但也不是说他的学问完全没有任何问题，他其实还是受到疑古派的很多影响，特别是在谈到老子、庄子的时候，他是很极端的。他说老子、庄子都是汉代的东西，现在看来显然是说错了，显然是不对的。

说到国学的时候，钱穆先生有一本书叫《国学概论》。这部书特别有名，因为钱穆先生后来被誉为国学大师，在很多人看来，国学大师的著作就是国学经典，所以这本《国学概论》就是经典。钱穆先生还有一本书也很有名，就是《国史大纲》，相对来说是中国通史类著作中评价非常好的一个。钱穆先生后来从香港到了台湾，成为蒋介石的文化老师，这样一个身份在 1949 年以后是受批判的。有很长一段时间，钱穆先生的著作是不能读的，也是读不到的，这都属于禁书。最近 20 年来，大家慢慢接受了钱穆先生的一本又一本的书，一直到前几年出版了他的全集。这一下就有后来居上的势头，所以他的《国史大纲》的知名度也就一下子超过了同类书，还有他的《国学概论》，也超过了其他国学通论类的著作。民国时候国学通论类的著作至少有 100 种以上，但是一下子钱穆先生就超过了别人，所以这两部书名气特别大。但是话说回来，钱穆先生的《国学概论》这本书最早是在 1931 年出版的，写《国学概论》的时候应该在 33 岁，他当时还是苏州中学的老师，在而立之年，写了这样一部中学教材。不管怎么说，这不是他中年、晚年的成熟作品。但是读者、出版社不管这个，反正他现在是国学大师，他从二十几岁开始写书，那些书都是国学著作，都是国学名著，所以都变成了经典了。一个人的思想还是有个成熟过程的，当时这本书就是一个教材，也不是经过仔细锤炼的著作，但是这本书现在非常有名。

我们可以看到，一翻开《国学概论》就有这样一句话，说"学术无国界"。钱穆先生说："'国学'一名前既无承，将来亦恐不立，特为一时代的名词。"他认为学术根本没有国界，国学这个名字以前从来没有过，以后恐怕也不应该再有，只是一段时间中临时用的这样一个词。我觉得章太炎先生对经学的定义和钱穆先生对国学的定义都是经不起推敲的，这两位大师分别说了两句很惊人的话，一位把经学一下子降格为线装书，而另一位明明写的书是《国学概论》，然而又说"国学"这个名字不成立，只是临时用一用，学术不分国界，这两句话的影响真是太坏了。

马克思说国家和阶级最终将会消亡，社会主义也会最终消亡，但是现在我们还是会强调加强社会主义国家职能，不会强调国家消亡。鲁迅先生说故事，婴儿满月，有客人说"这孩子将来要发财的"，有客人说"这孩子将来是要死的"；不仅每个人都会死，人类也会灭亡，宇宙也会灭亡，那么我们应该怎么说话呢？

这不是事实问题，而是情理问题。如果现在强调说，社会主义国家会消亡，人会死，人类会灭亡，很多人马上就动摇了。钱穆先生说"国学"不成立，就会有人不好好对待国学了，这句话一说出口，对后人看待国学的影响就是不好的。但钱穆先生这样的一个说法，现在还有人重复。

3. 何炳松：何以世界上没有"国学"

当年还有一位学者，就是何炳松。他在《论所谓"国学"》中说："何以世界上并没有什么德国学、法国学、美国学、英国学和日本学？而我们中国独有所谓'国学'？"说到何炳松，王宇翔老师一定特别熟悉，他是在国外留学，专门学西方的历史学的。他学了西方的历史学后再回国研究历史，写了《通史新义》《新史学》《历史研究法》《历史教育法》《西洋史学史》这些著作，但是他学完西方的历史后再回来融合中国的历史，把中西打通，那么这中间就免不了有一种中西交融的时代气息。他跟胡适来往也很多，属于新派人物。其实新派人物名义上说是要将中西史学打通，实际上是在用西方的史学压中国的史学。比如他们说中国根本就没有历史学，中国只是有史料，二十四史那么多历史书，汗牛充栋，那里面没有"学"，所以不是史学，都是史料，是放在那里没有经过处理的史料，中国只是史料丰富，专门的历史学根本就没有形成。

中国古代的历史都不是"学"，都只是在编纂史料，这可以说是何炳松比较极端的地方。他在否认中国古代有史学的同时，批评中国不应该有国学。英国、法国、美国、德国都比我们先进，都没有什么国学，而我们比这些发达国家落后，我们反而有自己的国学，这不是很矛盾吗？这不是怪事吗？这不是不应该发生的事吗？这样一个说法到现在还有一些教授们表示认同。

日本有国学，又叫"本国学"，"国学"就是"本国学"的简称。他们有"本国学"，有"国文学"，有"国史学"，有"内国学"。日本民族把自己的本国史叫"内国史"，和"外国史"相对。而我们国家古代其实是没有"国学"这个词语，"国学"在民国的时候最早出现，后来在改革开放以后再次出现，前后出现过两次高潮。第一次的时候"国学"这个词语实际上是从日本借用来的，或者说是"出口转内销"来的。

国学、国语、国文，乃至国医、国术、国剧，都是省略了"本"字。在我们使用这个称谓的时候，其中就暗含着"本国"的意思。而当别的国家的人使用这个称谓的时候，"本国"自然就转换成为他们各自的国家。所以是各有各的本国，说"本国"就如同说"我国"，其中暗含着我是我们国家的主人、我代表我自己的国家在说话的含义。所以，"国学"这个词语本身就不是纯客观、纯中性的，它内含着主观立场，就是说我在谈论我的国家，总有一个"我"在这里。这和世界上要不要研究"我"、要不要建立"中国学""东方学"，其因缘、动力完全不同。而作为中国人，假如我们说话口口声声总是说"中国""中国"，从语言逻辑上说，我们就都成了外国人，换言之，逻辑上没把中国当成自己的国家。《春秋》是鲁国史，其中说到鲁国十二公，都不带"鲁"字，只说"公"就好了。同样，湖南人身在湖南，不用说湖南；永州人身在永州，不用说永州；我们张家家族内部团聚，不用说"我是张某某"，一说就成局外人了。所以，"国学"就是"本国学"，这个词语本身就有相互承认、各为其主的含义。

现在我们在国内说话，也总是"中国""中国"的，"中国历史""中国哲学史""中国文学史"等，说明我们对于自己的国家还没有很好的意识。"中国"这个词语，按照古典的习惯是不能这么说的。在国内说话为何说"中国"？难道我们不是中国人，是外国人啊？如果我们是外国人，才称呼中国为"中国"，或者面对外国人，才称呼自己为"中国"。我们是自己国家的人，在自己国家说话，就应该称呼"本国""我国"才对，称呼"中国"一下子就跳到别的国家去了，逻辑上成了外国人的身份了（但是很抱歉，我自己讲话，出版著作，也总是沿用"中国""中国"的错误）。

"国学"就是"本国学"的简称，全称应该叫"本国学"。既然叫"本国学"，就是说我自己谈论我们国家的学问的时候，我是用

"国学"的称谓。比如说你是日本人，你谈论你自己国家的学问的时候，你的"本国学"就指的是日本的那套东西，但是还是叫"本国学"。各有各的本国学，但是内容都是指的自己国家的学术，各个国家都可以发展自己的本国学，如果他们愿意的话。

所以一个国家，要有自己的名称，有自己的位置，也要有自己的学问，有自己的特色，然后从主体的意识出发，把它们称呼为"本国"的东西。既然中国有悠久的历史，有灿烂的文明，有事实，有实力，自然发展到这个程度了，思想、文化、学术成了体系，就已经不是想不想叫"国学"的问题，而是国学事实上存在的问题。

二 "国学"的定义

前面说了一点儿国学的现状，和一些逻辑思维上的谬误。接下来关于"国学"的正式的定义，我想跟大家聊一下体会。

我们昨天讲经学时提到，经学是由政府部门设立的机构管辖的，是在中央统一管理之下的技术和学术部门，按照《汉书·艺文志》的说法，这叫"王官之学"。"王官"就是天子之官，经学就是天子之官的学问。天子之官的学问拿到今天来用，直接对应过来，不一定适合；扣紧经学的内涵，我们现在可以称呼"经学"为"国家的学术"。六经其实都是国家学术，这是用实际内容来定义，不是用名词形式定义。

那么"国学"呢？既然叫"国学"，叫"本国学"，顾名思义，本国的学问你们说应该怎么定义呢？比如说有一个3岁的小孩子，父母让他读《三字经》，到他6岁，再让他读《弟子规》，到他9岁，又让他读《唐诗三百首》，你们说这是不是国学？这也是国学，不能说《三字经》《弟子规》这些不是国家学问的一部分，但是确实是比较小的一部分，它们属于童蒙教材，是比较外围、比较浅易的部分，或者说是不足以代表国家学问的部分，所以不是代表国学的主体内容。

国学，作为本国的国家学问，顾名思义它应该是有一个级别的，这个级别一定是国家级的。按照古代的话说，不是诸侯一级，不是士大夫一级，而是天子一级的；按照今天的话说，不是省级、市级的，不是地方性的，而是中央的。我们中国人，坐在一起讨论"国学"，那么这个"国学"就应该是能够代表我们国家最高水准的学问。换言之，我们讨论的内容，要能称得上是国家的最好的学问，足以代表国家学问的主体和核心，否则支离破碎，就不配称之为"国学"。所以"国学"的定义，顾名思义应该是"国家的学术"，代表着本国、本民族最核心、最有分量、最突出、最有特点和最有贡献的学问，这个才叫国学。

"国学"的内容就和"经学"一样，其实是同一个定义，只是所指各有偏重。"经"强调的是主要的，"国"强调的是国家的。

经学具体指三代、四代、五代背景下的国家学术，今天我们讲国学应该主要指适合现今环境的国家学术。今天我们继续谈经学，是站在今人的立场上追溯古典、尊重古典；我们谈论国学，是从古典出发而有益于今天的发展。凡是对今天的中国发展有益、关系重大，对民族命运、国家策略起到重要参考作用的学术内容，都可以纳入国学的范围。

三　国学的五大定律

一个国家有本国的学问，这个学问反过来对国家有什么影响呢？在我看来，应该是能够对这个国家的利益和地位，对这个国家长治久安的建设，和对这个国家的将来发展，起一个好的作用。那么，国学如果想要发挥这些作用，应该涵盖哪些内容呢？我认为可以按时间顺序分为几个阶段：第一个阶段是开国，第二个阶段是建国、立国、治国，再后面是在出现问题的情况下，不论是内忧还是外患，都能够保国。所以国学应该是对国家有重要作用的，应该是能够正常地开国、建国、立国、治国、保国、卫国的学问。

当然，说到这里就离开了那些具体内容，比如文、史、哲，经、史、子、集。文、史、哲，经、史、子、集是国学的主要内容，要这些内容干什么？国学应当致用，国学是可以对国家起到特殊作用的。一个国家，不是说边界线划在哪儿，铁丝网围在哪儿，这个国家就成立的；也不是立个旗子、宣布一下，国家就成立的。它一定要有自己的学问，而这个学问对于它的开国、建国、治国、保国都起一个比较重要的指导作用才行。也就是说，国学有一种功用，这种功用是在实践层面上体现的。

所以，首先我就从这个角度来阐释"国学"的概念。国学从内容上看，是我们国家古往今来经、史、子、集的这些文本、文献；从维护国家利益的角度来讲，就是开国、建国、立国、治国、保国、卫国这一系列功用，可以给我们现代国家的发展建设一个重要的启示。

国学传统留下来的这些宝贵遗产告诉我们，如果要建立一个国家，从开国、建国到保国、卫国，有五大定律需要注意。依循这五大定律，或者说五大经验，这个国家就会向好的方向发展；反之，要是处理得不好，就很可能出现问题。

1. 承运奉天——殷、周的开国经验

"奉天承运"，又称"承运迭兴"。这里有一段文献，我们先看《史记》的《周本纪》，说在西周兴起、周人灭商的时候有这样一个故事。

> 《周本纪》："是时，诸侯不期而会盟津者八百诸侯。诸侯皆曰：'纣可伐矣。'武王曰：'女未知天命，未可也。'乃还师归。"

这个记载说：已经有八百诸侯聚在一起准备好要伐纣了，但是周武王却退缩了。为什么呢？诸侯是够了，军队是够了，但是"汝未知天命"，天命还没到。就是说你要夺取一个政权取而代之，可能其中有很多因素，比如天时、地利、人和，这其中有一个重要的方面就是天命。他要等天命到了才行，所以这个故事就特别典型。

而实际上，在西周之后，历史上改朝换代，取前朝而代之的时候都会这么说。比如汉朝被三国的魏取代的时候，魏就说，"汉德虽衰，天命未改"。所以事实上曹操生前没有称帝，他死之后曹丕才追称为魏武帝。晋朝之后是宋、齐、梁、陈，宋、齐、梁、陈那时候也说过这样的话，"晋祚虽衰，天命未改"。刘宋取代晋朝的时候，也参考过这样一个因素，就是天命到没到，没到那再等等。当然最后还是到了，但是这一次还没到，现在还没到。元代灭宋的时候也说过，"宋室偏安，天命未改"。说南宋虽然偏安，但是天命未改，要等一等。历朝历代几乎都会说到"天命未改"，这中间有一个因素，需要等待，这就是天命。

另外还有一段文献，是沈德符的《万历野获编》云："太祖初定大朝会，正殿曰奉天殿，门名亦如之。……按太祖'奉天'二字，实千古独见，万世不可易。以故《祖训》中云：皇帝所执大圭，上镂'奉天法祖'四字，遇亲王尊行者，必手秉此圭，始受其拜。以至臣下诰、敕命中，必首云'奉天承运皇帝'。"

明太祖建国定都在南京，后来成祖迁都北京。明代学者沈德符，有一部笔记类的书叫《万历野获编》，书中说，明太祖建国的时候定下一个方略，就是明太祖定都南京后，他把朝廷的正殿起名叫作"奉天殿"，殿前面的门也起个名字叫"奉天门"。那么沈德符就说，"按太祖'奉天'二字，实千古独见，万世不可易"。还说明朝皇室祖训里规定，如果皇帝出来见亲戚贵族、见大臣诸侯，一定要拿一个圭，圭上写的是"奉天法祖"，没有这四个字就不能见大家。在皇帝颁布的诰命和代表皇帝身份的文件中，第一句是"奉天承运皇帝"。皇帝即位以后，每次都要重复强调一下，我这个皇帝是怎么样一个皇帝，我是奉天承运而来的。

（1）鼎革

这几段文献，我解释一下。先说一个概念，中国古人有一个"革命"的观念，源于《易经》六十四卦里面的两个卦，一卦叫《鼎卦》，一卦叫《革卦》。鼎就是建立，革就是改变，《鼎卦》《革卦》

合起来叫作"鼎革"，革故鼎新，"鼎革"就是"革命"。革的是什么命呢？革的就是"天命"，是天命的转移，所以"革命"这个概念在中国古代十分常见，是很古老的一个概念。《易经》六十四卦的卦名就是中国文化的 64 个关键词，在这 64 个关键词中，鼎是一个，革是一个。

"鼎革"是什么意思呢？前面我也说到过一点儿，古人说的"天命"就是春夏秋冬，五行运转。五行就是五道，道路当然是运转不停的。那么"革命"在宇宙自然的层面就体现为季节的更替。季节一定要替换，如果不替换，只有一个季节这样一直下去，谁都受不了，万物就不能生长。季节一定要替换，这是第一。第二是季节替换以后，本朝跟前朝之间不存在敌对关系。不能说夏天取代了春天，我把你取代了，我就狠狠地排挤你，狠狠地批评你，我就跟你敌对，把你收拾一下。明清易代，没有说清朝把明朝取代了，然后清朝反过来把明朝的一切东西都毁掉，你的大臣我都绑过来杀掉，你的文献我都抄出来烧掉，不会是这样的。易代只是一个交接，天命还是连续的。如果你是春天，在适合你坐庄说话的时候就该你坐庄说话，但是等到你不合适了，到了夏天了，就该换我坐庄继位，我们轮着来就好。我跟你之间没有敌对关系，

我之所以取代你是因为天命运转，就和春夏秋冬四季更替一样，是因为自然规律，不是因为我跟你是仇人。我们虽然曾经交手打仗，但是我跟你不是敌对关系。你能说金木水火土是敌对的吗？你能说春夏秋冬是敌对的吗？它们不构成对立，它们之间此消彼长，相反相成，合适的时候大家都是对的，不合适了，但是你也不是我的敌人。我不能完全消灭你，因为说不定下个循环你又回来了。所以中国过去有一个说法叫作"五德更始"，古人把各个朝代的性质用五行来代表，比如说秦是水之德，汉承接秦就是火之德，每个朝代都按金木水火土这个排列循环着走。你也可以说它很迂腐，很迷信，但是它有它合理的地方，就是说火在取代水的时候，这是一种"革命"，这种革命也采取了战争的方式，但是它不形成敌对。它是五

个，怎么会敌对呢？两个的话可能会针锋相对，有你没我，有我没你；现在这是五个，形成一个循环圈，它是圆着转的，是朝前走却能走回来的。

大家一个取代一个，比如今天该你做饭，明天换我做饭，轮流掌勺。今天你点菜我将就吃，明天我点菜你也得将就吃，这是一个和我们现在很不一样的思维，就是大家相互包容，你只是今天不在台上了，但是你跟我不是敌人，有这么一个观念。这个观念我们要了解，古人的这种思维还是蛮有意思的，五个五个地转，五个五个地循环，而不是两个两个对着走，一个把一个消灭掉，不是这样的一个思维模式。这是第一个问题。

（2）积德

那么紧跟着就是第二个问题：凭什么我取代你，或者你取代我，凭什么？西周的国祚是 800 年，汉代是 400 年，唐代是 300 年，为什么唐代不再延续 100 年，变成 400 年？凭什么我会取代你？凭什么我会在这个时间取代你？这个就是我前面提过的，关键还是在"道德"。"道"是天道，是天体运转，是宇宙存在的根本动能。"德"是天道禀赋给万物以生命，生命是一个机会，获得机会就是获得幸福。

高居在上的是"道"，一切都是天道的禀赋；我们在底下接收到了，每个生命都是有限的，有自己的悲喜，有自己的生活，有自己的命运，所有这些接收过来的都是"德"。"道"是本体，"德"是作用；"道"发出来，"德"收下来。古人说"德者，得也"，"德"是一种获得，也是一种福报。

"德"这种东西，因为是从天道禀赋来的，所以争抢不来，也买卖不来，但是有一个动词跟它搭配，就是"积德"。"德"是可以积的，《易经》说："积善之家，必有余庆；积不善之家，必有余殃。""德"是可以积的，"善"也是可以积的。

积德积善，怎么积呢？前面说过，"德"是禀赋，是机会，你可以占满这个机会，但是如果你把自己的机会让出来一部分，明明你有资格拥有，你却没有，那么你就积累了德和善，就叫作"积德积善"。"让"是古代特别重要的一个哲理。

积得越多，福报越大；积得越久，生命就越久。这就很像打电子游戏，投个币进去，血就满了，就开始打，一边打，一边血一截截地减少，最后血用完了，角色就死掉了。如果打得好，血会一截截地积累，就可以满血复活了。"德"是积出来的，很像打游戏，积出来多少就用多少。上天是公平的，要想多用，就得多积，可要是缺德，那对不起，上天就会提早收回它的禀赋。

所以说，一个朝代能持续多久，是取决于它的德行积了多少。比如周武王，顺应天心，顺应民心，建立了一个国家，他就积了大功德，他的后代再怎么折腾，这个功德也能保他们一阵子。当然，后代也可以继续积德，如果不积德，祖辈的德行早晚会耗完，耗完的时候这个朝代就结束了，天命就转移了。到这时别人就会取代，天命就又落在别人身上，福报别人，给别人以幸福。每个开国之君，都积了大德出来，就是平定四海，在天下范围内都积了德。后面不管是谁继承君位，也许只是出于世袭，而不是因为自己有德，那么祖先还有积累的余德留着，他就可以继续往下走，直到余德用尽的那一天，然后乖乖地再让位出来。

第一个概念说了天命是轮换着走的，第二个概念是说"德"是需要积起来的。这是中国古人的观念，这个观念是遵循宇宙自然规律，依照五行的理论建立的。

这个观念的优点是，不由人类自己决定生命的资格，既不由失败者裁判生命，也不由胜利者裁判生命。人类自己的规则通常是"成者王侯败者贼"，人类自相残杀，谁狠谁是赢家，但是"五德终始"的观念不允许这样做。

理论上，五行是循环变动的。春夏秋冬四季，你可以站在某个位置上，但是你不改不行，说春天不能永远是春天，夏天也不能永远是夏天，一定要改，而改了以后，就进入下一个新阶段。每一次改朝换代都是一个焕然一新的阶段，这也是很合理的，每次都注入了新鲜血液。如果春天永远是春天，秋天永远是秋天，那是不可想象的。

天子就相当于四季，位置在不断地变化。天子要跟着天命走，跟着"运"走，天命在谁身上谁就出来，看的是谁会给这个社会带来新气象、带来新鲜血液。

古代"革命"有自己的第一推动力，这个推动力不是这个人或者那个人，不是这个阶级或者那个阶级，也不是土地、财产，而是由"天命"推动的。人人都要在天命上找到依据才行，它不允许一拨人对另一拨人有特殊的权力。如果一个阶级对另一个阶级有特殊的权力，这拨人就该死，可以免除责任地杀戮，可以免受任何法律追究而直接剥夺你的生命，这不行。一切生命是从"天"开始的，"天"是头儿，大家都不是头儿。不能说你是老大，你是宋江，你就是头儿，谁都不要做头儿，只有"天"能做头儿。底下实际上还是有人群领袖，但是理论上的权力终极来源不归任何人，这个权力实际由你行使，但是在理论上不归你，你只能替天行道。

日本天皇在理论上拥有一切权力，但是事实上他什么权力都不施展运用，全部交给下面去做，这就是"天最大"的观念。

这个历史经验叫作"承运"，叫作"奉天"。承这个运，看天运到了没有；奉这个天，看天命到了没有。在中国古代，历朝历代都是这样运转的，拿到今天虽然不可硬套，但至少还是一种参照。

2. 武取文守——殷、周、汉的开国经验

前面说到要有天命才能开国，开国之后要走第二步，就是建国。一个国家刚建立的时候，有一个特别重要的事情，叫作"武取文守"，或者叫作"逆取顺守"。

有一个著名的故事，这个故事跟陆贾有关。楚汉相争的时候有个人叫陆贾，是楚国人，也是汉高祖的一位谋士。汉高祖当年打天下的时候，这些文士不能自己冲锋陷阵，都躲在一边，打完天下了，陆贾出来了，在汉高祖面前经常说《诗》《书》，高帝终于忍受不了

了，骂之曰："乃公居马上而得之，安事《诗》《书》!"

刘邦也是很有戏剧性的一个人，这个人出身不高，是一个小的亭长，不好好种地，整天游手好闲，好酒又好色，但这个人有一个长处，就是志向远大，而且任人不疑。有记载说，秦始皇在六国出游的时候，刘邦看着仪仗队经过，很威武，便感叹说："大丈夫当如此也!"他很有志向，希望能够取秦始皇而代之，他追求那种欲望满盈的世俗生活。打仗的时候，韩信总打胜仗，他自己总打败仗，他每次都把韩信的兵夺过来，收归自己麾下，再打败仗还是这样，他就是这样一个打仗很无能的人。然后韩信有一次跟他说，我把三齐、整个齐国都征服下来了，但是不容易稳固，你是不是可以临时封一个王，封我做齐王，好服人心。他马上就大骂人家，我这里打仗正吃紧呢，我还封你为王!幸亏张良在底下踢了他一脚，他立马意识到了，马上就改口说："大丈夫要做就做真的王，哪能做临时的王啊!"所以这个人是很无赖的一个人，但也是很聪明的一个人，能反省自己，能采纳别人的意见。这些就和项羽相反，除了垓下之战，项羽一生几乎没有打过败仗，但是他输在不够世俗，太贵族气，不够滑头，情商不高，不会处理人际关系，最后众叛亲离，自刎而死。项羽觉得跟刘邦玩，没什么意思，就心如死灰地自杀了，这样天下就交给刘邦了。

那么刘邦是怎么发迹的呢？在他周围那些善于征战的将士大部分都是杀狗的、卖酒的，是些游手好闲的人，甚至还有罪犯刑徒，总之不是良民。但是这批人命贱，到了战场上都成了勇敢不怕死的硬汉。他们跟着刘邦一起，协助他打下江山。

天下平定后，陆贾出来了。陆贾是一位聪明的谋士，有学问，他留下一部书叫作《新语》，共 12 篇，这部书还在，是属于汉代儒家的著作。另外他还写了《楚汉春秋》。这个人经常跟刘邦说《诗》《书》，刘邦就说我是马上打天下，是靠战争、靠暴力得的天下，你跟我说这些有什么用？陆贾就回答说："居马上得之，宁可以马上治之乎？"您马上得天下是对的，但是您能马上治天下吗？您治理天下，能一直骑在马上吗？得天下和治天下，能是一样的吗？然后他又说："汤武逆取而顺守之，文武并用，长久之术也。"商汤王和周武王在商灭夏、周灭商的时候，都是靠战争、靠暴力取得的胜利，但是胜利之后马上弃武从文，弃逆为顺，只有这样江山才能长久。这样我们就知道了，依靠战争得了天下以后，不能继续使用武力，要用文教来治理天下。

当时还有一位儒生，原是秦朝的博士，名叫叔孙通，楚汉相争时，他带领几十个儒生慢慢等机会。终于有一天，刘邦和他出生入死的战友们聚会，"群臣饮酒争功，醉或妄呼，拔剑击柱"，刘邦讨厌了，觉察了，觉得不能再这样下去。于是叔孙通站出来，带领弟子，帮刘邦建立了朝廷的礼仪，汉朝从此也有礼乐了。

什么叫"逆""顺"？以下犯上，就是"逆"。战争结束之后，已经有了天下，就要"顺"，就是把"逆"反过来了。"逆""顺"是一个反向过程，是完全不同的两个方向，但是两者都是对的，该"逆"的时候"逆"，该"顺"的时候"顺"。"逆""顺"取决于时间，时间对就对，时间不对就不对。而中国古代的"时间"观念，不像牛顿所说的是均匀流淌的一维的直线。《说文》解释"时"是"四时"，也就是四季，四季是循环的，所以中国古代的时间也是循环的，"时中""时义"都是循环的，实际上"时"就是天道。所以我们说取决于时间，归根结底还是取决于天道。每一段时间都是一个区间，区间的中央是一个节点，节点前后是性质不同的量变。那么从开国到建国，最关键的要领就是抓住变化的过程，不失时机地实现"逆""顺"的转变。

"逆"和"顺"一定要转变过来。比如清朝把明朝推翻了，这天子的位子是清朝的了，明朝所有的东西都是清朝的了。是清朝的东西，清朝的人就爱护有加，保护得好好的，谁敢冒犯就跟谁急。这时候，前朝的官职是好的，典章制度是好的，北京城也是好的，原来全是攻打的对象，现在全变成自己的了，谁要敢再来抢夺，就会拼命守卫。这就是一个武取文守的转换，这里边没有谁对谁不对，天命在我，我就是对的。昨天天命还在你身上，那时候你是对的，但是今天换了我了，天命在我，只要这些人都归了我，那么我自然不会与他们为敌，这些都是我的大臣、都是我的子民。

我们中华人民共和国建国 70 年（截至 2019 年）了，70 年是一个关键的数目。大家如果有兴趣可以统计一下，建国 70 年的时候，殷商、西周、西汉都在什么阶段上。特别是西汉，建国 70 年以后，刚好完成了武取文守的转换。我们看《史记》对于"汉兴……至今上即位数岁，汉兴七十余年之间"，《汉书》对于"汉兴……至武帝之初七十年间"，都有特别的记载说："国家亡事，非遇水旱之灾，民则人给家足，都鄙廪庾尽满，而府库余货财。京师之钱累巨万，贯朽而不可校。太仓之粟陈陈相因，充溢露积于外，至腐败不可食。众庶街巷有马，阡陌之间成群，而乘牸牝者摈而不得聚会。守闾阎者食粱肉，为吏者长子孙，居官者以为姓号。故人人自爱而重犯法，先行义而绌耻辱焉。"有了这个基础，然后汉武帝的一连串大动作就出来了。

我们探讨国学，特别要注意殷商、西周、西汉三朝所遵循的"武取文守""逆取顺守"的建国经验。

3. 无为而治——文景的建国经验

开国以后紧跟着还有一步叫作"无为而治"。

"文景之治""贞观之治""开元之治"是中国古代政治治理的良好范例。所谓"之治""太平"，有几项标准。一是"刑措"。汉初文帝、景帝在位的时候，全国一年关押的罪犯只有几百人，监狱都是空的，刑具都措置而不用，放在一边闲置着。唐太宗在位的时候，全国死囚只有 29 个人。二是粮食价格便宜。贞观时期连年丰收，长安一斗粟米仅值三四文钱。三是天下太平，没有兵戈。唐玄宗开元时期，海内承平，百姓累世不识兵革。

古代税收，十税一。汉代文景时期，税收十五税一、三十税一，有几年还免税。

孝文皇帝即位 23 年，"专务以德化民，是以海内殷富，兴于礼义，断狱数百，几致刑措"（《汉书·文帝纪》）。

唐太宗贞观四年（630），"是岁，天下大稔，流散者咸归乡里，米斗不过三四钱，终岁断死刑才二十九人。东至于海，南及五岭，皆外户不闭，行旅不赍粮，取给于道路焉"（《资治通鉴》）。

唐玄宗开元年间，"于时垂髫之倪，皆知礼让；戴白之老，不识兵戈。虏不敢乘月犯边，士不敢弯弓报怨"（《旧唐书·玄宗本纪下》）。

"文景之治"这段时期，百姓富庶，天下太平，大家都很幸福。这是怎么来的呢？是从黄老"无为而治"来的。黄老就是黄帝和老子。汉初的宰相是萧何，萧何之后是曹参，这两位宰相治理天下的时候，不怎么做事，叫作"萧规曹随"。不理政，不兴兵，也不增加田租。判的死罪为什么那么少呢？一个是犯罪的人少，一个是从轻处理。这样大家就知道放宽松，大家于是都优哉游哉地过日子。

当然，这种治理方法是有背景的。楚汉相争，大战汹汹八年，这个年数跟我们抗日战争一样，楚汉相争也打了八年。八年之后天下定了，可是社会经济非常凋敝，全天下都找不到四匹毛色一样的马。如果天子出门，要有驷马拉车，还必须是毛色一样的，要是赤色都是赤色，要是黑色都是黑色，那时候四匹毛色一样的马都找不到，全天下都没有。"将相或乘牛车"，有时候马也找不到，开国将相就弄辆牛车吱吱扭扭地代步，宰相也只能坐牛车。这是当年天下凋敝的情况。在这种情况下，政府就采用黄老无为而治的策略。官员不爱管事，你来找我理政、打官司，我正在喝酒玩乐，等我喝完你再来吧。下次来了我又在喝酒，你来了三天我都在喝酒，你没办法，后来不来了，事情就不了了之了。萧何就是这样子，之后曹参"萧规曹随"，继续这样做。不理政务，不要把政治弄得很紧张，结果治理得特别好。

《史记》："（曹）参代（萧）何为相国，举事无所变更，一遵萧何约束。择郡国吏木讷于文辞，重厚长者，即召除为丞相史。吏之言文刻深，欲务声名者，辄斥去之。日夜饮醇酒。卿大夫已下吏及宾客见参不事事，来者皆欲有言。至者，参辄饮以醇酒，间之，欲有所言，复饮之，醉而后去，终莫得开说，以为常。"

在天下刚刚鼎定的时候，战火之后、天下凋敝这段时间，最需要做的就是休养生息，恢复民力，在政治上就叫作"无为而治"，结果也真的实现了天下大治，就是非常有名的"文景之治"。

实际上在每一次改朝换代之后，历朝历代在刚刚建国的时候，都有不同程度的经济凋敝，所以也都有不同程度的休养生息策略，都是采纳了汉代"无为而治"的经验。

4. 阳儒阴法——汉武帝、汉宣帝的治国经验

休养生息、无为而治的这段时间是有期限的，不是永远这样，要把握那个度。再往后国家稳定一段时间了，策略就要转换了，那就是我们下面要说的第四个经验，就是"阳儒阴法"，或称"外儒内法"。

前面我们讲法家的时候提到，汉武帝时期留下的一个经验，即任用酷吏。

汉朝从高祖开始，经过了吕后、惠帝，又经过了文帝、景帝，到武帝即位亲政，已是建国70余年。经过文景无为而治之后，汉朝经济恢复到了非常富裕的阶段，野地里牛马成群，仓库里粟米陈陈相因，底下的都腐烂不能吃了，官府的仓库全是满的，一千钱一缗，最后穿钱的绳子都烂了，数都没法数了，富裕到了这个程度。后来征伐匈奴的时候，有三支大军，卫青一支，霍去病一支，李广利一支，另外还有志愿军。志愿军是民间的，谁要参军，自己备马匹、备铠甲、备武器、备干粮，这本来是吃亏的事，但是一下子报名了10万人，可见当时的国力非常强大。

那么到了这个时候，政策上就需要制度化，就要管得细腻一点。

这个时候黄老就不行了，于是实行的政策叫"阳儒阴法"。

官吏的管理用法家，推行法治，但是民众的统治，要用儒家，推行文教。儒家要用，法家也要用，都要用起来。儒家在表层，法家在里层，一表一里，一阴一阳，阳就是表面，阴就是里面。"表里"本来是说衣服，衣服布料外层是表，内层是里，合起来是一件衣服。"阴阳"是说表象的和暗中看不见的。

我们都知道汉武帝"独尊儒术"，实际上他有两个策略，既用酷吏，又用儒生，就是阴阳互补，儒法搭配。儒家在表面，法家在内里。他也不是把儒家做成一种假象，粉饰政治，装点门面，儒家、法家两方面都是真的，只是针对不一样。

汉武帝的奶奶窦太后是汉初推行黄老策略的最后一人，到汉武帝即位的第六年，建元六年（前135），窦太后崩，汉武帝马上转换策略，召集儒生，推行文教。改正朔，易服色，封禅泰山，兴建太学，讲习六经。这是因为汉代的发展到了这个地步了。

> 《汉书·武帝纪》赞曰："汉承百王之弊，高祖拨乱反正，文景务在养民，至于稽古礼文之事，犹多阙焉。孝武初立，卓然罢黜百家，表章六经。遂畴咨海内，举其俊茂，与之立功。兴太学，修郊祀，改正朔，定历数，协音律，作诗乐……"

汉武帝的选官途径，有贤良、文学、孝廉、乡三老等。太学里面设立五经博士，跟随五经博士学习的人称为"弟子员"，学通之后也出来做官。

汉朝掌管法律的最高长官叫廷尉，也叫大理，著名酷吏张汤担任的就是廷尉。实际上这些法家酷吏也往往由太学出身，张汤就曾上奏，"请博士弟子治《尚书》《春秋》补廷尉史"，当时有"《春秋》断狱"一说。

这样的选官途径，实际上依靠的是人文的、道德的力量。汉武帝把这种正面的德善提升起来，让这种力量从民间、底层升上来，直达国家政治的各个层面，这是很大的进步。

儒生、文教所针对的是占全社会绝大多数的"善良的老百姓"，汉儒假定人是天性善良的，人是应该善良的。两汉均"以孝治天下"，建元元年（前140），汉武帝下诏："古之立孝，乡里以齿，朝廷以爵，扶世导民，莫善于德。然即于乡里，先耆艾，奉高年，古之道也。今天下孝子顺孙，愿自竭尽以承其亲，外迫公事，内乏资财，是以孝心阙焉，朕甚哀之。"

另一方面，法家就完全不同了。法家针对的是官僚、贵族、豪强，汉代的法家假定人的欲望是无尽的，因此人性是恶的，他们的作用就是去除这些害群之马。

法家最极端的形态就是酷吏。此外，汉武帝还发明了一个招数，就是刺史。刺就是"刺探"的"刺"。当时全国有40多个郡，汉武帝把这些郡划分为13个区，称为"州部"，一个州部管着三四个郡，每个州部派遣一个刺史。郡守享有二千石的俸禄，而刺史只有六百石，是郡守的三分之一还不到，汉武帝就用六百石的小官去监督二千石的大官。小官拿着天子直接颁发的诏令，诏令上有六条规定，第一管豪强，第二管贵戚，第三管州郡长官，最后说，老百姓的事，什么都不要管。不用管老百姓，就专门负责管豪强、贵族、高官，每年就坐着小马车，在自己管的这三四个州轮流转，接受检举。小官监督大官，结果谁也不敢犯法。如果大家的地位都一样，官官相护，大家都有家当，都会护着自己的家当，谁也别告谁的状，这样的监督实际上没有效果。如果是六百石监察二千石，首先在心理学上它就存在一种仇富的动机，所以这些刺史特别卖劲，13位刺史把郡守们盯得很紧，这就是法家。

儒家本质上认为人性善，大家都好好向善，所以儒家主要管理文教，管理老百姓的事，在老百姓面前把国家、政府包装得漂漂亮亮的。而且儒家很有情分，重视情感，儒家专讲亲疏关系，君君、臣臣、父父、子子。法家理论的前提是假定人性恶，所以在官僚体系内部，法家一直是最高效、最强悍的管理者。法家六亲不认，只认法，王子犯法与庶民同罪。"法者，天子所与天下公共也"，这是汉代法家的共识。汉武帝阴一套阳一套，儒一套法一套，性善一套性恶一套，多数老百姓一套少数强权一套，形成了国家兴盛时期的治国经验。

后面还有一个故事，就是到了西汉的后期，宣帝在位的时候，元帝当时还是太子，很喜欢读书，就希望父皇能够多用读书人，结果就把宣帝惹怒了，说读那么多书干什么？你将来要继位的，读书人能用吗？"汉家自有制度，本以霸王道杂之，奈何纯任德教，而周政乎？"他就说，我们汉朝从立国开始，就不是完全用的儒家。我们是一边用王道，一边用霸道，王道和霸道是混杂、交替在一起的。你只认儒家，"纯任德教"，完全用文教、礼教、德善这些儒家的东西，在周公治国的时候还管用，但现在还这样就不行，我们建国以后也不是这样做的。后来这父子两个相处得挺不好的，因为儿子想用儒家，父亲说儒家要跟法家一起用，说不定法家还用得多一点。事实上后来元帝"柔仁好儒"，成帝"好经书，宽博谨慎"，到王莽时候狂热复古，儒学达到高潮，西汉也很快就崩溃了。因此我们就知道汉武帝、汉宣帝的时候都是"阳儒阴法""外儒内法"，也可以说是"儒法互补"。

文教上多用儒家，管理上多用法家，这在一个朝代的中期，在经济最发达、事务最复杂的时候，用这一套办法，应该说还是行之有效的。

上次讨论的时候我讲诸子阶梯，诸子有不同的层面。道家无为而治，适合上层即君王这个层面；法家适合吏治即中层管理，把中层干部都管得过紧，一点儿都不要放松，天天盯着他们干事，无暇私顾。底下的老百姓这一层，就用儒家，每天好言好语，四时八节慰问九族，总是告诉大家说将来面包会有的，牛奶会有的，情商很高，都是心灵鸡汤。老百姓们喜欢，大家开心就好。儒家就说人心都是善良的，你们要善良，要读书，要接受教育。"阳儒阴法"就是这个样子。

5.远交近攻——战国时代的保国经验

国学在外交策略上还有一招，叫作"远交近攻"。我们之前说的是内政，现在来说说外交。我们中国古代，也有国际关系，华夏内部有诸侯国，华夏以外有四夷，那么在处理国际关系的时候就有一条重要经验——远交近攻，我把它叫作第五大定律。

在处理国与国的关系时，离你远的，隔了几个国家的那些国家，应该是你的朋友；离你近的，就在你周围的那些国家，可能是你的敌人。当然也不是那么绝对，邻国也不是一直处在战争状态，但从长久来论，在利益上它一定处在跟你抢夺资源的敌对位置上。远的国家不会跟你争夺利益，因为它在地域上首先就有距离，它够不着你的土地，拿也拿不走，所以不可能对你有太大的威胁或伤害。所以远的人应该是自己的朋友，近的人可能是自己的敌人。

（1）合纵连横

我们看战国的时候，有七个实力相当的大国，叫作"战国七雄"，它们之间形成一种外交局面，就是"合纵连横"。秦国跳出崤关与六国结交，构成横向的国际关系；东方六国南北相连，构成纵向的国际关系。张仪主张连横，苏秦主张合纵。那个时候范雎就提出了一个说法，叫作"远交而近攻"。远的国家可以交往，而没必要开战；近的国家势必相互兼并，难免爆发战争，所以要做好战争准备。

"合纵连横""远交近攻"可以说是一种基于地理前提的国际关系，人口和赋税都是附着在土地上的，所以就有纵横、远近之说，而它的实质是基于可以共享、可以互通的资源竞争。

范雎对秦昭王献策说，"得寸则王之寸也，得尺亦王之尺也"。对于附近的邻国，可以使劲地攻打他们，可以兼并他们，因为大家的资源是公共的，可以是你的，也可以是我的，而离你远的跟你在资源上不存在竞争关系的国家，就没有争夺兼并的必要。这个外交策略在农耕时代，应该说是行之有效的。

（2）白登之围

古代中原与四夷的关系，有两个倾向，一个是汉化，一个是胡化。汉化讲得多，胡化讲得少，由余、赵武灵王、中行说的故事，都涉及胡化。中行说是燕人，后来到了匈奴，比较两国的物品，说汉人的食物不如匈奴湩酪之便美，汉人的缯絮，驰草棘中，衣袴皆裂敝，不如匈奴的旃裘之完善，其实是资源无法共享。

讲个故事：西汉初年的时候，汉高祖有一首著名的诗叫《大风歌》，现在初中生、高中生能够背诵吧？"大风起兮云飞扬，威加海内兮归故乡，安得猛士兮守四方？"写得特别有气度。你不能说汉高祖是个文学家，但是这首作品是无可替代之作。《大风歌》只有三句，但读起来大气宏阔，不过歌词背后是有故事的。刘邦得了天下以后，心里面很不安生，充满忧虑。即使战胜了项羽，得了天下，建立了汉帝国，但他心里还是有忧虑的，这个心患就是匈奴，所以他也不是完全在作诗，他是真的需要猛士，替他安守四方。

有一次他没有办法，只好亲自率军征伐匈奴，结果在山西一个叫白登的地方被匈奴的骑兵包围了，也就是历史上有名的"白登之围"。汉代主要是靠步兵作战，匈奴的骑兵来得很快，40万骑兵就把汉高祖一行人给包围起来了，包围了七天七夜，结局基本上可以预料，就是全军覆没。后来陈平出了个主意，派使者找单于的夫人阏氏，说你看你们包围我们七天了，我们快败了，你们胜利了，你们高兴吧！但是我们汉朝有好多美女。使者说到这儿就行了。单于的夫人心里面就嘀咕，最后单于就撤兵了，这就叫"阴谋"。也算是变相的"美人计"吧。陈平自己说"我多阴谋，是道家之所禁"。他就用这种办法把刘邦救了出来。

《史记·匈奴列传》：高帝先至平城，步兵未尽到，冒顿纵精兵四十万骑围高帝于白登，七日，汉兵中外不得相救饷。匈奴骑，其西方尽白马，东方尽青駹马，北方尽乌骊马，南方尽骍马。高帝乃使使间厚遗阏氏，阏氏乃谓冒顿曰："两主不相困。今得汉地，而单于终非能居之也。且汉王亦有神，单于察之。"冒顿……乃解围之一角……（高帝）使刘敬结和亲之约。

我们看阏氏说服冒顿的话，就有一句："今得汉地，而单于终非能居之也。"匈奴需要的是牧场，即便得到了汉朝的耕地，也毫无用处，所以还不如和亲。这是说"远交近攻"的前提是资源共享，如果资源不共享，那么"远交近攻"就是无效的。

（3）黑船事件——明治维新"远交近攻"案例

我说一下，日本在明治维新开始的时候也借鉴了"远交近攻"的经验。那时候先是荷兰人来了，后来美国人又来了，军舰大炮咄咄逼人，强迫做生意，强迫定协议，我给你送达一封国书，定个期限，你必须几天之内答复我，你不答复我，我就要找你麻烦了，我的军队就直接过去了。

1853年6月3日，美国海军准将佩里率领四艘蒸汽战舰，进入日本浦贺港。因为美国战舰是漆成黑色的蒸汽船，所以日本称之为"黑船"。加藤祐三的《黑船异变》这样描写："四艘三桅黑船，各约三千石。破浪前行不靠帆，前后左右布阵盘。往来神速如飞鸟，转眼隐入水云间。"据说，"黑船"到来的当天夜里，江户城（东京）一片混乱，武士们忙于备战，城外大小寺院内钟声齐鸣，妇孺凄厉哭喊，有钱人准备逃往乡间，更多的人涌入神社祷告神灵。

通常认为日本人会感谢、纪念"黑船事件"，因为它是明治维新的起点，是日本近代化危机为契机的转折点。在"黑船事件"中，日本借用"远交近攻"的经验，很快和太平洋彼岸的美国成为国际伙伴。

我读冈鹿门的《尊攘纪事》，其中记载，日本的大臣当时就说，日本可以跟美国做生意，因为美国那么远，不可能要我们的土地，不要土地对我们有什么威胁？所以日本可以跟美国来往，当时就有这样一个说法。在帝国主义瓜分中国的时候，美国不要中国的土地，大概和地理位置相隔遥远也有关系。

有学者提出，日本之所以进入美国视野，只是因为横渡太平洋前往中国时，可以在此添加燃煤。美国军舰当时也是这么说的，是不是借口，反正日本人相信了，于是就开锁开港，后面就有了"明治维新"的巨大进步。

（4）民族盛衰连环性——唐代"远交近攻"案例

大家知道唐代不怕打仗，国际外交上比较开放，因为这个朝代本身就带有少数民族血统。李渊的母亲独孤氏是拓跋鲜卑族，李世民的皇后长孙氏也是拓跋鲜卑族，李氏家族一半血统都是草原来的，他们是在马背上长大的。北魏六镇的后裔子弟不怕打仗，他们会少数民族语言，人情相通，彼此来往也多，所以这个王朝在政治、外交、军事上就比较开放。唐朝最盛的时候兵力达49万人，在全国设置10个节度使，以节度使领兵的有突厥人、胡人、西域人、高丽人，差不多全是外国人。

唐朝也不怕军队叛乱，真的不怕，后来安禄山叛乱有特殊的偶然性，那是杨国忠逼他。杨国忠是真正的奸臣，没有能力当宰相，反而逼其造反。

关于杨国忠，我多说几句。杨国忠跟安禄山不和，因为安禄山看不上他，知道他能力低下。但李林甫能力很强，19年主政，他死于天宝十二载（753），"开元、天宝之治"是在他手里呈现的。李林甫召见安禄山，安禄山后背出汗，害怕得不得了，因为这个人太聪明了，什么心思他都能看出来，所以安禄山就不敢作假，不敢有奸计，只好乖乖的。李林甫死了，安禄山看不上杨国忠，杨国忠心里也明白，就故意说安禄山要造反，他没造反，那就逼他造反，用这件事来证明自己是对的。安禄山真的反了，杨国忠和杨贵妃都没命了。这种人根本就不是政治家。

天宝十四载（755）安禄山造反是个意外。在唐朝外国人可以做节度使，可以保卫国家，可以远征。唐朝的军队最远可以出征阿拉伯的黑衣大食，可以翻越帕米尔高原远征小勃律。唐朝有一个好的经验，陈寅恪先生总结说叫"民族盛衰连环性"。北边对大唐威胁最大的是突厥，但是突厥后面还有回纥，回纥后面有大食，各自形成威胁。直接攻打突厥，就不便利，就联合回纥，两面夹击，就是联合敌人后面的敌人而成为自己的朋友，夹攻身边临近的敌人。

《新唐书》说，"唐兴，蛮夷更盛衰，尝与中国亢衡者有四：突厥、吐蕃、回鹘、云南是也"。后来突厥衰落了，回纥强盛起来，叛变了，唐朝再联合后面的云南大理，从云贵包围回纥，就这样一步一步地推着走。这样一种连环套路，其实都是"远交近攻"的策略。

"远交近攻"这一招是很有效的，因为战争有时是不可避免的，但是真正硬碰硬的战争是很少的。大多时候取得胜利的战争，往往打的都是心理战，或者出奇兵，或者靠阴谋取胜，或者通过外交取胜，也可能是靠秘密武器，一些先进的武器比如说火炮，实在硬碰硬打仗的很少，往往是先声夺人的那些心理战，实际上敌人是自我瓦解的。国际关系贵在能坚持，往往自己比较软弱，但是能坚持，拖一年是一年，结果敌人自身内部发生了危机，谁坚持到最后谁就是胜利者。

> 陈寅恪《唐代政治史述论稿》："外族盛衰之连环性者，即某甲外族不独与唐室统治之中国接触，同时亦与其他之外族有关，其他外族之崛起或强大可致某甲族之灭亡或衰弱……而唐室统治之中国遂受其兴亡强弱之影响，及利用其机缘，或坐承其弊害。"

国学是干什么的？一言以蔽之，国学是真正对我们国家民族的长治久安、老百姓的安定富裕有用的学问。在这个目的上，我们不是要直接治国，我们是在研究学问，最终在学术上对今天的国家建设有间接的参考意义，我把这样一套研究致用的体系叫作国学，这是我的一个看法。

第六讲　理　学

　　关注天道，了解天理，做读书人。

　　社会需要善良，世界需要天理。研究天道、天理的学问，才是最好的学问。

　　前面我们先讲的是诸子三家，诸子主要兴盛于东周；后来我们讲了经学，经学是三代、四代、五代的学问。我们是倒着讲的，经学应该是在前面，后来我们是追溯上去的。再后来我们讲国学，侧重国学的定义，国学是国家学术，国学对国家的开国、建国、治国、保国所起的作用，举了汉唐的一些例子。今天我们开始讲理学，理学主要是宋代、元代、明代的学问。明天我们再讲考据学，基本上是清代的学问。这样下来，七讲其实是按历史的先后顺序这样排下来的，这七讲总体上代表了中国古代学术变迁的基本面貌。

　　今天我们就来看看理学。理学这一讲，我在上面列了几句话，第一句话是"关注天道，了解天理，做读书人"，"做读书人"说的就是人文的精神。"社会需要善良，世界需要天理"，这句话从某个角度来说不需要论证，它是一个绝对的、正当的命题，本应如此。孟子、程朱这一系儒家主张"人性善"，这个问题说到底不是一个需要论证的问题，而是一个先天信念的问题，"性善"是不证自明的信念。社会需要善良，没有善良，社会不可能维持下去；世界需要天理，没有天理，世界也是不可能存在的。所以"理学"也叫"道学"。前面我们讲道家用"道"字来命名自己的学派，到理学这里，它也叫作"道学"。到了宋代，儒家和道家同时都在用"道"和"理"来给自身命名，儒家、道家构成了这样两门学问。从名称上看，我们就知道他们有无上崇高的意义。"人皆可以为尧舜"，"尧舜之民，比屋可封"，所以说"研究天道、天理的学问，才是最好的学问"。我先写了这样几句话，算是给"理学"做一个切合其本质的定义。下面我再做一些引申。

一　理学兴起于中古的背景

首先说理学兴起于中古这样一个时代背景。我把两宋看成是"中古"，这样划分不是很客观，但比较符合主体的思维习惯。这样划分比较整齐，一朝一代那样的划分就分得太细了。说"中古"是以我们今天来着眼的，像朱子就不会把北宋五子看成是"中古"；我们要了解朱子对北宋五子的认识，但我们尤其要有自我意识，就是我们的着眼点和朱子不一样。

在我们今天看来，理学就是中古时期兴起的一个学派，这个学派是儒学里面的一个分支学派，儒学在这之前有一个低潮，到这个时候又重新兴起，达到一个高潮，这个学派的出现可以说是儒学在中古时期出现的一次中兴。

这个中兴的背景大家都熟悉，就是北宋开国之前，在五代的时候，有一个道德沦丧、世风日下的时代背景。五代是从唐末来的，唐后期藩镇割据，干脆连天子也被赶下台，然后到了五代十国，基本上是军阀割据、斯文扫地、不知廉耻的局面。

到了北宋，大家就开始反省这个问题。如果一直这样下去，这个社会、这个文明怎么可能延续下去？所以士人们想办法挽救这个局面，很典型的就是欧阳修修撰了《新五代史》。《新五代史》中谈了宦官的问题、烈女的问题、伶官的问题，谈了很多，描写了唐代以来的乱象，想借助这种史家的笔法来感叹世事，最后的主旨就是探索应该怎样重新建立一个新的社会、一个新的时代。

1. "五星聚奎"

这时候就有一个故事，在北宋初期，天象突然出现了一个变化，叫作"五星聚奎"。奎就是北斗星，就是我们说的文昌星，代表文治的星宿。突然之间天象显示，金木水火土五星聚在奎星的旁边了，人人皆知，天子、大臣知道，老百姓也知道，于是北宋的时候突然就有一群名臣出现了，早一点儿的有范仲淹、欧阳修，晚一点儿的有司马光、周敦颐、邵雍、二程、三苏、黄庭坚，还有很多。《宋元学案》说，"宋乾德五年（967），五星聚奎，占启文明之运。逮后景德四年（1007）、庆历三年（1043），复两聚，而周子、二程子生于其间"。

"五星聚奎"真的是很奇怪的一件事。怎么会在大乱之后忽然出现大治呢？大乱之后为什么就是大治呢？古人说"穷则思变，变则通，通则久"，说得容易，可是穷了以后真的能变吗？比利时科学家普里高津创建了"耗散结构"，获得了诺贝尔化学奖，可见获得一种开放的有序有多难。所以北宋这次突起，这样一种振作，它一定有一个比我们想象得更深刻的背景。它不是几个人的问题，也不是"穷则变"、逼急了就往另一个方向走的简单问题，它一定有更深刻的东西，可能就是人类命运的问题。

2. 新文化运动与西方文艺复兴

北宋这一批文人都起来了，其实厉害的角色也就是几个人，这几个人就可以引导、纠正一代的风气。其实这个也有点像新文化运动，新文化运动也就那么几个人，就纠正了一代风气。不过新文化运动是有计划的，当时社会上充斥着西化的风气，他们一下子就把中国人的精神领到西方去了。

对比西方文化，我们新文化运动的时候，借用了西方文化的一个口号叫"文艺复兴"。文艺复兴是西方的古典文化在中世纪背景上的复兴，实际上是世俗、人文精神的崛起，而我们中国的文艺复兴是把自己的传统文化搞掉，把西方的都弄过来。西方的文艺复兴在它那里是历史上的前后关系，我们拿来主义的文艺复兴，不是复兴我们自己的古代文化，而是全盘西化，是地理上的东西关联。

欧洲是不要中古的，要远古的；要远古的，其实远古的出不来，反而产生了一个新的东西。中国也有复古，有周礼复古，有古文运动，其实"复古"的时候绝对不会真的完成复古的目标，这是不可能的，而一定会有新的元素产生。"文艺复兴"就给我们带来了这样一个规律和经验。欧洲复兴古希腊的文化，其实不可能，历史的潮流已经过去了；但是欧洲会在这个过程中，在新的历史条件下，产生一个新的世界，这是西方文艺复兴的一个真谛，一个成功之处。我们也应该复孔孟之古，甚至于复尧舜之古，当然实际上复不了，但是在这个过程中可以产生一个新的结构。然而我们不是这样做的，我们认为自己没有文化，我们东方的传统都不要，从西方复制一个来，这个就蛮有意思的。所以那个时候叫"东方的文艺复兴"，其实"东方的文艺复兴"就是"东方的全盘西化"，也是几个人引领的风气。

3. 理学对后世的巨大影响

一直到南宋，都有很多的名臣出现，这些人不贪财富，不经营自己的身家，一心考虑国家怎么建设，文治怎么复兴，考虑千秋大业，考虑几百年乃至一千年以后又怎么样。什么叫千秋大业？宋朝是文治最好的朝代，相比之下，唐朝是政治最好的朝代，尤其是在武功方面，但是它的文化不怎么高雅，唐朝人比较贪恋世俗，比较实用和功利，哲学上不是很高深，考虑问题不是很深切，比较表面化，喜欢弄点骈文、诗歌，弄点佛教，经学、太学有成绩，但是贡献都不是太突出。到了宋代的时候，文化全面铺开，在经、史、子、集方面，图书的汇编方面，文化工程方面，都达到了高峰。在政治上，宋朝"不杀士大夫"，文人仕宦特别得意。于是宋代文治影响后世特别大。

宋代给我们留下了很多的遗产。宋代文治不仅是对宋代有好处。大家知道到了宋代，五代割据结束以后，形成了一个大一统的帝国，其实宋代也不是完全的大一统，宋朝东北燕云十六州是辽国的，辽后面还有金，西北有西夏，正北还有蒙古。契丹、女真、蒙古、西夏全都盘踞在北方，如果按今天的疆域算，他们都在今天中国的北部，北方守不住，才被迫隔江而治，后来的南宋更是一个偏安的朝代。当然，南宋在江南地区也有长足的发展，有很多开拓，但是整体上说，宋朝并不是一个在疆土上很辽阔、很整齐的大一统国家，也可以说它就是一个分裂的国家，和三国的东吴差不了多少。然后紧接着连分裂的国家也没有了，元朝就直接把南宋给灭掉了。后来明朝又起来，可是女真发展成了清朝，之后沙皇俄国又过来。

那么宋代讨论的比如"天理""人欲"的问题，只是在为宋朝人开启思考吗？我觉得那真的就是在为 1000 年以后的世界开启思考。虽然我不是宋朝人，但是我的感觉比宋朝人还强烈；换句话说，当时宋儒说的每一句话，好像都是针对我们今天遇到的问题说的。宋代儒家的理学思想为我们提供了很多典范，他们的一些主张好像是在为千秋万代以后的人做积淀、做准备一样。

事实上理学到了南宋才得到官方承认，但在天下都进入蒙古帝国的时候，汉文化还能保留下来，靠的是什么？一定是因为有理学的支撑。如果没有理学的支撑，汉字就变成了一个语言符号，我们说的"道"和"理"的"义"就不存在了。蒙古人推行的那个东西，我们可以把它叫作"草原法则"，草原法则其实类似西方人提出来的"丛林法则"，就是弱肉强食。草原法则放任自然，但是和我们道家的自然不一样；草原法则追逐欲望，但是和我们儒家的人文不一样。这种东西如果没有理学在那里支撑，如果只有宗教加科技，后来怎么样就不可想象了。所以理学在宋代起了一些作用，但是起更大作用是在宋代之后，尤其在元代起了重要作用。元代为异族统治，在政治上儒家已经管不了了，但是在精神上还有华夏文明的理学在起作用。那么到了明代，建国的时候在西方刚好是文艺复兴，然后就是工业革命，船坚炮利和基督教很快就传过来了，假如明代的时候没有程朱理学、阳明心学，东西方彼此之间较量的话，可能力量就不成比例，平衡可能就会被打破，造成一种文明失衡的状态。

假如明朝不是那么强大，可能工业革命时代的欧洲早就打过来了，不等清代就打过来了，所以这个事儿真的不可设想。那么假如满人入主中原而又没有理学的话，只有原始的萨满教，我们跟沙皇俄国可能也抵抗不到最后，说不定早就被北方的重压给碾得粉碎了。各个民族都在相互的关系之中生存发展，如果没有理学，当然我们是在做历史想象，可能情况真的是非常危急，所以理学在中古以后起了很大的作用。

二　儒学简史"三段论"

1. 两种时代划分

历史时代划分有两种：一种用朝代、世纪、公元划分，以时间为准，偏于客观，长于记录；一种用上古、中古、近古划分，以主体为准，偏于主观，长于诠释。

上古、中古、近古，可以有这样一些阶段性的称谓。这是以观察者的主体为标准划分的阶段，不像用朝代、世纪、公元划分，是完全客观的标准，与主体无关。主体的划分是会变化的，每个观察者各有自己的主体，比如1949年的人所说的"现代"离他自己很近，他很方便找一个"现代"的当事人直接采访，而今天如果我们以他的标准沿用"现代"，这个"现代"就离我们很远，二十年一代人，我们跟"五四"已经隔了五代。所以这个"现代"是移动的、延伸的。但是每个人都只能是运用自己的大脑来思维，并且只能是从儿童的时候开始重建自己的思想。思想可以被学习、被理解，却不可以被复制、被植入，所以以观察者的主体为标准划分历史阶段，最有利于人们的思维。

中华人民共和国刚成立的时候是怎么划分时代的？我们把1840年看作是"近代"的分界点，把1919年看作是"现代"的分界点，1949年以后是"当代"。那时候书写的历史，都是以主体为参照。到了今天，我觉得这个划分应该改变了。1840年的断限是最糟糕的，直接把清朝一分为二了，一个朝代还没有结束，就给预先结束了。1840年是道光二十年，那个时候中国还很强盛，就给拦腰截断了。后来1912年是一个坎，1949年是一个坎，不过中间没隔多少年。到现在距离中华人民共和国成立又过了70年了，1949年作为"当代"，感觉好像远了点儿，划分上应该变化一下，应该随着时间往后推移。

"一代有一代之学术"，主体所在的时代是移动的，但是所有人都永远有作为观察者自己的上古、中古、近古，这又是永远不变的。比如我们读《论语》，历代研究《论语》的著作成千上万，这是怎么回事呢？我们应该怎么办呢？我们一方面需要弄清文献、文本、字句这些客观的事情，需要尽量逼近孔子的真实思想；另一方面，每一个读者都只能是运用自己的头脑去阅读《论语》，而不同的读者所处的时代背景和环境背景不同。人们读了两千年的《论语》，难道还没有读完吗？因为人们读《论语》的目的，可能只有一小部分是梳理《论语》的客观字句，更大部分还是借此让自己承接前人的思想，而这种承接只能是理解性、诠释性的。主体、主观的性质更加重要，所以经典才会长读长新，新就新在主体需要不断地重新理解、诠释。文献的诠释实际上是主体在诠释，而主体的差异在于时代和环境的变化。

上中下，左中右，前中后，三段式的思维模式符合人们自身的思维习惯。《易经》说"世历三古"，伏羲为上古，文王为中古，孔子为下古。《春秋经》分"有见、有闻、有传闻"为三世。邵雍排列古史，有"三皇五帝，三王五伯"。律历家有三正、三统。谋士策划，有上中下三策。"三"在我们普通人的思维里面，是一个小小的模板。

当然，划分得太细，时间推移太快，每隔两代人就变一下，也有不方便之处。就像唐宋总是改年号，记起来不方便。所以我们今天书写历史、学习历史，最好的时间轴莫过于采用《竹书纪年》，从黄帝元年开始排列一个大顺序，按照上古、中古、近古划分宏观阶段，中间排列朝代、年号细节，再和公元对应。

2. 儒家、理学发展三阶段

说到宋明理学，首先要知道它是在中古的时间段上产生的，它有一个新的历史节点的时间定位，但是宋明理学的渊源，它所承接的思想传统，却远在先秦。

按照三段式的划分，儒家思想的发展阶段就比较整齐了，具体对应到历史朝代：

第一段，上古时期：姚、姒、子、姬，影响虞、夏、商、周。

第二段，中古时期：孔、曾、思、孟，影响秦汉到隋唐。

第三段，近古时期：周、程、张、朱，影响宋代到清代。

在上古虞、夏、商、周时期，主要是姚、姒、子、姬（包括唐尧）这些人的思想起作用，并持续影响了 1800 年；在中古秦汉至隋唐这一段，主要是孔、曾、思、孟这些人对时代产生影响，影响了中古 1500 年；在近古宋代至清代这一段，主要是周、程、张、朱这些人作用比较大，影响了近古 1000 年的时间。

我从宏观上做了这样一个划分，用儒家的杰出人物作为主语，根据他们的思想的影响划分时代。

表 6-1 儒家、理学发展三阶段简表

时代划分	儒家人物	道统相承	影响朝代	影响时间
上古时期	姚、姒、子、姬	尧→舜→禹→汤→文→武→周公	虞、夏、商、周	1800 年
中古时期	孔、曾、思、孟	孔子→曾子→子思→孟子	秦汉—隋唐	1500 年
近古时期	周、程、张、朱	周子→二程子→张子→朱子	宋代—清代	1000 年

第一段：上古时期——姚、姒、子、姬

我们先讲第一段。第一个时段是上古，这一段我们稍微陌生一点儿。

北宋的时候有个学者，邵雍（谥康节），留下一部书叫《皇极经世书》，讲象数的，比较神秘，我们看起来似懂非懂的。邵雍在苏门山里修道，多年不下山，"寒不炉，暑不扇，夜不就席者数年"（《宋史·邵雍传》），冬天可以躺在雪地上睡觉，可见这个人有道行。后来他到了洛阳，在洛阳城外挖了一个地窖，一半地上一半地下，像窝棚一样的地方，他就把这个地方叫作"安乐窝"，至今还在，称为邵雍故居。

邵雍和二程是好朋友，但邵雍是象数易学一派，二程是义理易学一派。邵雍在那个地窖里边点上蜡烛，弄了很多小木棍，在里面演算中国的历史，演算的结果写在《皇极经世书》中。我们今天的学者不可能相信他，在地窖里点着蜡烛，拿小木棍算出来的，能相信吗？但是他算出来的结果跟李学勤先生主持的"夏商周断代工程"得出的数据几乎一样。他是怎么算的？现在挖出死人的骨头，挖出很多陶片，拿到北大物理大楼，放在粒子加速器里面，测量衰变，那种利用碳十四探测技术得出来的数据结果，跟邵雍在窝棚里算出的差不多，这也真的令人不可理解。历史上就有这么一个人，这个人就把中国的历史划分得特别整齐，也挺有意思的，其实也是一种历史哲学。

邵雍的历史哲学解释中国的上古阶段，叫作"皇帝王伯"。"皇"是三皇，"帝"是五帝，"王"是三王，"伯"是五霸。三皇、五帝、三王、五霸，总称为"皇帝王伯"。这个结果是和《周易》相配的，是跟天道的循环配起来的。这种解释很整齐，作为一种历史哲学，很有道理。历史演变是一代不如一代，三皇境界最高，然后是五帝，然后是三王，最后是五霸，一代一代下来。

三皇——太皞伏羲氏、炎帝神农氏、黄帝轩辕氏。

五帝——黄帝、颛顼、帝喾、尧、舜。

三王——夏禹王、商汤王、周文王和周武王。

五伯——齐桓公、晋文公、楚庄王、吴王阖闾和越王勾践。五伯就是五霸，"伯"读作"霸"。

夏、商和西周合称"三代"，三代有三王。前面再加上虞舜那一代，就是四代，虞、夏、商、周合称四代。再加上唐尧那一代，就是五代，唐、虞、夏、商、周合称五代。所以古人有三代、四代、五代的说法。

虞舜这个时代，他的姓是姚；到了夏代的时候，是姓姒；到了周代的时候，是姓姬。古代的姓都从女旁，只有中间的殷商，他的姓是子。子就是燕子，《诗经·商颂》说："天命玄鸟，降而生商。"家燕在《诗经》那个时代称作玄鸟。殷商人认为自己最早的男祖先是玄鸟生出来的，所以这个民族的姓是子姓。所以虞、夏、商、周四代，有四个姓，合称"姚、姒、子、姬"。

有社会学家说商民族是"鸟图腾"，这个说法不准确，但是比较生动，便于理解。别的朝代都认为自己最早有一个男祖先，一个女祖先，男祖先留下世系，女祖先留下血缘，姓是血缘的标志，所以姓大都从女。殷商最早的男祖先是契，女祖先是简狄，但更早的祖先是一只鸟，是一只燕子，所以他们的姓很特别，姓子，"子"是一只小鸟，长着一个小圆脑袋、一个身子、两个翅膀。殷商是东夷民族，社会学家说东夷是环渤海分布的民族，这一带的人都信仰鸟图腾。

三代、四代、五代的第一个时段，是中国古代的黄金时代，既是社会伦理的开端，也是王政道统的开端，还是中国学术的开端。所有与文明有关的元素，都在这个时段高调亮相。这个时候虽然儒家的名称还没有出现，但是儒家的思想学说的内容已经出现了。所以在《中庸》里边，子思说自己的爷爷孔子是"祖述尧舜，宪章文武"。后来到了汉代，时代变了，于是又延续了一句话。我们看《汉书·艺文志》给儒家作定义的时候是怎么说的，它引用了《中庸》里边"祖述尧舜，宪章文武"这句话，后面又加了一句，说"儒家者流，祖述尧舜，宪章文武，宗师仲尼"。不仅溯源于尧、舜、文、武，到了汉代，还应该师法孔子，孔子以后是一个新时代。

所以第一段我们就说它是"虞、夏、商、周"，或者叫作"姚、姒、子、姬"。这个时代就是六经的时代，也就是王官之学的时代。关于这个时代，流行一个说法，后代把他们的思想学说称作是"唐虞之道"，或者是"尧舜之道"，用人名来说是尧舜，用时代来说是唐虞。

这个时代从尧舜算起到孔子大概是 1800 年。也就是说，第一个时段是姚、姒、子、姬的文明推动着社会的进步，推动了 1800 年，一直到孔子那个时代，它相对地衰落了，礼崩乐坏，然后从孔子再开始第二阶段。

第二段：中古时期——孔、曾、思、孟

第二个时段就是中古时期。我们说第一个时段"虞、夏、商、周"，用姓氏表示是"姚、姒、子、姬"，我们承接着先人的恩泽，起码要知道是谁。如果用"姚、姒、子、姬"四姓来做第一段的称谓的话，第二段刚好就是"孔、曾、思、孟"。

"孔、曾、思、孟"这个时候是东周时期，周文疲弊，礼崩乐坏，王室夷陵，王官失守。这个时候就有一群人崛起，我们也可以叫作学术集团或者政治集团，开创了"孔孟之道""仁义之道"，于是又影响了此后一直到中古时期 1500 年的历史进程。

"孔、曾、思、孟"的思想对后世的影响大概是这样一个年数。

我们说一种思想、一门学说，它对周围发生影响是肯定的。我们每一个人对周围都有影响，但影响的大小可是有很大差别的。大人物就影响得大一点，小人物就影响得小一点。那么一种思想、一门学说，能影响 5 年、10 年，比较容易；50 年、80 年，就不容易了。如果影响 500 年、800 年，就非常难了，不太容易想象了。我们说一个人的思想能影响多久，一个领导在位只有 5 年，5 年一到就换人了，任期还没到的时候当然有影响，但卸任以后还有影响就不太容易。退休之后、去世之后还有影响，这个是非常难的。那么从孔孟到濂溪，这之间又过了 1500 年，而且至今还在影响着我们，影响很大，而且还是正能量的，这真的很了不起。

一种思想怎么样让它不变形，一直发生很积极的正能量，推动社会的进步，这应该是一个难题。历史上基督教有旧教、新教，有宗教改革，后世必须修正以往陈腐、固化的思想，为其注入新的生命活力。所以到了周敦颐，就有一个新的问题出现，就是怎么修正以往走偏了的儒家思想，修正"姚、姒、子、姬"，特别是修正"孔、曾、思、孟"，所以就有了第三个时段。

第三段：近古时期——周、程、张、朱

第三个时段就出现在五代衰世之后，人伦致败、鲜廉寡耻、斯文扫地的困境下。天运将临，人才辈出，著名的儒者在两宋期间纷纷涌现，其中最正统的是"周、程、张、朱"。"周、程、张、朱"其实是五个人，周是周敦颐（世称濂溪先生），"程"是二程兄弟，"张"是张载（世称横渠先生），"朱"是朱熹。2017年刚好是周敦颐诞辰1000周年的纪念，他是公元1017年出生的，那一年正好是天禧元年。2020年是张载诞辰1000周年纪念。从周敦颐、张载出生算起，到今天是1000年了，差不多已经影响我们将近1000年之久。这个时段就是中古时期儒家复兴的阶段，儒家在这个阶段叫作理学，或者道学，或者心学。

按照我们这种简化的思考，中国儒学的发展是有这样一个三段式。上古、中古、近古，一共加起来有4300多年的儒家文明史。结合现在历史学的考古发现，我们说尧舜那个时代离今天大概是4300年，那么这4300年以儒家为主线的文明就是这样走下来的。通过这样一个走向，我们就知道宋明理学在历史上有这么一个重要的位置，它走了1000多年，而在影响1000多年以后，一定会开出新的形态。

在整个儒家文明的进程中，孔子做了第一次更新，周敦颐做了第二次更新。这里有一个历史不断变迁、文化不断更新的过程。从这一点来讲，我们要历史地看待宋明理学，它确实顺应了历史的变化，它就是符合历史变化规律和发展趋势的一个学派，而且它还会继续推动中国文明的进程，还将继续做出伟大的贡献。

3. 道统

我们还可以补充一下前面所说的儒家理学发展三阶段简表。因为子思的时候说"祖述尧舜，宪章文武"，汉人比子思多加一句话说"宗师仲尼"，那么我们今天也要比汉人再多加一句关于周、程、张、朱的话，是不是可以是"近尊周、程、张、朱"，最后道统相承可以表达为四句话，具体如下表所示。

表 6-2　儒家道统相承表

道统相承			
祖述尧舜	宪章文武	宗师仲尼	近尊周、程、张、朱

我们现在说起来，尧舜、文武、仲尼跟我们是一条线的，道统一脉相承的，但是越远可能吸收起来就越难，越近吸收起来就越容易，所以距离我们最近的，应当引起特别的关注。距离我们最近的就是周、程、张、朱。

我们如果愿意承接儒家的道统，那么在祖述尧舜、宪章文武、宗师仲尼之后，需要再加上关于周、程、张、朱的一句，"近尊周、程、张、朱"，这是必然之理。是加"近尊"两个字，还是加别的两个字？我没想好，暂时就加"近尊"两个字吧。

三　"存天理，去人欲"的观念——承接《乐记》

1."灭天理而穷人欲"

宋明理学的思想学说中，一个重要主张就是"存天理，去人欲"，这个主张其实是跟着孔子来的。宋明理学有很多著作，我觉得它的根本主张就是"存天理，去人欲"。朱子说："圣贤千言万语，只是教人明天理，灭人欲。"

这个思想是从哪来的？是从《礼记》的《乐记》篇来的。

《乐记》中批评人类的一种逆反的倾向，叫作"灭天理而穷人欲"。人类正确的倾向是"人化物"，是人类通过后天的不懈努力，佐助天道平衡，帮助万物进步，所谓"赞天地之化育"。人类逆反的倾向，是"人化于物"，是人性反过来被物性征服了，人类"异化"，物欲无限膨胀，万劫不复了。

《乐记》说道："人生而静，天之性也；感于物而动，性之欲也；物至知知，然后好恶形焉；好恶无节于内，知诱于外，不能反躬，天理灭矣。"认为人类从"性之静"走到"天理灭"，有三个步骤——"性之动""知知""好恶"。

《乐记》又说："夫物之感人无穷，而人之好恶无节，则是物至而人化〔于〕物也。人化〔于〕物也者，灭天理而穷人欲者也。"认为存在"人化物"与"人化于物"两种截然相反的倾向。《乐记》原文"人化物"应当是有脱文，应当补正"于"字。人类不好的倾向是"人化于物"，也就是"物化人"，人类被物质所异化。反之，人类正确的倾向则是"人化物"。

《乐记》最后又说："于是有悖逆诈伪之心，有淫泆作乱之事。是故强者胁弱，众者暴寡，知者诈愚，勇者苦怯，疾病不养，老幼孤独不得其所，此大乱之道也。""人化于物"以后，结果会怎么样呢？那么就是迷失本性、泯灭天理，就是缺德、没良心，就是人类失序、社会大乱。"强者胁弱，众者暴寡"这几句，就很像清末翻译进化论的"弱肉强食，适者生存"了。

《乐记》原文"灭天理"，"灭"是泯灭、毁灭、消灭，两千年前古人已经知道人类有这种能力、有这种危险。"穷人欲"，"穷"是穷尽、无尽、无限，是极端的、不可能的指向。

那么与此相反，就是要收拾人心，维护天道，保护万物，于是儒家就提出"存天理，去人欲"。世俗要灭天理，儒家就要存；世俗的人欲无限膨胀，儒家就要逐渐剥离。"去人欲"又称作"遏人欲""节人欲""抑人欲""灭人欲"，大概都是逐渐剥离、损之又损的意思。

《乐记》批评"灭天理而穷人欲"，说人类这样子不对。于是宋儒反过来说，正确的选择应该是"存天理而节人欲"。所以宋儒不是平地而起、突然爆发的，宋儒只是阐发了先秦儒家的一些看法，这个看法就体现在《乐记》里面。

所以《乐记》这一篇应引起大家特别的关注。古代六经之一的《乐经》没能保存下来，而《乐记》是孔子师生讨论《乐经》的文献，《乐经》本身亡佚了，而这篇讨论还在。本来谈乐的文献剩下的不多，所以保存在《小戴礼记》中的《乐记》一篇很是珍贵。《荀子》中有一篇《乐论》，跟《乐记》内容差不多，《史记》中有一篇《乐书》，也是抄自《小戴礼记》的，可见《乐记》影响之大。

《乐记》顾名思义当然就是讨论人类怎样获得快乐的。这里的"乐"不是指某一个人，而是指全人类、全天下的人获得快乐幸福的一种方法，《乐记》是专门讨论"快乐""欢乐""歌舞""幸福"这样一些问题的文献。也就是说，我们可以用音乐的办法，用乐舞的办法，用一种特殊的柔性的教化来获得快乐。从表面上看，《乐记》所讨论的其实就类似我们现在的流行歌曲、街舞、韩剧这些形式，不过《乐记》的讨论是基于哲学的、深及人性的。

其实古代礼乐教化的形式就相当于我们今天的流行歌曲和韩剧。古代的乐舞、雅乐、乐府已经失传了，古代作品只剩下一部《诗经》，晚近的作品只剩下一些地方戏曲，那么流行歌曲、影视剧等就取而代之。不过，现代占据了人们的"快乐"的流行歌曲和影视剧，已经不再是"教化"的范畴，刚好相反，它是物化、商业化的一部分。

古代的《诗经》和现代的流行歌曲、影视剧是对等的，不过性质完全不同。《诗经》是王官的职守，现代流行歌曲、影视剧恰恰是王官失守。

古人早就对"快乐"问题有过透彻的探讨，说一定将来会有一种东西，它的形式像流行歌曲、影视剧一样，它的内容像《诗经》一样，而操作过程像王官之学那样，由此带给人们一种向心力，平衡人们的心理情感。因为社会是有等差的，但是"快乐"没有高低贵贱，天下同乐，四海一家。换言之，要让社会做到天下同乐，四海一家，也只有"快乐"。

《乐记》这篇文献就是从人性的根本处开始，分析人类快乐的根源，分析人为什么要快乐，人怎么样才能快乐，人性的本质是什么，人类的欲望是什么。

首先，"人生而静，天之性也"。人的天性是静，这是一种抽象的、本性的、哲学的状态，你也可以说这种静就是善。"感于物而动"，生下来以后有了感觉，所感觉的东西都是外物。"感于物而动，性之欲也"，人有感知外物的能力，这种能力是一种发乎本性的能力，叫"性之欲"。"物至知知"，"知知"读成"智知"，一接触万物，人的聪明智慧便有了知觉。"然后好恶形焉"，有了知觉之后，又分出喜恶来了。"好恶无节于内，知诱于外，不能返躬，天理灭也"，喜恶来了以后，就是恶性的发展，打破了天理的平衡。关键是失序、失衡，关键是人类没有自我调节的能力。内心的喜好没有节制，外面万物的引诱无穷无尽，自己又没有平衡的能力，不能返回自我的本性，没有能力调整自己。于是怎么样呢？只会往极端发展。打破了天地万物的平衡，最终"天理灭"矣，一个美丽的"阿凡达"的星球被人类毁灭了。

"灭天理，穷人欲"之后会怎么样？以后就有种种可怕的事情发生，"强者胁弱，众者暴寡"，就是我们前面说过的丛林法则、草原法则。"弱肉强食"是动物的生态，游猎民族打猎为生，谁打赢了谁就是真理，谁是胜利者谁说了算，在掠夺中是没有道德、谦让、羞惭可言的。那么到了这个时候，如果世界是有秩序的还好，一旦世界变得没有秩序，"疾病不养，老幼孤独不得其所，此大乱之道也"，最乱的时候那就是人吃人，人类灭亡人类自己。这是《乐记》从人的本性出发做的一个推论。

2."存天理，去人欲"

宋儒就把这种思想在后世做了进一步阐释与延伸，在这一点上谈得特别多，但千言万语，最终的核心理念还是一句话——"存天理，去人欲"。有时说"去人欲"，有时说"遏人欲"，还有说"抑人欲"，在话语的表达上，程子、朱子说得比《乐记》还狠。

程子说过"人心即人欲，道心即天理"，看这句话就想起三圣心传了。"道心惟微，人心惟危"，什么是人心？人心就是欲望。什么是道心？道心就是天理。朱子也说过，"此心纯乎天理，而无一毫人欲之私"。我认为三圣心传的"人心"和"道心"之间体现着的是一种张力，此消彼长，而程朱认为二者是截然对立的，有道心则无人心，有人心则无道心。"纯乎天理"是百分之百的天理，"无一毫人欲之私"是连百分之一的私心都没有，要去除、节制、遏制到这个程度才行。稍微有一点儿欲望都不行，不是尽量抑制，是完全不能有！一丝一毫都不能有，一根毫毛那么一点儿欲望都不能有！

这里我们也可以引两句老子和庄子的狠话。庄子说过这样一句话，即"其嗜欲深者，其天机浅"。谁的嗜欲深，谁的天机就浅。天机就是道心，谁嗜欲多，谁离天道就远，就是说"嗜欲"和"天道"是相反的。老子的话我前面说过了，他说："为学日益，为道日损。损之又损之，以至于无为。"他说有两件事，一种是为学，一种是为道，它们是两码事。为学应该日益，为道应该日损，是不同的两个方向。学习知识是越来越增多，学道是越来越减少。怎么减少呢？"损之又损之"，一次又一次地减少主观意见与个人私欲，直至达到纯粹自然的婴儿状态。达到婴儿的纯真状态那就是道家的最高境界了，这个时候"以至于无为"，没有任何人为的东西了。

我们这里讨论宋明理学的一个基本主张，我觉得在今天我们好像也最需要这句话。宋朝的老百姓需要不需要这句话还真不好说，反正今天是最需要这句话，因为今天是一切"向钱看"，人欲最膨胀，莫过于现在这个时候。现在贪官穷奢极欲，有些甚至把人民币铺在床底下睡觉，这种神经病似的病态，真是欲望到了最膨胀的时候，而"天理"早就离我们而去。

3."饿死事小，失节事大"

说到这儿还要提起一句话，就是新文化运动时候反儒家，说礼教吃人，仁义道德吃人，其中有一句话是社会上一直痛恨的，就是

"饿死事小，失节事大"。

鲁迅先生写过《吾之节烈观》这篇文章，批评中国的儒教、礼教、宋明理学压制妇女，主要依据就是理学家说的这句话——"饿死事小，失节事大"，字面意思是宁可饿死也不能失节，可以饿死但是不能失节。认为在这种观念约束下，很多妇女都自尽了，理学就这样戕害人的生命。

这句话出自《程氏遗书》卷二十二，这里面载有程颐与某人的一段对话："或问：'孀妇于理，似不可娶，如何？'伊川先生曰：'然！凡娶，以配身也。若娶失节者以配身，是己失节也。'又问：'人或居孀贫穷无托者，可再嫁否？'曰：'只是后世怕寒饿死，故有是说。然饿死事极小，失节事极大。'"这是"饿死事小，失节事大"的原始出处。

但实际上，即使程颐自己，也并未尽遵所言。他的外甥女丧夫之后，他怕姐姐过度悲伤，就把外甥女接到家中，然后再嫁给他人。（杨畅按：到了南宋，女子再嫁仍很普遍，比如大家都很熟悉的李清照改嫁张汝舟、唐婉再嫁赵士诚，在当时并未引起非议。当时的最高统治者也不歧视再嫁妇。据《西湖余志》载，孝宗年间有一妇人，先嫁单氏，生了一个儿子，后改嫁耿氏，又生了一个儿子。后来，两个儿子都做了大官，此妇死后，两个儿子因争葬相持不下，最终由孝宗出面为二人葬母，成为一个佳话。）这种事在宋代是经常出现的。宋儒确实说过这样的话，但一定是话里有话，一定是有它的语境，是在一个特殊的背景中提出的。

程颐并不是说，在任何情况下，只要女人失去了丈夫，就不能再嫁，一再嫁就算失节，与其失节还不如饿死。不可能的，宋儒那么聪明的人，那么有人文关怀的人，怎么可能做这种事！实际上二程就帮助过自己的外甥女出嫁，要知道婚姻嫁娶是大事，程颐帮助姐姐嫁女要花很多钱，是并不轻松的。

我读古书的感觉是这样的，如果我读不懂古书的记载，我就想办法让自己理解，我觉得古人比我们聪明，也比我们高尚，所以最好不要动辄怀疑古人、评判古人。有一个基本事实就是，在我们怀疑古人、评判古人的时候，古人古书依旧，而我们今天就在我们所怀疑、所评判的地方，却变得越来越欺伪、越来越恶劣。

那么，程颐这句话究竟是对谁说的呢？他是对士大夫说的。大家知道中国人说话的习惯，有时男人说话，模仿女人的口吻，有时是模仿男人的口吻说女人的话。比如男性文人写一个爱情主题的诗歌，他写作的对象可能不是一个年轻女人，真实本意是对自己的君王效忠。屈原留下来的楚辞传统，"灵修美人，以媲于君"，就是用美人暗喻自己的君王，说美人忠于自己的感情，其实就在表达士人自己对国家的忠诚。

（杨畅按：我们古代的社会是宗法社会，在那种制度下生活，家、国、个人是一体的，个人的得失是没有意义的，小到家庭，大到国家，个人尤其是知识分子都有着一种社会责任感，儒家的政治理想也是"修身、齐家、治国、平天下"，所以君臣之间是有情分存在的，不被重用的感觉自然就像失恋一样苦闷，而大批失意才子将郁结的心情抒发在文字上，通过移情，产生了大量优秀的文学作品。而移情，经常是比附男女之情，是因为君臣和男女所处的位置很像，就像阴阳乾坤一样。君主、男性父亲往往处于主导位置〔阳〕，而臣子、女性、儿子往往是被动的〔阴〕，这也可以解释"臣""妾""子"可以两两搭配，用作"臣妾""臣子"了。——摘自《潇湘答问录》）

这种男人以女人的身份表达爱情的作品，基本上全是用来讲忠君爱国的。常有男性作家写《贫女》，说一个女人很穷，在家做针线养活自己，别人想给她一点钱让她屈服，她不愿意，便表明心志，宁可贫穷，也不会勉强嫁给不喜欢的人。类似这样的"贫女"主题，历代写了很多，其实不是说真的遇见了一个贫女，勤苦又忠贞，然后为这个女孩子写一首诗，他的用意其实是想要表达：自己即使得不到社会的重用，也不会降低自己的人格底线。这在我们的文学作品里面是一个常用的套路，经常是这样写的，所以这句"饿死事小，失节事大"其实不是真的对女人说的，而且也不是在正常状态说的，是非常状态的语境。

什么是非常状态？比如说家里边出了事故，先生不在了，女人守寡了，那么该嫁就嫁。但比如说好好的一个女人，不幸遭遇了突发事件，被人威胁逼迫，在这种情况下当然又不一样，在别人侮辱你人格的情况下，是不受屈辱，还是苟活下来，当然也是一个选择。有人选择宁可舍弃生命也要保全名誉，甚至有些女人被人摸一下，她就不活了。欧阳修表彰的人就是那样，一个寡妇带着自己的儿子去住店，住店的时候，店老板可能拉拉扯扯地说，你在这间，你在那间，反正碰到她的手了，她当场就用刀把自己的胳膊给切掉了。她就是这种品性。有这样一种人，在遇到了外界突然的非常态的干涉下，愿意保持自己干干净净。我们不是要所有人都跟她一样，但至少我们对这种人要心怀敬意，可能的话要加以表彰。所以欧阳修就专门给这个女人作了一个传。

女人对男人忠贞，和士人对君王忠贞，这个道理是一样的。士人们平常一会儿跟着这个上级，一会儿跟着那个上级，也就算了，但是到了国破家亡的时候，到了北方异族入侵中原的时候，情况就不一样。在这个时候，明明打不过，宁可牺牲生命，也不能投降背叛。常态和非常态的态度是不一样的。程颐这句话，指的是非常态，指的既是一些女人，更是朝廷的士大夫。这句话是说给士大夫的。结果怎么样？结果真的在宋亡的时候，有不少士大夫为国君而死。这是一种正当现象，这种现象值得表彰。不能说逼大家都去寻死，但是他既然重视自己的名节，那就一定要表彰他，一定要推崇他。"饿死事小，失节事大"是在这样一种语境下提出的，所以程颐这样说当然是对的。

"公所事者且十主，皆面谀以得亲贵"，看看民国间，有多少人不是叛来叛去、反复无常的。我们猛烈批评程颐的这句话，其实是误解了程颐的真正用意，他是针对类似民国时期的政治乱象才这样说的。

四　"时中""中庸"的概念

1. "时，四时也"

我稍微说一下"时间"的概念。这里说的时间，具体指的就是一天 24 个小时，这 24 个小时是怎么定下来的？是英国的格林尼治天文台定的，也可以说是一个世界的时间。可是大家知道"时间"的"时"古人怎么讲吗？"时"这个字中国古代也有，古代一天十二时辰，跟现在的 24 小时也都对应，一个时辰对应两个小时。

古代有时辰，现在有小时，"时"这样一个概念我们现在用得很普遍，也不觉得有什么特殊之处，时间就是时间。但是如果我们查《说文解字》，可能会吓一跳。《说文解字》说："时，四时也。""时"不是指的十二时辰，不是指的小时，"时"是四时，四个"时"简称为"时"，"时"本身就包含着四时。四时是什么呢？当然就是四季，所以"时"的本意就是一年四季，春夏秋冬，也就是天道。所以"时"就是天道。我们古人的"时"不是与"小时"同类的词，是跟天道循环接近的一个概念。

"时"的概念在中国古代有很深的哲学含义，它不是完全物理的、牛顿式的定义，类似均匀流淌的一个什么东西就那样过去，不是这样子的，而是偏哲理的一个字。我们读《易经》，《易经》里讲的特别多的就是"时义"。时间的意义叫作"时义"。其中讲到某些卦的时候，会说"时之义大矣哉"，就是时间的意义在这一卦里表现得很重大。叹道，叹时，感叹时间的重要性，在《易经》里有好几卦都是这样的意思。通过这样的表述，我们就知道中国古代先贤非常关注时间的变化。《易经》就是"变化之经"，而变化自然少不了时间的维度。

这里我讲一个例子，就是庄子说什么是"道"。儒家很重视六经，可庄子说六经不是"道"。六经是三代、四代、五代的"道"，到了春秋战国的时候，三代、四代、五代已经过去了，就像一辆马车，它已经开走了。我们没有看到那个马车，因为我们不是一个时代的人。车子开过去了，留下来的只是马车的车辙，道路上的车印子。儒家的六经就是三代、四代、五代时候的车印子。这就是说，你不要完全看重六经的文本，因为它们只是车印子，真正的"道"在哪儿呢？"道"已经滚滚向前了，历史洪流已经滚滚向前了。

这里边就是说一定要有一个"时"的问题。六经是"道"，但它是三代、四代、五代时治理天下的"道"，而今天一定要有今天的"道"，所以一定要有时间的坐标、时间的参数。在任何真理面前，如果没有"时"的前提条件，就没法判定它是否是真理。一个真理在一个时间段上考量，如果合适就是真理，如果不合适，过时了或者提早了都不行。所以你看孔子追求的是什么？他知道有三代之英，可是他不追求，因为那已经过去了，历史已经变了，条件变了，不能硬追，所以他不追求尧、舜、禹，他追求的是周文王、周武王，他崇尚周公。周公比尧、舜、禹要晚，尧、舜、禹是天下大公，天下大同，而周公是天下为私，天下小康。孔子宁可追求小康，也不敢追求大同，那个车开过去，他赶不上了，这时候"时间"就起作用了。我们不能不考虑时间的意义，不能说某某完全是一个抽象的真理，一定要放在时间的维度上加以检验。

2."允执厥中"

还有我们读四书，必定要读《中庸》。《中庸》这篇文章说"中庸"很伟大。

我们上次讲了十六字三圣心传，侧重讲前面两句，后面没太细说，但是大家一看就懂。"惟精惟一"就是要尽心尽力，要"絜静精微"。然后你要"允执厥中"，这就是"中庸"的意思。"厥中"就是"持守于中"，"中庸"就是"用中"，这当然是一个意思。所以"中庸"的思想在三圣心传的十六个字里边就已经出现，后来子思又专门写了这篇文章叫作《中庸》，追溯了前代的十六字心传，二者是前后呼应的。

"允执厥中"在三圣心传这里所代表的"中庸"思想是很伟大

的，可以说是治国的一个窍门。到了子思这里，当然也认为"中庸"很伟大，但是在《中庸》一书中，我们看到的是，他从头到尾不是在讲"中庸"怎么伟大，怎样实现"中庸"，而是讲"中庸"怎么麻烦、怎么难办、怎么办不到。"中庸"根本没有任何普通人做得到，普通人怎么做也做不到。他是讲这个意思，他一直在感叹"中庸"再也实现不了了，再也遇不到了，谁都办不到了，连他的爷爷孔子也做不到中庸。为什么呢？因为时间变了，时间变成另一段时间了，历史变了，环境变了，新的问题出现了，需要顺应新的历史环境，应对新的历史问题，这个谈何容易！效仿古人相对来说就容易，无须考虑现实问题，借鉴古人的做法就好了。但要真的能够随时随地顺应时代的变化，应接不断出现的新问题，这个是太难了。懂得原理容易，效仿古人也容易，应对现在和将来变化是很难的，所以"中庸"是一个难题。

到底难在哪儿呢？"中庸"之难，不在于在一个平面里面测量两端的距离，从而找到中央的位置，而是难在要在一个有时间维度的河流里边找到和保持中央的位置，也可以说是在四维时空里找到和保持中央的位置。平面、静态的容易处理，而这个是立体的、动态的，这种空间的运动就不容易处理。立方体我们过去就叫"六合"，东南西北、天地上下，就是一个盒子。六合就是宇宙，就是四维时空。在四维时空里边，我们寻找"中庸"的定义，这是最难的。所以"中庸"具体解释为"时中"，就是"随时而中"。"中庸"本身，你把它看成平面的就简单，但它不是平面的，它是动态的、立体的、随时的。

3. 不系之舟

"中庸"就是"时中"，具体地说是"随时而中"，就是无时无刻不在中央。比如我们今天上午在湘水边看朝阳岩，我们在湘水上划一只小船，我跟你说要"随时而中"。那么好，现在你要找河的两岸，测量那边多远、这边多远，终于找到了中央的位置。但是过一秒河流弯着走了，因为两岸不是人工的水渠，而是自然形成的、弯弯曲曲的，这边缺一块，那边多一块，你还不得不再量。再过下一秒你还要再量，你需要随时而中，这就很麻烦。

　　大家知道东岸是老城，水流比较平缓，那么沙子就停留在东边河底，而西岸是山，水遇见山就往山根底下冲，结果越冲越深，水底就形成了深沟，元结的诗"朝阳岩下湘水深"，写的就是这个实景。那边河底浅，这边河底深，河道还弯弯曲曲，两岸还宽窄不一，请问你怎么居中？那边河流平缓，这边水流湍急，河水表面温暖，河水下面清凉，请问你怎么居中？所以你随时随地都要调整，这个就非常难。

　　我们古代的哲学家特别喜欢拿划船说事儿，渔父"驾一叶之扁舟""泛泛乎若不系之舟"，划船本身没有什么复杂的，关键是这只船不能划，要漂在水里边，和水流同步，还要随时居中。用桨一划，就有人为的东西在里面，所以不能用桨，在自然的流水冲击之下，容与中流，随时居中，那得是多高的一个境界！为什么古人用船来隐喻一种高妙的道，而不是用车？车马你打一鞭子，啪嗒啪嗒地跑，那个很无聊、很外在，但是船上不着天、下不着地，它浮着，浮在宇宙之间，最好别动它，它就顺着自然的水流自由地走，河流走到哪儿它也冲到哪儿，我们称为"不系之舟"，在这个位置上是最高的。这个时候才好体会你是不是随时而中，体会你心中的"道"。

　　所以古代儒家也好，道家也好，政治家也好，隐士也好，经常会说到船在水中，船只越小越好，船桨越不划越好，让它自然而然地漂荡着走，这本身就是一种追求"随时而中"的景象，也就是在"道"的背景上寻找真理的一个画面。

　　划船当然不用桨，但一定是有人的。是有人在场的，但是人又不是躁动的。这个人靠什么生存下去？他需要打鱼，而打鱼一定是用钓钩，而不是一网一大堆，不要那么贪婪。钓鱼时的最高境界是不用鱼饵，也不用鱼钩。渔父在讲什么？讲的就是人与万物的关系、

人与天道的关系。自然而然是最符合"中庸"之道的，一有人为的
东西本身就不是"中"，一切随缘就好。

乘不系之舟，独钓寒江，观自然，观自在，体会和万物之间的
关系，这个叫作"时中"。要想到把一个"中"放在时间和空间两个
尺度里边随时随地而变化，就特别妙，也特别复杂，这个叫作"时
中"。所以，时间可以说是哲学上一个很重要的概念。

法家也特别注重讲"时"，"不期修古，不法常可"，就是顺应
历史的变化，来推动社会的变革。所以说我们中国人，不管是儒家、
道家还是法家，都是特别能适应历史变化的，绝对不是泥古不化的。
他们的整个精神境界中就带着"时"的元素，带着"时"的观念，
他们一定是擅长变化的。

我们看《易经》这本书，"易"本身就是变化的意思，《易经》
就是"变经"，就是专门的"变化之经"。世界上其他民族有这样的
《易经》吗？只有我们中国人有"变化之经"，我们是专门研究历史
的变化、人文的变化的，所以历朝历代都知道怎么处理历史与现实
的关系。所以将来中国人用本土的文化来迎接世界的变化，我觉得
本来就是很轻松的事，而且以后一定会处理得非常好，因为中国文
化的血液中就埋藏了时间性，本身就擅长变化。

我们在学哲学的时候，有一个分支叫历史哲学。这个分支也挺
有意思，它是把历史跟哲学结合起来。历史就是哲学，哲学就是历
史，然而历史本身又有哲学，不只是抽象的知识中有哲学，历史中
也有哲学。黑格尔有《历史哲学》，后来斯宾格勒、汤因比、雅斯贝
斯对人类历史的认知，都是一种历史哲学，就是在历史的宏观背景
下分析全世界各个民族发展的规律性。中国人其实也是在这方面特
别用心地做过一番思考，宋人讲历史哲学的尤其不少。

4. 简化、抽象化的思维过程

宋明理学的出现还有一大标志，就是简化、抽象化的思维模式。
宋明理学是三代经学、晚周儒学的简化、抽象化，也可以说是"思

维内卷"，与此同时呈现出更加明显的政学分化，也可以说发生着"政治外卷"。

宋儒对经学、儒学是怎么更新的呢？孔子曾经更新三代、四代、五代的学问，就是"删定"王官之学，成为六经。宋儒又是怎么更新孔、曾、思、孟的学问呢？基本上走了同一个模式，就是删定六经，成为四书，用四书取代五经。宋儒把四书重新做了梳理，然后重新包装，用这个来取代五经。如果学有余力，就读五经；如果没有余力，只读四书也行。

那么相对来讲，四书简单一些，五经复杂一些。四书离读者近一点儿，五经离读者远一点儿。为什么呢？因为四书讲抽象义理讲得多，抽象义理是人人都可以学习的，而五经讲名物讲得多，而名物是很容易过时的。比如孔子那个时候钟鸣鼎食，吃饭弄个鼎，这在当时是合理的。

那么到宋代的时候，还用鼎吃饭吗？有点不方便了。名物类的东西过时最快，更新最快，五经里面有大量描述具体事物的内容，学不来，学会了也没处用，于是就干脆舍弃它。而四书里面主要是抽象的义理，这些思想性、哲学性的内容永远不会过时。抽象的东西是有翅膀的，它可以跨越时间和空间，在任何时间、任何地点都可以重新出现。于是具象的名物逐渐被淘汰，抽象的义理逐渐沉淀下来。宋儒在中古时代揭示义理，走的就是抽象化的路子。

这个过程我认为是符合人的学习思维和规律的，因为人的思维总是越来越趋向于简化，趋向于抽象化。具象越复杂，畏难的人越多，学习的人越少；相反，思想越抽象、越简化、越便利，学习的人越多，发生的影响越大。宋儒就有这样一个发展趋势。孔孟的思想比王官的时候简化，宋儒的思想比孔孟的时候简化，再往后，阳明的思想当然又比程朱的时候简化，是有一个抽象化、简单化的趋向在里面。这个趋向是好还是不好，具体怎么分析，暂时不讨论了。

五 周敦颐《太极图》

最后一个问题，我们来看看《太极图》。

我要跟大家说，宋明理学的开创者是周敦颐，而周敦颐就是永州人。以前宋代的时候有永州，有道州，两个州挨着，永州在北边，道州在南边，但是现在把道州变成了道县，归永州管。所以宋代的时候，周敦颐不是永州人，是道州人，但是放在今天他就是永州道县人，在文化资源的分配上，古今有些不同。今天我们在永州，在周敦颐的故里，讲周敦颐的学问，本身就有点特别，有特殊的意义。

在宋明理学主要人物"周、程、张、朱"这个排序里面，周敦颐是排在第一位的，所以我们叫他"理学鼻祖""道学开山"，他是第一个人物。他有两个哲学著作，一个是《太极图》，一个是《通书》。像《爱莲说》之类的文章其实也是哲学作品，当然也很著名，但是他主要的哲学作品就两个，一图一说。这两部作品包括标点符号加起来一共才 4000 字，非常简练，还不够今天一篇期刊论文的篇幅。

周敦颐是理学的开山人物，他在理学的兴起和建立上做出了很大的贡献，当然这个贡献不是靠字数完成的，跟字数无关，一定是跟他的表达、他的概念和命题有关。我们不要看他的内容有多大篇幅，要看他的话说得怎么样。《太极图》中最经典的就是第一句——"无极而太极"。周敦颐就是因为这一句话成为理学的开山鼻祖，由此建立了理学体系。

图 6-1　宋本《元公周先生濂溪集》中的《太极图》

1.“易有太极”

话说回来，《易经》是讲“太极”的，《系辞传》是这样说的：“易有太极，是生两仪，两仪生四象，四象生八卦。”《易经》在逻辑上的第一个概念就是“太极”，太极就是大极，就是最大的极。

“极”字本义是房屋的正梁，房子坐北朝南，房梁也是南北走向，叫作“极”，沿着它一直向北，指向星空，就成了北极。我们可以把天地想象成一个大屋子，这个屋子最大的房梁就是北极。“宇宙”的本义就是最大的房屋，所以道家说天地就是自己的房屋。

宇宙最大的梁叫作太极，就是大极。最大的极究竟有多大？大家可以充分想象。

2.“无极而太极”

《易传》说“易有太极”，然后太极“生两仪”，两仪就是阴阳；“两仪生四象”，四象就是东南西北，也就是春夏秋冬；“四象生八卦”，东南西北再加上东北、西北、东南、西南，四方加上四隅，合起来就是八方。这样我们把最大、最原始的叫作1，1是一个整体，那么后面生出来的就依次是2、4、8。《易经》是这样排序的——1、2、4、8。

但是到周敦颐这里，他改了，“太极”前面还有“无极”，《易经》从来没有谈过“无极”。在周敦颐的《太极图》中，无极就是还没有出现太极的状态，简单的理解就是0。0之后是太极，就是1。1下面是2，2下面他又加了一个五行，就是5。所以《易经》的序列我们简化地说是1、2、4、8，而《太极图》的序列则是0、1、2、5，这就非常不一样了。

那么，怎么解释《太极图》的序列呢？最关键的就是解释0和1的关系，其他的都比较好懂。

《易经》与《太极图》，一个从1开始，一个从0开始，这怎么理解呢？一个东西叫作“无极”，一个东西叫作“太极”，这两者中间的关系最微妙。这中间的关系，周敦颐是怎么说的呢？他用了一个连接词"而"，用这一个字把"无极""太极"连起来，就是"无极而太极"，这就把好多人都弄晕了，朱子没晕，陆子晕了，好多人都弄不懂了。

为什么"无极"和"太极"这两个概念都一起出来了？一个是0，一个是1。一个是什么都没有，绝对的没有；一个是最大的整体，绝对的大有。这两者之间是个"而"的关系，这个"而"字就特别模糊，有点儿似有似无的意思。又想说是，又想说不是，像虚词，又像是实词，模模糊糊的。周敦颐只说了一个"而"字，并且没有说清楚这个字的含义，于是后人解释起来特别地费心思。

"而"常见的意思有"而且"和"而是"，要么是转折，要么是顺承。但是"而"字在早期古汉语中还有一个意思是"若"，就是我们平常说的"若干"，在古汉语里又写作"如干""而干"。"如""若""而"在这里是同义的，所以"而"字就有"若"的意思。"若"就是"像"，"像"就是"差不多是"。

所以"无极而太极"的意思就是"无极差不多就是太极"；那么，反过来也成立，"太极差不多也就是无极"。那么，既然两个差不多一样，就合成一个吧？还不行，一定要分开。既然分开，那么当然就是两个吧？也不行，两个其实就是一个。

是一个还要分开，是两个还要合成一个，这就是老子的那个路子。老子讲"道"，"道"既是无，又是有。无也就是有，有也就是无，无和有都是道，把道分成无和有两边来看，再把无和有合成一个道来看。为什么呢？因为"道"需要这两个方面的观察，一方面"常无"，"欲以观其妙"，一方面"常有"，"欲以观其徼"。

因此，"无极"跟"太极"是一样的。道是无极和太极，一定要分开来说，两边来看。但又一定要合起来看，因为道是一个整体。

《易经》是"阴阳"之学，《太极图》是"有无"之学。

"《易》以道阴阳"，《易经》的基本概念是"阴""阳"，而"阴""阳"是相对的概念，只可互为消长，不可互相取代。周敦颐《太极图》的最高概念却是"无极""太极"，"无极""太极"是绝对的概念，"无极"就是"太极"，"太极"就是"无极"，"无极""太极"是完全等同的概念。《易经》揭示"阴""阳"构成同一的宇宙整体，《太极图》则是强调了这个宇宙整体的绝对性。

3.《太极图说》第一层："太极"

周敦颐《太极图》是五个圆，这五个圆其实是把宇宙看成一个圆柱，形状就很像保温杯。为什么都画成圆形呢？是说它是一个整体，画成圆比较容易表达它是一个整体的意思，画成三角或者四边形就不太像整体了，三角有边界，四边形也有边界，画成一个圆就更能代表一个整体，所以《太极图》由五个圆组成。这五个圆其实是一个整体，只是分成了五个层面，有点儿像把圆柱体按横截面切出五片，分成五个片段。这五个片段都叠起来，还可以拼合成一个完整的圆柱。那么分开是五片，合起来是一个整体的宇宙，就是说天地万物总是一个，不会是五个。一个分五片来看，五片最后还是合成一个。

下面我们分开来看。

《太极图》第一层，就是"太极"。太极就是最大的极，最大的极，"至大无外，至小无内"，怎么表示？更成问题的是"无极"，"太极"之上还应当有一层，就是"无极"，"无极"是绝对的无，怎么表示？《太极图》上面写了"太极图"三个字，其实第一个圆圈里面什么都没有，按理说连名字都应该没有，它是一种理论性的存在、义理性的存在，没有边界，也没有名称，看也看不到，所以他没有说这个圈叫"无极"，因为本身是说不出名字来的。《太极图说》的文字上写了"无极而太极"一句，但"无极"这个圈其实不应该画出来，可是不画出来就不知道有这么一个概念，于是只好画出来，用最浅最细的笔画出一个虚的圈来表示"无极"。它应该是绝对的无，但是绝对的无本身又是存在的，存在的却又画不出来，画出来了又便不是，这有点麻烦，于是他就画了这样很浅很细的一个圆。

4.《太极图说》第二层："阴阳"

第二层就是阴和阳。绝对的无开始分成阴和阳两部分了，阴和阳组成的最大的极就是太极。太极里面不是死板的一块，而是有阴有阳。而且阴和阳还互相环抱，阴外边抱着阳，阳外面再抱阴，重复两次环抱，所以不仅是"阴阳"，而且是"一阴一阳"。这是在告诉大家，阴阳不是静态的，而是动态的，阴阳会一直环抱下去，永远不变。所以在图中它反复抱了两次，一共四次，阴抱阳，阳抱阴，阴再抱阳，阳再抱阴，一直循环下去。阴和阳的这种关系构成了太极内部的结构。

5.《太极图说》第三层："五行"

到了第三层，又分出五行来。金木水火土我们没少讲，图里面金木水火土的布局看起来有点像一个方形，其实应该是个圆形的分布。那么"阴阳"之后，"道"走到哪了呢？先走到水，从水走到木，中间经过土就（从前面）绕一下，所以从水到木有一个弯形的弧线，然后木再往上走，走到了火，火再（从后面）绕过土走到金，金再回到水。土在中央，端居不动。水木火金，"道"就是这样走。水是北方，木是东方，火是南方，金是西方，水木火金，这样走再回到水，也就是北东南西北，这样走了五个路段，这就是"五行"。

《易经》里面并没有讲"五行"，先秦专门有讲"五行"的学问，《易经》跟五行学是两回事，所以《易经》不讲五行，五行也不讲《易经》。而周敦颐把《易经》和五行两种理论合在一起了。为什么要合在一起？为什么要在《易经》的系统里边加进"五行"？可能是因为北宋的时候出现了一个很尴尬的局面，就是北宋五星聚奎，贤人辈出，但是这些贤人有一个问题，就是他们不在一起的时候，每个人都非常优秀，但遇到一起就互相打架。所以王安石主政后，想任用二程，二程却跟他闹掰了，二程的弟子、来过朝阳岩的邢恕也跟王安石闹掰了，三苏也跟王安石不欢而散，王安石和司马光更是水火不相容，司马光后来一主政，就把王安石之前的政策全部推翻了。二程后来也跟邢恕闹掰了，和司马光、三苏的关系也不是很好。

其实这些人都不错，不仅为人好，而且学问也好。但奇怪的是，当年他们在一起就不和，特别是王安石，这个人特别聪明，文章很好，而且这个人的生活作风无懈可击，挑不出任何过错，可就是变法这件事大家不赞同他。该怎么解释这种现象呢？一个好人，他怎么会做坏事？或者反过来说，做出坏事的人，怎么会是一个好人呢？

王安石特别聪明，他希望国家做生意，让国家富强起来，这样反抗北方草原民族也就有力量了。国家怎么做生意？国家有好多的资源和设施，比如说有驿站，驿站快马一天可行千里，知道千里之外的物价，然后就可以调配资金过去，反正老百姓做生意也是做，国家做生意也是做，这样国家就有钱了。这其实是一种合理利用市场来赚钱的方法，没有增加百姓的负担，巧妙地利用国家资源和市场规律，这是特别聪明的，当然这个观念不符合传统。王安石就是天生有经商的头脑，用做生意的方法来治国。从今天来说应该挺能理解他的，但是古人觉得他挺讨厌的。

有一个小故事讲，王安石想多弄点土地出来种粮食，有人说梁山泊有800里，填上可以得到良田，这个事国家可以干。司马光、二程这些人不好明确反对，于是就跟他笑嘻嘻地出难题，说把梁山泊填上，但是土从哪来？王安石说是啊，土从哪来呢？跟司马光编纂《资治通鉴》的刘攽就说，那么就在梁山泊的旁边再挖一个湖，用挖湖的土把原来的湖填上。王安石听了以后哈哈大笑，事情也就作罢。

这个故事源自宋人所撰的笔记小说。邵雍的孙子邵博在《河南邵氏闻见后录》中写道：

> 王荆公好言利，有小人谄曰："决梁山泊八百里水以为田，其利大矣！"荆公喜甚，徐曰："策固善，决水何地可容？"刘贡父在坐中曰："自其旁别凿八百里泊，则可容矣。"荆公笑而止。

再比如邢恕，元祐间贬谪永州，留下不少摩崖石刻。邢恕一生兼涉道、学、政三途，行事介于刚柔善恶之间。他是程颢早期精进的弟子，同门稔称"邢七"，《宋元学案》称"邢尚书"。又曾就教于邵雍，以及出入司马光之门。既得到吕公著的举荐，受到王安石的赏识，父子多与苏轼、黄庭坚、晁补之、张耒、秦观、陈师道交往，又与章惇相投，与蔡确一见如素交。参与册立哲宗皇帝，预谋废黜宣仁太后。身列《奸臣传》，又名登《二程遗书》与《伊洛渊源录》。

所以，对历代党争中的人物怎么看，就是一个问题。大家都是读书人，都是儒家；但是他们彼此不和，互相攻击，甚至互相陷害，耽误国家大事。他们都是君子，不能说是小人，很难简单地评价他们说，不是君子，就是小人。君子是阳，小人是阴，但是显然，在君子中还有更多的类型，在小人中也有更加复杂的因素。我们不能说他完全是阳性的，或者完全是阴性的，完全是君子，或者完全是小人，他本身情况复杂，所以要把他的阴阳属性搭配得更复杂、更多元，才好评价。于是用"阴阳"搭配"五行"，搭配出多种样式，这样一来，评价标准不再是单一的了，没有纯粹的君子或纯粹的小人了。

阳就是刚，阴就是柔，刚柔和善恶也可以搭配，那么就可以有刚善、刚恶，柔善、柔恶，得出多种不同的类型。

周敦颐《通书·师第七》："刚善，为义，为直，为断，为严毅，为干固；恶，为猛，为隘，为强梁。柔善，为慈，为顺，为巽；恶，为懦弱，为无断，为邪佞。"

《太极图》《通书》在"阴阳"中加进"五行"，等于承认了万事万物的多样性，这样它的包容性增大了。如果只有阴阳，那就不够包容，也不符合我们的生活实际。如果君子、小人是坚决对立的，这个是很糟糕的，在现实中也是不太好操作的。

　　所以实际上，我觉得周敦颐是切实感受到了儒家内部党争的这种特殊性，知道对一个人的评判不能简单地一刀切，所以就把它作为《太极图》的第三层，把"五行"加到"阴阳"里面，搭配出多种性格模式来。

6.《太极图说》第四层："乾坤"

　　第四层是乾坤，乾坤也是天地，也是男女。男女这一层里边什么都没画，我觉得原始的图里不应该是这样的，可能丢了东西。如果要画，最好画成什么样的呢？就画成"阴阳鱼"，中间一分为二，但不是直线切出来的两半，而是用曲线划分，表示你中有我，我中有你。图中两个圆心，一男一女，互相环抱，互为消长，彼此以对方的存在作为自己存在的前提。这样画成一个"阴阳鱼"，就很漂亮了。

7.《太极图说》第五层："万物"

　　然后到第五层，"万物化生"的最终阶段，这时万事万物都产生了。因为有了"道"，有了"阴阳"，又有了"五行"，有了"乾坤"，就生出了万事万物，林林总总，多姿多彩，是一个无限多元的现象世界。天地万物的生长繁衍是无限的，"万物化生"，"万"就是多，就是无限，多而再多，永远没有穷尽。这样一个环节，我觉得用白色代表也不太合适，因为万事万物实实在在，最好把它全部都涂成黑色。《太极图》是黑白两色的，"太极"是什么都没有，就是白色；到了最后一层，"万物化生"，什么都有，宇宙充满，所以应当是黑色。

　　《太极图》有五个同心圆，截取了宇宙生成的五段过程，但是它其实还是一个宇宙。

　　这个宇宙，既是"有"，又是"无"。你说它"有"吧，它有一个绝对的"无"的源头，就是无极；你说它"无"吧，它又是实实在在的存在，就是"太极"。所以这个《太极图》仔细品味还是挺有意思的。这里面关键之处就是"无极"和"太极"的关系，它是一个抽象概念上的哲学问题，想想怎么样才能把它解释得更为圆融。

　　之前我们讲过《老子》的第一章，这边又讲到周敦颐的《太极图》，两个人的概念名称不一样，其实原理上是一样的。《老子》中说"无"和"有"的关系，就是周敦颐"无极"和"太极"的关系，可以说老子和周敦颐是英雄所见略同。二人处在不同的时代，用了不同的词语，但表达出来的是同样的形上概念。

　　老子说"道可道，非常道"，庄子"言不尽意，得意忘言"。"无"和"有"的关系确实很复杂，它作为形上哲理，有很深奥的内涵。我认为它至少有八层含义，也可能还有更多含义。

第七讲 考 据 学

可以做纯粹学者，但不可不知大义。

今天下午是第七讲，也是最后一讲，我们来说说考据学。我想先从案例入手，先让大家直观感受一下考据学家是怎么做考证的，这其中有很多优秀的典型案例，我列举了一个清代的，一个民国的。我们先看案例，然后再回过头来看考据学在清代占一个什么样的位置。

一 考据学的两个案例

1. 戴震"光被四表"考

第一个案例"光被四表"考。胡适首先提出来这个案例，出自他的一篇文章《清代汉学家的科学方法》，后来文章改题为《清代学者的治学方法》，这篇文章很有名，里面说到了清代前期学者戴震戴东原的一封信。戴震在和朋友写信往来、切磋学问的时候，谈到了《尚书·尧典》里面的四个字，即"光被四表"。《尧典》评价尧的政绩，说尧的一生很辛苦、很伟大，在他当政的时候，"天下光被四表"。"光被四表"四个字是《书经》里的原文，戴震考证后说这个"光"字可能经历了两次错讹，"光"字本来写作木旁的"横"，后来经过转写，写成了木旁的"桄"，再后来木旁丢了，才变成了"光"。从"横"到"桄"，再到"光"，一次一次错过来，有这样一个过程。

（1）"光"是"显"

这个过程又是怎么一步步被揭示出来的呢？我们具体来看看。首先我们看宋代人的解释，南宋的蔡沈是朱子的弟子，蔡沈给《书经》作注，叫作《书集传》，也叫《蔡传》，蔡沈就把这个"光"字解为"显"，"光被四表"就是"显被四表"。

（2）"桄"与"光"同音同义

但是戴震说，汉代人不是这样解释的。汉初的孔安国把"光"解为"充"，"光，充也"，依据的是《尔雅》。但《尔雅》中没有"光"字，只有"桄"字，说："桄，颖，充也。"郭璞注："皆充盛也。"《说文》曰："桄，充也。"《尔雅》中只有木旁的"桄"，而且也解释为"充"。西晋郭璞说，"桄"和"颖"两个字都是充盛的意思。戴震就把这两个字联系起来了，说"桄"和"光"意思都是"充"，而且字形还这么相近，那么这两个字是不是一个字呢？戴震就觉得从木的"桄"可能更古老，"光明"的"光"是现在的常用字，但是它没有"充"的含义，所以这个字在表示"充"的意思的时候，应该是写成从木的"桄"。他就做了这样一个推论。

这是在字形方面做的考证，然后他又从音韵学方面做了推论。陆德明是唐代的经学大家，有一部著名的字书《经典释文》，《经典释文》以考证古音为主，兼辨训义，是唐代人解释儒家经典音义的书。他说到"光"字的时候没有标音，但是说到木旁的"桄"字的时候写的是"桄，孙作'光'，古黄反"。"孙"是指孙愐，他写作"光"，读成"古黄反"。孙愐在《唐韵》中说："桄，古旷反。"所以我们看，无论是"古旷反"还是"古黄反"，声母韵母拼起来都读成guàng，所以"桄"与"光"同音，只是从木的"桄"字在六经中没有找到。

（3）"横"与"桄"同音同义

那么再往下，戴震在《礼记·乐记》里面找到一个"横"字，原文是这样的："钟声铿，铿以立号，号以立横，横以立武。"郑玄为《礼记》作注说："横，充也，谓气作充满也。"也就是说六经里边没有从木旁的"桄"字，但是有从木旁的"横"字，解释为"充"。还有在《礼记·孔子闲居》中也有"横"字，原文是："夫民之父母乎，必达于礼乐之原，以致五至而行三无，以横于天下。"

郑玄又注："横，充也。"也说"横"字解为"充"。那么在音韵上，《经典释文》里说"横，古旷反"，可见这个"横"字和"桄"字是一个读音，读作 guàng。

（4）"横""桄""光"音义都相同

现在就可以梳理一下，"横""桄""光"这三个字音义都相同，从"横"到"桄"再到"光"，就这样完成了几次转写的过程。"横"其实就是最早的字，"横"字不读 héng，读成 guàng，解为"充"，后来讹变，写成了从木旁的"桄"，还是解为"充"，读成 guàng，最后左半边的木旁又丢掉了，就剩下右半边的"光"了。所以大家看到"光"字就不懂了，只有很少的人知道它原本解为"充"，读为guàng。这三个字其实是一个来源，一个意思，一个读音，那么现在《尧典》中的"光"字在古代应该是写成"横"，这是一个推论。戴震的考证到此就结束了。

（5）钱大昕、姚鼐、戴受堂、洪榜、段玉裁的旁证

有意思的是在后面。两年后，钱大昕和姚鼐各找到了一个旁据，来佐证戴震这个推论。第一个旁证就是钱大昕发现《后汉书·冯异传》里面有一句引文是"横被四表"，说明《后汉书》里引用《书经》的时候还是写作"横"，没有写作"光"，还是《书经》的原样。另一个旁证是姚鼐发现在班固的《西都赋》里有"横被六合"，"横被六合"其实也是"横被四表"变化出来的，说明他在这里也是用的"光"字最早的本字"横"。当然，我现在先这样读，这几个字其实都得读成"旷"。

有意思的是又过了七年，戴震的一个族弟戴受堂又找到了两个旁证，可以佐证前人的观点。一个是在《汉书·王莽传》中有一句"昔唐尧横被四表"，这里还是用的古老的"横"字。另一个是在王褒的《圣主得贤臣颂》中有"化溢四表，横被无穷"一句，一样用的是古字。

再过若干年，戴震的两个弟子，一个是洪榜，一个是段玉裁，两个人又各自找到一个旁证。洪榜找到的是《淮南子·原道训》里

边的一句话，即"横四维而含阴阳"，"横四维"其实还是"横被四表"。另外段玉裁找到了唐代李善注《文选》时引用的《东京赋》，里边有一句是"惠风横被"，还是用了"横"字，这是没有经过转写而错讹的原字。现在《文选》通行版本里边引《东京赋》的原文是"惠风广被"，而李善所引用的《东京赋》的更早的唐代版本写的是"惠风横被"，可能是后来大家读不懂就把它给改了，改成"广被"了，其实是不对的。

这个"惠"字现在一般写成带草字头的，在古代意义都是相通的，惠风就是带香气的春风、暖风，"惠风和畅"。《东京赋》的原文是"惠风横被"，可见"横被"是讲得通的，但是这个"横"字大家已经不知道它最初的含义了。

（6）"信古而愚，愈于不知而作"

戴震发现的事情很小，但是贡献很大。

经过这样一个多人参与的研究过程之后，戴震就得出来一个结论，跟我们讨论的疑古派也相关。戴震《与王内翰凤喈书》总结说："虽《孔传》出魏晋间人手，以仆观此字据依《尔雅》，又密合古人属词之法，非魏晋间人所能，必袭取师师相传旧解，见其奇古有据，遂不敢易尔。后人不用《尔雅》及古注，殆笑《尔雅》迂远，古注胶滞，如'光'之训'充'，兹类实繁。余独以谓病在后人不能遍观尽识，轻疑前古，不知而作也。"

《孔传》就是孔安国传，孔安国给《尚书》做的注叫《孔传》，孔安国最早解为"光，充也"。戴震说，《孔传》出自魏晋间人之手，有人认为它是假的，称为"伪《孔传》"，说是魏晋人假冒汉代人作的。"属词之法"就是汉语语法。"非魏晋间人所能，必袭取师师相传旧解，见其奇古有据，遂不敢易尔"，当时的人虽然不懂，但不敢轻易改变。而后人不用《尔雅》，又不相信古注，"殆笑《尔雅》迂远，古注胶滞，如'光'之训'充'，兹类实繁"。《尔雅》把"光"解释为"充"，后人可能觉得"光"是明亮就好了，为什么非要解释为"充"？宋代人就不相信古人的注解，直接把它解释为"显"，这刚好是把古意给弄丢了，戴震就评价说"余独以谓病在后人不能遍观尽识，轻疑前古，不知而作也"，他说有些注释看不懂，是因为人们读书不多，读书要多了，自然知道它有一个先后的逻辑关联，前后联系是非常紧密的。所以事实也证明古人往往是对的，后人不能轻易疑古。

在这段议论之后，戴震又有一段议论，提炼出了自己的古书鉴别原则："述古之难，如此类者，遽数之不能终其物。六书废弃，经学荒谬，二千年以至今。……仆情僻识狭，以谓信古而愚，愈于不知而作，但宜推求，勿为株守。例以'光'之一字，疑古者在兹，信古者亦在兹。"古人经常在信件中切磋学问，一封书信数百字，却可以切磋得非常深，不像我们非得写"论文"。戴震说，"光被四表"中"光"这一个字，疑古的从这里做文章，信古的也是从这里做文章。就这一个字，可以站在疑古的立场上，也可以站在信古的立场上。他自己是什么态度？"以谓信古而愚，愈于不知而作。""不知而作"就是不懂古人之义，胡乱地猜测。他说我宁可相信古人，让别人笑话我愚昧，泥古不化，那也比什么都不懂，胡乱猜测要好，所以我选择相信古人。这是他的一个基本立场。

如上所述，"光"是从木旁的"桄"来的，木旁的"桄"又是从木旁的"横"来的，做了一个推论，达到这样一个结果。之后在七年以上的时间中又发现了六个证据，不同的学者在不同的时间段里边，持续不断地在文献中找到一个个旁证来支撑这个假设，最后这个问题就被解释清楚了。这是考据学中一个很典型的案例。后来胡适评论说："戴震所考证的虽然只是一个单字，但他却使'一个假设'，经过'充分的旁证'，而'升上去变成一个真理了'。"

这种考证需要很深的功力，读书要很广，音韵学、训诂学、文字学，把这些小学的学问糅合在一起，为我所用。戴震就是有了功力以后搜集资料，整理4000年以前《尧典》中一个字的来龙去脉，把它弄清楚。先对几则具体的文献进行分析推论，然后通过大量不同来源的证据来做支撑，让推论颠扑不破，最后成为定论。这样一种研究是考据学的一个最佳路数，当然也有别的路数，但戴震这个考证达到了一个非常漂亮的程度，虽然说的就是一个字，但毕竟是数千年以前的文献，历代传写都有一些讹误，他把来龙去脉全弄清楚了。字形怎么讹的，字音怎么讹的，前后又是怎么解读的，古今的立场全部都列出来，就是学者常说的"小的问题，大的背景"。胡适"整理国故"这一派，把这种方法叫作"实验主义"，实验主义的方法就是"大胆地假设，小心地求证"，刚好符合清代考据学的特点，所以这个例子又有承上启下的意义。

（7）戴震少年"疑古"

这个案例背后，其实还有一个关于戴震"疑古"的故事。戴震小时候读书，喜欢质疑发问，带着一种怀疑的精神。戴震去世后，王昶为其撰墓志铭，王昶是金石学家，他在《戴东原先生墓志铭》中记载：

> 十岁受傅，受《大学章句》至右经一章以下，问其塾师曰："此何以知为孔子之言而曾子述之？又何以知为曾子之意而门人记之？"师应之曰："此先儒朱子所注云尔。"又问："朱子几何时？"曰："南宋。"又问："孔子、曾子何时人？"曰："东周。"又问："周去宋几何时？"曰："几二千年。"又问："然则朱子何以知其然？"师无以应。

戴震十岁的时候，家里请老师来教他读书，老师跟他讲《大学》，戴震就问老师，说你说了这么多，你说的这些都是谁说的？老师说是孔子说的。都是谁记的？是曾子记的。曾子记的，你怎么知道的？老师就说是朱子说的。戴震就问，朱子是什么时候人？老师说朱子是南宋时候的人。戴震又问，孔子是什么时候人？孔子是春秋时候的人。南宋时候怎么知道春秋时的事儿？戴震还是小孩子的时候，特别好疑，很能发问，带着一种浓厚的怀疑精神，把私塾先生问得哑口无言。两千年之间的事，朱子是怎么知道的？老师也不知道朱子是怎么知道的。

从这个小故事就可以看出，戴震从小就擅长思考，能提问题。这个事儿后来被胡适、顾颉刚这一派注意到了，说戴震从小就会提问题，怀疑精神帮助他做出了很大的成绩。

（8）戴震"压折"任大椿

但是后来戴震又有了第二个故事，就是在他长大以后，作为一个成熟的学者，他开始批评别人的怀疑精神了。不但他自己不再具有小孩时的那种怀疑精神，而且还批评别人轻易质疑古人。

清代有位学者叫任大椿，22 岁治《三礼》之学，先是怀疑《三礼》中西汉孔安国的注和唐代贾公彦的疏，后来甚至怀疑东汉郑玄的注，怀疑《仪礼》和《丧服传》是王莽、刘歆的附会。（杨畅按：《三礼注》是东汉经学家郑玄为《仪礼》《礼记》《周礼》所做的注解。唐代孔颖达等人首先接着郑玄的注解撰写了《礼记正义》，贾公彦撰写《仪礼疏》《周礼疏》；明清以后，郑玄注与孔、贾疏都被列入十三经注疏体系中。）

听到这个消息以后，戴震说他"思而不学""贼经害道"，严厉地批评了任大椿。因为戴震学术地位非常高，使得任大椿不得不服，不能再怀疑汉代的这些注解，不敢再明目张胆地提出质疑了。

后来顾颉刚知道这件事情以后，就觉得非常遗憾，说乾嘉学者任大椿，22 岁治《三礼》之学，由疑孔、贾两疏进而疑郑注，又进而疑《仪礼》及传为王莽、刘歆所附会，"其钻研之勇与魄力之大，实有开一代风气之才"，而戴震却斥之为"思而不学""贼经害道"，遂使这一具有疑古能力的人不敢再走此道，而其少年时代的写作亦随之湮没无传。

顾颉刚说："以是知辨伪思想，无代蔑有，特为不适宜之时代环境所压折，乃若有时有、有时无耳。予若不处五四运动时代，决不敢辨古史；即敢辨矣，亦决无人信，生不出影响也。适宜之环境，与少年之勇气，如此其可宝贵也。"（《顾颉刚读书笔记》）

戴震这么有学问的一代大师，10 岁的时候就那么能怀疑发问，

到了成熟的时候反而压迫别人的怀疑思想。他如果不这样的话，还
会有多大的成绩啊！顾颉刚就很遗憾，感叹戴震没有把自己的怀疑
主义坚持下去。

但是现在我们知道，戴震后来最高的成绩就是做了《孟子字义
疏证》，他解读《孟子》的时候，用古文家的功夫来阐发今文家的精
神。因为《孟子》一书是宋明理学的核心文献，戴震用清代考据学
的功夫去实证《孟子》里面的哲学概念，可以说是把今古文结合起
来，这是做得很出色的一项工作。

> 戴震《与任孝廉幼植书》云："震向病同学者多株守古人，
> 今于幼植反是。凡学未至贯本末、彻精粗，徒以意衡量，就令
> 载籍极博，犹所谓'思而不学则殆'也。远如郑渔仲，近如毛
> 大可，只贼经害道而已矣。"

戴震用古文家的精神来支持古文家，这是一种汉学的精神；同
时他又在汉学的立场上支持宋学的核心文献，由此在中国的学术史
上，在汉学、宋学两个方面，都有很卓越的贡献。而顾颉刚就认为
他的转变很遗憾。

2. 王国维 "殷商先公先王考"

我们再讲一个民国时候的案例，就是王国维王静安先生的 "殷
商先公先王考"。我们现在说他是民国时的国学大师，但其实他是为
殉清而沉湖自尽的。王国维认为自己是清朝人。1917 年，王国维写
了一篇论文，题目叫《殷卜辞中所见先公先王考》。"先公" 是指殷
商建立之前的诸侯王，殷商是商汤建的国，商汤建国之前还没有统
一天下，他就是一个诸侯，还不是天下共主，所以不能叫商王，只
能叫 "公"。"先王" 指的是商汤之后的君王。殷朝先公和先王的名
字在《史记》里都有明确的记载，但是学者不信，为什么不信？理
由也是戴震 10 岁时那一套质问，司马迁离商汤有多少年了？一千多

年。离商契有多少年了？两千年了。一两千年了，怎么知道呢？这是一个瓶颈，没办法解决。近代以来，学者不相信司马迁，特别是《五帝本纪》《夏本纪》《殷本纪》，都不相信，疑古辨伪盛行。于是王国维就做"古史新证"，写了这篇文章。

（1）"天命玄鸟，降而生商"

文章里面考证得最有贡献的是其中一个殷商先王的名字，就是"王亥"。

之前说过，殷商是子姓，是环渤海民族，这个民族信仰鸟图腾，其实这个说法不是很准确。"图腾"这个概念，是从欧美学者研究美洲的案例里面总结出来的，说有一些古老的民族信仰，使用 totem 做标志。这个标志可能是 A，可能是 B，但为什么是 A 或者 B，是没法解释的，所以它只是一种信仰，只是符号标志，这个叫图腾。中国古代不是这样，如果中国人要信仰什么，这个东西一定对自己有用，是有清醒理性的，不是解释不出来的，而图腾是解释不出来的。比如说盘古，瑶族、侗族、土家族、苗族都认盘古为祖先，在他们祭祖的图像上，盘古长着一双狗耳朵。盘古为什么是一只狗？一定是狗在早先民族的生存环境里面具有特殊的意义，在这个民族的生存史上建有一个大功德，所以才会把它认作自己的祖先。中国的北方民族认同狼，西方民族认同羊，南方民族认同蛇，都是由于生存环境的缘故。

东方的殷商民族把鸟视为自己的祖先，最突出的记载就是《诗经·商颂》里边有一篇叫《玄鸟》，开篇就说"天命玄鸟，降而生商"。到了汉代的时候，有一个人叫王充，这个人过去我们说他是古代朴素唯物主义哲学家，他不信神，思维简单。他在《论衡》中质问，据说夏朝的祖先是一粒薏米，是可以煮粥的杂粮，殷商的祖先是燕子的卵，西周的祖先又是怎么来的呢？是最早的女祖先姜嫄，踩到了巨人的脚印，于是生下了后稷。这怎么可能呢？鸟卵那么小一点儿，薏米那么小一粒粮食，能生出七尺大汉来吗？

王充的疑问是对的，无论怎么样，人吞下一个燕子的卵，绝对不能生出一个男孩来。他问的确实是对的，问题是这个问题不能这么问。传说既然这样传下来了，一定有它的理由，有它的语境，有一个合理的逻辑线索，王充不懂，就只会钻牛角尖了。

玄鸟的逻辑线索是来自于东方民族所认定的优生原则。东方民族为了让自己民族的血统健康地延续下去，就会维持这种优生原则。

（2）"同姓不婚"的优生原则

古代文明中有明确的优生原则。《左传》中反复重申过"同姓不婚"的规定。"姓"不仅是称谓符号，更是血缘标志。"姓"的发明本身就是东方文明的重要元素，和天文（天道）、象形文字的发明同样重要。古代男女自称某姓的时候，犹如自报家门说我的血缘如何、我的 DNA 如何。古书上说"伏牺氏制嫁娶"，婚姻从动物状态的群婚进步到有婚姻之礼，是一个"制"的过程，是一个发明创造。我们看汉代绘画的伏羲女娲图，手执圆规、观测太阳的族姓，和手执方矩、观测月亮的族姓，交尾通婚，两种血缘交汇成一个新的血缘，古人称之为"合二姓之好"。所以"伏羲女娲图"，可以称之为"观测天文制定历法之图"和"发明婚姻之图"，而另外有些民族，直到很晚的时候，还没有姓，不问姓，就可以"招郎"结婚。

古人规定，同姓之间不能通婚，如果通婚，这个孩子的智商和体力就会下降，这个家族就不能长久。所以古代就定一个法律，同姓不能结婚，如果结婚，大家可以发兵征讨，这是一项法律规定。古代很多分封问题、国际问题、法律问题、礼仪问题，都是围绕族姓、血缘进行的。

《太平御览·礼仪部》云："周公制礼，百世不通，所以别禽兽也。"《左传·僖公二十三年》云："男女同姓，其生不蕃。"《左传·昭公元年》云："内官不及同姓，其生不殖，美先尽矣，则相生疾，君子是以恶之。"同姓不婚的原则，在今天是很容易理解的。现在有很多科学依据，可以证明它是对的。但是古代没有这些科学检测，古人为什么那么明确地知道"同姓不婚"的原理？对此，文献缺乏，我们完全不知。我们并不知道他们是怎么得出"同姓不婚"的优生原理的，但是我们可以通过基因技术证明这个优生原理是对的。

（3）春分受孕的优生原则

古人还有另外一个优生原理，就是"玄鸟生商"。我们既不知道他们是怎么得出这个优生原理的，也不能证明这个优生原理是对的。

换言之，我们容易接受"同姓不婚"，而不容易接受"玄鸟生商"。但是，假如"同姓不婚"是对的，"玄鸟生商"就应该也是对的。

"天命玄鸟，降而生商"所表达的实际上是古人的一个优生原理，这个原理来自于殷商民族的历史经验。"天命玄鸟，降而生商"隐含的意思是以春分为受孕的最佳日期。

关于殷商起源的传说也是优生原则的一个体现，是说在春分受孕有利于优生。殷商的男女祖先找到了一个规律，生孩子一定要在春分受孕。我们看人类之外的其他动物、植物，大都是春天怀孕，或者开花授粉，并且不能在春天怀孕、春天授粉，自然规律就是这样的。人类不在春天受孕也能怀孕，但是殷商民族认为春天怀孕是最佳时节。

实际上，春天受孕的难处不在于是否愿意在春天怀孕，而在于怎样测量春分的日期，并且提前做出预报。

古代历法中最重要的节气，叫作二分二至，就是春分、秋分、冬至、夏至。二十四节气中，属这四个节点最为重要。夏至、冬至就是白天最长和最短的那一天，春分、秋分就是日夜刚好平分长短的那一天。春分日就是春天到来的最准确的那一刻，那一刻又该怎么判定呢？最准的一个信号就是家燕。在黄河流域、中原地区，家燕到的那一天一定是春分，什么测量方法都不如家燕准确，家燕到的那一天就是春分来临的信号。

中国科学院《中国动植物物候图集》根据 1963 年至 1984 年的观测结果统计，家燕在每年 3 月 20、21 日春分日始见于江淮一线，然后到达黄河一线。

殷商民族认为，春天受孕是最有利于后代繁衍成长的，而家燕的到来又预示着春天的来临，提醒人们这个时候可以受孕了。殷商民族发现了这个优生原理，所以会有这样一个长久的、制度化的规定。大家于是都遵守这个规定，第一同姓不婚，第二春天受孕。春天怎么确定？就是燕子一到便是春分到了，春分到了然后快去受孕，第一个女祖先简狄就这样生下了第一个男祖先商契，于是留下"天命玄鸟，降而生商"的古训。

这样我们就明白了，第一个线索是燕子，第二个线索是春分，第三个线索是简狄，第四个线索是商契。然而这样一个因果衔接的理性关系，在历史的流传过程中逐渐丢掉了一些环节，用家燕观测春分的第二个环节被省略了，简化成了燕子直接和简狄连接，于是就变成了简狄与燕子生了商契，也就是"天命生商"。中间有些环节被省略掉了，应该是燕子来了是春分，春分来了就赶紧怀孕，然后简狄就生了商契，商契果然头脑聪明，身体又魁梧，最后拥有天下。那么这个经验就留下来了，优生原则也就传下来了。所以，其实可以帮《玄鸟》这篇补充一下，就是："天生家燕，标志春分；春分一到，适宜怀孕；简狄如此，生下商契。""玄鸟生商"这个结论，更加准确的说法应该是"春分生商"。（杨畅按：在联想思维下，家燕变成了春天受孕的象征，成了繁衍的代表，正是在这个优生优育、顺应自然规律的大背景下，玄鸟成为商人思想中繁衍后裔的象征。）

据王献唐研究，殷商民族男性都魁梧，女性都娇小。商汤就不用说了，商纣王、叔梁纥、孔子都身材魁梧，材力过人，这也是有验证的。

中国古代有"媒神"的崇拜。"媒"就是"媒婆"的"媒"，现在写成女旁的"媒"，古代写成示旁的"禖"，因为跟媒神的祭祀有关。殷商有叫作"禖"的祭祀，主神就是简狄，祭祀的日期就是每年的春分。禖祭的日子也就是督促人们怀孕的日子。这件事在今天当然是无法推广的。

（4）甲骨文中的"王亥"

简狄是殷商民族的第一位女祖先，她的儿子商契是殷商第一位男祖先，商契以后，到第七代，有个男祖先叫作"王亥"。王国维最先在甲骨文里找到了"王亥"的名字。

甲骨文记录的殷商祭祀，说到"王亥"这个人。祭祀的时候要杀牛，根据等级不同，杀的数量也有差异，有时候杀5头牛，有时候杀三四十头，最多的时候杀300头牛。大家知道，祭祀一个人杀300头牛，那得是多大的仪式，多大的规模。根据甲骨文记载，有一次祭祀王亥杀了96头牛。王国维就推断说，这一定不是普通的人，应该是一位王。然后他就在文献里找这个人的名字，最后找到了一些文献，都出现了这个人的名字。

王国维在《史记》的《殷本纪》中找到一个王，叫作"振"；在《三代世表》中写作"振"；在《汉书》的《古今人表》中是土旁，写作"垓"；在《世本》中是木旁，写作"核"。还有在《吕氏春秋·勿躬》中写作"冰"，"冰"的小篆字形很像"亥"。另外还有在《楚辞·天问》中写作"该"，在唐代的《初学记》中引作"胲"，在宋代的《太平御览》中引作"眩"。

与甲骨文中"王亥"的本字对比，上面这些文献全都有错讹，都是和本字相像的字，形近而讹。如果没有甲骨文，就不知道这些文献中所说的是什么人；现在有了甲骨文，知道它们全是错的。但既然已经知道它们出现错讹的原因，也就可以肯定这些文献的记载全都是有依据的。所以，从研究方法上看，纠正文献的错讹，却可以肯定文献为真。

（5）《竹书纪年》中的"王亥"

神奇的是，王国维还在另外两部书里面找到了"王亥"这个名字，居然跟甲骨文的写法一模一样。这两部书一个是《山海经》，一个是《竹书纪年》。

《竹书纪年》这部书是西晋的时候，河南汲郡有一个叫"不准"的盗墓贼发现的。（杨畅按："不准"作为姓名，"不"姓又写作"丕""㔻"，读作甫鸠的反切，一说音彪，一说音浮。）不准盗的是战国魏国安釐王的墓，挖出来以后，里边遍地都是竹简。

大家知道盗墓贼这个行当有个做法，进去后一定要点把火，一边照明，一边测量氧气含量，火一旦着不了就赶紧撤，不然晚了就可能闷死在里边了。盗墓贼一看底下有好多竹简，很方便，便到处点火，墓里面宝贝盗完了，人跑了，后人发现这里里外外全是竹简。那个时候朝廷就派了最好的学者，荀勖、束皙等几个人，去整理这批竹简，整理出来很多战国中期的古书。这其实就类似现在郭店简、清华简一样类型的简，只不过是西晋时候发现的。

安釐王墓里面出土了很多古代的典籍文献，里面有"三易"之一的《归藏易》，有讲周穆王的《穆天子传》和周穆王的后妃盛姬的《美人盛姬传》。还有一部重要的编年史，就是《竹书纪年》。这部书从黄帝元年开始，有黄帝元年、颛顼元年、帝喾元年、帝尧元年、帝舜元年，一年一年编年史不断，就像《春秋经》那样，一直编到安釐王下葬。后来这本书失传了，于是明代的时候又有人从古书的引文里面一条一条重新编回来，所以这个书有两个版本，一个是学者认为可信的《古本竹书纪年》，一个是大家认为可疑的《今本竹书纪年》。（杨畅按：《古本》是辑佚本，纪事起于夏代，终于公元前299年，没有规整的体例；《今本》纪事起于黄帝，终于安釐王二十年，有较为完整的体例。）这本书历来不受重视，但是它里面记载的"王亥"名字跟甲骨文完全一样。

（6）《山海经》中的"王亥"

还有一部书就更特殊了，就是《山海经》。历史上相传，在大禹治水的时候，有一个辅佐大禹的官员叫伯益。大禹是治水的，官职为司空。伯益是专门掌管山林的，官名是"虞"。伯益辅佐大禹治水，大禹走到哪儿，他跟到哪儿。大禹治水，他就跟着记载那片地方的风土人情、山川矿产、动物植物。大禹治水成功了，他也写完了，这部书叫《山海经》，是一部非常古老的、珍贵的上古文献。但这部文献后人不太读得懂。

刘歆《上〈山海经〉表》云："《山海经》者，出于唐虞之际。昔洪水洋溢，漫衍中国，民人失据，崎岖于丘陵，巢于树木。鲧既无功，而帝尧使禹继之。禹乘四载，随山刊木，定高山大川。盖与伯翳主驱禽兽，命山川，类草木，别水土。四岳佐之，以周四方，逮人迹之所希至，及舟舆之所罕到。内别五方之山，外分八方之海，纪其珍宝奇物，异方之所生，水土、草木、禽兽、昆虫、麟凤之所止，祯祥之所隐，及四海之外，绝域之国，殊类之人。禹别九州，任土作贡，而益等类物善恶，著《山海经》。皆圣贤之遗事，古文之著明者也。其事质明有信。"

《吴越春秋》云：夏禹"与益、夔共谋，行到名山大泽，召其神而问之山川脉理、金玉所有、鸟兽昆虫之类，及八方之民俗、殊国异域、土地里数，使益疏而记之，故名之曰《山海经》"。

直到今天，有人把《山海经》当作神话书，有人把它当作小说，有人把它当作地理书，就是没有人把它当作古史。但是从王国维的研究开始，我们发现从《史记》《汉书》一直下来，居然好多文献里记载的"王亥"的名字都是错的，只有《山海经》《竹书纪年》跟甲骨文一致，大家就知道这本书的价值了吧。就连顾颉刚都感慨地说："地下遗物之发现竟救活了一部《山海经》，可谓幸矣。"

其实《史记》《汉书》等文献里边的字也没有写错，就是讹了一部分，我们不认识了。等到我们把所有证据都放在一起，发现原来是这样，其实都没错，只是有点变化。这些字不是乱写的，不是凭空虚构的，而是有依据的。那就是因为找到了甲骨文中的原字，然后对应文献里的字，全都不太准确，只有一两个准确，于是从点到面，就把全部的出土文献跟传世文献对应起来了，也就把王亥这个事儿给明确下来了，王亥就是第七位殷商的先公。

（7）"两手操鸟，方食其头"

通过一小段的论证，"王亥"这个人一下子就弄清楚了。那么既然史籍所载的王亥是对的，其他的先公先王应当也都是对的，一定也有依据，于是这样下来，整个殷商的先公先王都没有办法怀疑。

通过这些研究，王国维就把殷商的谱系确定下来了，通过这一个字确定了整个殷商的先公先王一脉的可信性，从而肯定了殷商的整个史实的可信性。

殷商在商汤做天子之前，已经持续了好几百年，商契那个时候与尧、舜、禹同时，也就是说，从三代开始的历史就被肯定下来了，这个作用就特别大，因为这一个字的突破，背后所有史实都基本有眉目了，所以这是特别精彩的一件事。1917年"十月革命"一声炮响那一年，在中国就有王静安先生的一声炮响，真的是把一个朝代用一种地上文献跟地下文献互证的方法给证实下来了。这也就是考据学的极致。

"王亥"的"亥"字其实在甲骨文里有简体、繁体两种写法，而且就繁体而言，也不止一种写法。

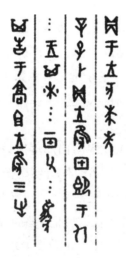

甲骨文所见"王亥"祭祀卜辞

甲骨文"亥"字的各体字形

在甲骨文中，"王亥"的"亥"有一个本字，只保留基本的字形"亥"。然后是繁写，"亥"的上面画着一只鸟。再然后是更多的繁写，鸟的头上有一只手爪。按照汉字的造字法，这只手爪可以在右边，也可以在左边，可以画一只，也可以在左右两边各画一只。

《山海经》里有这样一段话：

> 《山海经·大荒东经》："有困民国，勾姓而食。有人曰王亥，两手操鸟，方食其头。王亥托于有易、河伯仆牛。有易杀王亥，取仆牛。"
>
> 郭璞《山海经》注引《竹书纪年》："殷王子亥宾于有易而淫焉，有易之君緜臣杀而放之。是故殷主甲微假师于河伯，以伐有易，灭之，遂杀其君緜臣也。"

这里面是说王亥来到了一个部落，这个部落叫"有易"。（"易"是地名、水名，易水在河北北部、北京以南，就是荆轲唱"风萧萧兮易水寒"的这个地方。）这个地方好像跟牛和放牧有关。王亥在放牧的时候可能跟这个部落的人发生了一些争执，这个部落的人不仅把牛抢走了，还把王亥杀了。

后来王亥的儿子甲微就跟河伯部落借兵——"假师"。（通常认为"河伯"是黄河之神，但古时候有明确记载"河伯"是一个部落的名字，在"河伯"附近还有"洛伯"。）"假师"之后就把有易部落的国君杀死了，为王亥报了仇，也把牛取回来了。

在这个故事里面，王亥是一个什么形象呢？"两手操鸟，方食其头"，"方"是刚刚、正在的意思，就是说王亥这个人一出现，他就是两手抓着一只鸟，正在咬这只鸟的头的形象。这个我们完全不懂，因为文献遗失过于严重了。《山海经》在汉代的时候还是有图的，叫作《山海图》，但是后来遗失了，明代以后又有人重绘，并非古图。《山海经》的文字描写了很多正在进行的动作，很明显，这些文字是对某些图像的描述。这部书应该是先有图像，这些图像选取了一系列连续活动的某一个片段，定格在那里。然后有文字，对图像加以描述，文字是为图像服务的。但是现在只剩下文字，图像失传了，叙述上出现了更多的跳跃，所以我们读不懂。

这种思维跳跃就和《诗经·玄鸟》的诗句省略非常相似。从《山海图》到《山海经》，反映出来的是古代文明的思维方式，也可能是古代史官的记录体例。古代史官可能有一系列的记录工作，但是我们现在所见只是他们舞台上的片段的表现，而在后台到底还有多少内部操作，现在不得而知。

但是甲骨文中"王亥"这个字，"亥"的头上是一只鸟，然后有一只手爪，刚好就和《山海经》里"两手操鸟，方食其头"这句描述对上，简直是天衣无缝。也许《山海图》里的图像就是类似甲骨文"王亥"的繁写的样子，而《山海经》就是对类似这样一幅图像的描述。（唐兰认为"文字的起源是图画"。汉字被称为象形字，其中的独体字的形状的确很像图画，可以叫作"文字画"。）

《山海经》的记载跟甲骨文上出现的字刚好是对上的，这也就证明，《山海经》这部书一定是有来历的，只是我们目前不懂而已。虽然我们不懂，但是我们知道"王亥"这个殷商民族是"鸟图腾"，所以头上是鸟，而不是蛇或者其他什么。

当然，后面还有挺有意思的事儿。王国维的研究是最早的，后来丁山、顾颉刚、小川琢治、胡厚宣、于省吾这几位学者，又不断发现新的证据，用更多的古籍文献来和甲骨文对应，从而形成了考据学的非常好的案例。

二 清代考据学的客观性

考据学又叫"朴学"，它在清代，特别是在清中期是学术的主流，所以大家说清学就是考据学。我们前面说宋、元、明学术的主流是理学，清代学术的主流就是考据学。这个学问主要就是用一种考证的方法，重新考察古代的历史文献。

清代中期，乾隆、嘉庆的时候，考据学最盛，号称"乾嘉学派"。考据学以三个人为代表，就是钱大昕、王鸣盛、赵翼，合称"乾嘉三大家"。钱大昕著有《二十二史考异》，王鸣盛著有《十七史商榷》，赵翼著有《廿二史札记》。这些成果主要体现在史学方面，此外，清人在校勘经学文献、校注诸子文献方面，也做出了超过以往的成绩，形成了清代考据学全面突起的盛况。

另外，除了这种个人的研究之外，清中期还有一个国家工程，就是设立四库馆，编撰《四库全书》。编撰《四库全书》的过程也是文献考证、甄别、判断的过程，纪晓岚等把从上古一直到清初的文献都重新做了全盘的梳理和评价。

《四库全书》是乾隆皇帝亲自组织的项目，也是中国历史上一部规模最大的丛书。从 1772 年开始整理，经过 10 年，一共选编了 3503 种古籍，79337 卷，装订成 36000 册，分别放在北四阁和南三阁共计 7 个阁里面。文渊阁、文溯阁、文源阁、文津阁，叫作"北四阁"；江南的文宗阁、文汇阁、文澜阁，叫作"南三阁"。这是一个非常浩大的文化工程。古代文献有收录的，也有没收录的，但是所有收录和不少未收的文献都做了提要，叫作《四库全书总目提要》。收录的文献按照统一的格式抄写，抄写之前又都做了校勘，叫作《四库全书考证》。《四库全书总目提要》是 100 卷，《四库全书考证》也是 100 卷。因此，《四库全书》也是清代考据学的一个内容，而且带动了考据学的风气。

"考据学"这个名称，它的术语和概念，很像我们前面说的诸子百家里面的法家。前面在北大的通识教育讲习班课上我提了一句，考据学所用的术语大多是法家术语，比如"参验""勘验""验证""考据""证据"等，大多是法庭取证的概念；比如"法""度""权""量"等，基本上是法家制定的度量衡单位。考据学尽量寻找客观证据，而最需要客观证据的就是法庭，所以考据学就从法家借用了大量术语。考据学者看待古代文献的态度，也就和法官判案很像，法官判案必须要有证据，要有人证、物证、旁证。现在考据学也讲这个，这样就使得学术变得更加客观可信了，但是同时也变得形而下了。从前孔子说"听讼吾犹人也"，孟子说"法家拂士"，清代考据学就有点儿像听讼了。

民国时期梁启超写过一本书，叫《清代学者整理旧学之总成绩》，清代考据学在经学方面怎么样，诸子学方面怎么样，史学方面怎么样，版本校勘、文献辨伪方面做出了什么成绩，梁启超都做了全面概述。大约 10 年前，复旦大学傅杰教授编了一部很厚的书，叫《二十世纪中国文史考据文录》，总共选了 100 篇。考据学在中国已经是一门成熟的学问了。

三 考据学在清代盛行的原因

关于清代考据学的一般状况我们就不多说了。

就像理学是儒学在元、明、清时期的一种新形态，考据学也是儒学在清代的一种新形态。不过一般研究中国哲学史的学者不会从儒学形态的角度评价考据学，反倒是研究古代史的学者最关注考据学，肯定它的成绩和方法，但是却把考据学看小了。

那么再往下说，为什么宋、元、明的学问主流是理学，到了清代的时候，学问的主流变成了考据学？

这个问题学术界已经有很多的讨论，学者普遍认为清代考据学的兴起是和清朝的统治政策有关。大家知道清初有文字狱，清朝在政治上，有异族对汉民族的专制政策，有思想意识形态上的钳制，这种高压政策使得汉人学者不敢谈太多思想性、政治性的东西，一不小心脑袋就保不住了，于是只能埋头在旧书堆里，做一些很具体、很琐碎的文字性的整理工作。

这是一般的看法，但是我觉得还有一个原因，就是"时义"的因素。

由于时间的推移，人们对于古典的东西肯定是越来越疏远。师承断了，时间久了，古书拿出来，动不动就是一两千年以上的，那么读这种书的时候难免会引起人们的怀疑，所以势必要先给它来一番审查，来一次现代人、当代人眼光下的审查。

　　汉代人不用审查先秦的书，时间上离得毕竟很近，唐代人可能也不用，宋代人就开始将信将疑，有很多疑问出来，所以宋代已经出现了那种文献学、考据学的倾向。到了清代，特别突出的就是出现了以考察古代文献为主的这样一个思潮，应当主要是因为时间的推移，时代环境的变迁，文献的缺失，所以没办法不走这一步。

　　从孔子到现在多少年了？从汉儒到现在多少年了？汉代、北魏、唐代可以用《周礼》治国，还能管用，到了清代难道还能继续用《周礼》治国吗？这应当是一个问题。所以，无论什么人入关入主，都需要把这些古代文献重新梳理一遍，心里才会踏实。

　　随着时间的推移，早晚会有类似乾嘉史学、《四库全书》这么一次大规模的文献审查工作。不仅先秦的经书，还有先秦的诸子书，如果没有清代学者的细致整理，很多著作后人都是没法读的。

　　所以，清代学者差不多把以往从先秦到明代的文献，全都梳理了一遍，主要是因为时间的推移，政治原因可能还在其次。因为时间久远，对于古代文献不能不来一次审查，在审查的过程中就形成了考据学。

　　但是，考据学成功了，其他方面如义理方面的成绩便少了，所以清学就有只管考据、不管义理的倾向。有人说清学是"明学之反动"，明学以心学为主流，而明朝失败了，那么清学就跟明学唱反调。清代前期，乾嘉学者很讨厌前朝的理学和心学，也算是惩明亡之弊，但是没承想，最后清朝的灭亡也是亡在了考据学上。

四　考据学缺少"微言大义"

　　清代考据学的兴起，忽略了一个问题，就是义理。

　　本来清人对于以往的学术思潮、学术流变，是抱着非常宽容的态度。比如"今文、古文之争""汉学、宋学之争"，今文经学强调的是微言大义，古文经学强调的是实事求是，汉学强调汉代古文经学的传统，宋学强调宋代程朱义理的传统，清人都很看得开，能够折中兼容，吸收两边的长处。《四库全书》提倡一种折中汉学和宋学的立场,《四库全书总目提要·经部总叙》中说:"夫汉学具有根柢,讲学者以浅陋轻之,不足服汉儒也。宋学具有精微,读书者以空疏薄之,亦不足服宋儒也。"这表明清人做学问有一种不偏不倚的持中态度,他们了解汉学的浅陋、琐碎。《四库全书总目提要》就是本着这样一个立场。

但是考据学还是慢慢地走向琐碎了,越来越极端化,只顾汉学、不顾宋学,只顾古文、不顾今文,只顾考据、不顾义理,后来甚至于反考据,走到了疑经、疑古那样一种极端,这种情况在有些学者身上是都有。所以我们说到考据学的时候,我给它一个总评,就是说考据学最主要的贡献是做一种"纯粹的学问",这是一种考据的学问,这是很好、很有贡献的。但是不能只顾做纯粹的学问,陷入很琐碎的文献中出不来,"微言大义"都被忽略了。如果这样的话,清学就走向偏颇了。

这里我讲两个故事,一个是顾炎武的例子,一个是李滋然的例子。

我们站在今天的立场上来评价清代的考据学,他们所做的文献整理的贡献肯定是非常大的,甚至是我们望尘莫及的。但是到今天为止,我们的学术传统为什么断了呢?前面我也讲了,就是当时人们有一个观念,认为国家如果想要振兴,一定要先推翻清朝,而在推翻清朝的同时,也就推翻了帝制,推翻了科举制度,也推翻了经学体系,再加上全盘西化,我们的传统文化就全都断了。在清末、民国的时候,我们有一个选择是选错了的,问题的根源就在于怎么看待自己的文化。在辛亥革命的时候,孙中山的口号是"驱除鞑虏,恢复中华"。孙中山想要延续我们的文化传统,做法就是把满人赶走,但满人一走,反而整个文化都断了,就是这样一个转关。

1. 顾炎武的故事

顾炎武和黄宗羲、王夫之三人号称明末清初三大思想家,其实就是反清复明的三大思想家、政论家。除了他们三个人之外,还有关中的李颙，河北的孙奇逢，所以有时候说三大思想家，有时候说四大思想家、五大思想家。这几个人有一个共同的特点，就是反对清朝。明朝末年的学者会反对清朝，我们在湖南，王船山的事迹大家可能更熟悉些。王船山自为墓志铭中有"抱刘越石之孤忠而命无从致，希张横渠之正学而力不能企"，有学者指出顾炎武的《菰中随笔》也是暗含"孤忠"二字。

顾炎武是明末清初三大思想家之一，也是清学的一个开山人物。他一方面坚持效忠明朝，是明末清初反满的一名志士；另一方面他的学问又是清学的开端，是清朝考据学的开创者。这个事儿就很有意思。

顾炎武是苏州昆山人，明末的时候曾经跟着南明一起抗清，但是后来所有抗清斗争都失败了，然后他开始做学问，离开家到北方去，在山东、陕西、山西这一带，后来也去了北京，读万卷书，行万里路，到处访问学者，考察古迹。他一生写了好几部大书，比如研究政治经济和军事地理的《天下郡国利病书》，研究音韵学的《音学五书》，研究金石学的《金石文字记》，在很多方面都有贡献，诗文也作得很好。除此之外，因为这个人周游天下，经常在路上，所以经常写些小段的笔记，最短的两行，长的也有上千字。这种短小笔记通称札记，后来不断积累，汇编出版，题名《日知录》，是"日知其所无"的意思，也是"为学日益"的意思，每天知道得再多一点，一天一天地积累，所以《日知录》的书名跟顾炎武的远游有关。这部书一共 32 卷，1200 条，这种札记体、笔记体著作也是清代考据学家经常使用的流行文体，包括我前面说的乾嘉三大家，他们都写这种札记，《二十二史考异》《十七史商榷》《廿二史札记》全是札记体。顾炎武首先倡导这种札记体，《日知录》这部书也被誉为清代考据学的开山之作。

我们对比顾炎武的活动和学术，就会发现这里边显然有个吊诡。他一开始是反清的，但为什么他被清朝认定是自己这一朝学术的创立者呢？顾炎武在国破家亡之后，应该是对满人怀着刻骨仇恨的，清朝想让他做官，他有机会做官，但他没做，特别是他的学问都是针对以后如何推翻清朝而发的。他在著作里面对明朝的朝廷和君王表示出明显的效忠，仅是明亡后没有殉国而已，过去叫作"未亡人"。他希望得到机会，通过他的著作引领一些后人推翻满人，可是最后他的著作反而被清朝吸收接纳，成了清学的一部分，而且是清学最开头、最优秀的一部分。他的遗著差不多都被《四库全书》收进去了，他的著述也在有清一代非常流行，版本还特别多。

为什么会这样呢？这里边也算有个故事。顾炎武入清以后不参加科举，也不参加政治，一直在反抗清朝，但是他的第四个妹妹嫁给昆山徐家，生了三个儿子，三个外甥都参加清朝的科举，而且不中状元就中榜眼、探花，后来全在京城做大官。顾炎武晚年去北京，经常住在三个外甥家里。那么从今天普通人的观念上而言自然就觉得奇怪了，就是说自己效忠明朝，外甥们怎么能效忠清朝呢？见到外甥，得先杀了他们，因为他们效忠的是灭亡了明王朝的人，自己怎么还能进北京呢？怎么还能住在外甥家里呢？这不是住在敌人家里了吗？顾炎武的大外甥名叫徐乾学，官职做到吏部尚书，已经不是一般的清朝大臣了，可以说是清朝的统治者之一，是上层决策人物、政治核心人物。徐乾学对自己的舅舅不会动刀动枪，顾炎武对自己的外甥也不会动刀动枪，他们之间不会仇杀，这是怎么回事呢？

其实这里面就有一个古人的不成文的规矩，不是法定写下来的，但实际上大家都会认同。一个官员，他是哪一朝的臣，他就要忠于哪一朝。怎么判定他是哪一朝的臣呢？他在这个王朝做过官，他就是这朝的臣子。怎么算做官呢？如果他参加了科举考试，或者只是做过学生，哪怕只是县学的学生，拿过一点廪饩，便可以算得上是"准官员"了。廪饩不是俸禄，但也可以养父母了。古人特别注意官与民的区分，因为二者的性质是完全不一样的。顾炎武说过，"有亡国，有亡天下"，面对亡国和亡天下，官与民所承担的责任、所采取的行为，是不一样的。所以界定自己是不是官、是不是民，然后觉得站在官的立场，或者站在民的立场，是很重要的。王船山、顾炎武都曾特别仔细地对自己做过界定。

崇祯十七年、顺治元年、夏历甲申年（1644），这个时间是一个节点。在此以前，顾炎武已经在明朝的学校里读书了，所以他自己判定自己，算是明朝的"准官员"，对明朝的灭亡负有责任，所以入清以后不仕。（当然，也有人自己判定自己，标准宽松一点儿，本来在明朝已经参加科举考试了，入清以后再重新参加一次清朝的考试，就可以出仕了。）但是在顺治元年，顾炎武的三个外甥还是小孩子，徐乾学才 13 岁，还没开始参加明朝的科举，连学生都还没做，所以他们肯定是要效忠清朝，对明朝没有责任。所以顾炎武的三个外甥应该忠于清朝，而顾炎武本人就必须忠于明朝，"各为其主"，怎么会打架呢？从表象上看，他们是对立的，但是实质上他们都奉行同样的原则，所以是一致的。

2. 李滋然的故事

还有一个例子，就是清代末年的时候有一位四川学者叫李滋然，他在辛亥革命以后给自己取了一个斋号——"采薇僧"，"采薇"大家知道，是伯夷、叔齐的典故。他入山剃发为僧，从此隔离尘世，表明自己效忠于清朝，和辛亥革命以后的民国不相容。

李滋然的父亲李曾白，是清后期的官员，在咸丰的时候，遇到洪杨革命，石达开进入四川，他的父亲亲自抵抗，但是力量薄弱，于是在石达开攻成都的时候，就早早赋了一首绝命诗，穿好朝服，走到明伦堂，坐在那里等着石达开的革命军把他杀死。

还有李滋然的第十代祖先李稚圭，是明末的一个学生。清人入关的时候，李稚圭被抓走，始终不屈，最后殉国。

这个家族是满门忠烈，但是我们仔细分析，他的第十代祖先是反抗清朝而死，他的父亲是抵抗反清革命而死，他自己也是为清朝效忠而死。这就有意思了，其实还是一样的道理，就是"各为其主"。

我们为什么说屈原伟大？屈原一直跟随的就是楚怀王，他没得选择，楚怀王是他唯一的君王，臣子不能选择自己的君主。《庄子·人间世》云："臣之事君，义也，无适而非君也，无所逃于天地之间，是之谓大戒。"

古代人把这个东西叫作"忠"，"忠"指的是忠于自己的君王，而不必问他是谁，他干什么；不论好坏，他都是自己的君王，就像俗话说的，"儿不嫌母丑，狗不嫌家贫"。忠于国家、忠于君王也是这个道理，不能选择他是谁，只能效忠于他，不改不悔。如果说到劝谏，那是第二位的。遵循这个原则就是遵循儒家，就是遵循汉文化。

在这个原则上，只看名分，不看政治。我们不必管母亲是谁，也不必管国君是谁，甚至也不管它是什么民族。这个民族是蒙古，我生在蒙古人统治的地区就效忠元朝；这个民族是满洲，我生在满洲人统治的地区就效忠清朝，这样做是对的，因为只有这样，才是遵循更高的原则，就是儒家的原则、汉文化的原则。也就是说，你要想忠于儒家的精神，忠于自己的汉文化，你就不能把民族放在前面，而是要把文化原则、文化本位放在前面。

谁忠于自己的君王，谁就合乎汉文化，而不是取决于这个君王是什么民族。自身的行为本身就是汉文化忠君之道的体现，而不是说先去评价君王是谁，这才是真正的道统、真正的夷夏观。所以李滋然做得自然是对的，顾炎武后来跟他的三个外甥各尽其职，也都是对的，而清朝后来把顾炎武的思想吸收进自己的主流思想里面来，也是对的。因为清朝统治者不把自己当成少数民族，而是当成儒家道统的一个传人，甚至是很重要的传人。实际上清朝在学术成就上的贡献可以说超过了明代，《四库全书》这么大规模的文化工程都做下来了。反而是到了民国，传统就断了，传统断了的原因是把已经汉化的清朝给撵走了，"皮之不存，毛将焉附"，然后带来了一连串的连锁反应，"长安少年皆有胡心"，直至全盘西化。我们先不问是不是"崖山之后无中华"，先问问全盘西化以后是不是还有中华。

五 考据学之后的伪今文

戊戌变法、百日维新，原本是效法日本的明治维新，发动者康有为、梁启超师生二人。康有为学《公羊春秋》，是今文经学一派的，但是康梁二人恰恰是违背了经学的宗旨，也不懂得明治维新。

明治维新的号召是"尊王攘夷"，他们尊的是自己的天皇，攘的是西洋的外夷。明治维新的结果，是天皇的地位空前巩固，然后以此为后盾，全面向世界开放。而康梁维新学来的却是赶走自己的君王，然后怎么开放都开放不了，吊诡。

今文经学有一个基本特征，就是微言大义，而最重要的微言大义就是分辨夷狄，叫作"夷夏之辨"，到底谁是华夏，谁是夷狄，谁是重义，谁是重利，谁是君子，谁是小人，首先要分辨清楚。

我们说考据学的长处是整理文献，短处则是缺少义理，缺少义理就是不讲究微言大义，不在意分辨夷狄。谁能够分辨夷狄，谁就可以说是明于微言大义，所以清代前期就缺少这样一个判断，缺少微言大义指导之下的"夷夏之辨"。

康梁是今文一派的，但却刚好是把"夷夏之辨"辨错了。他们认为满人在位就是夷，汉人在位就是夏，其实不是。应该是谁有忠君爱国的这样一种志向和行为，谁就是夏；谁能继承汉文化的仁义之道，谁就是夏。如果不能，就是夷，也不必管是什么民族和什么血缘。结果他们只按血统区分夷夏，而不是从文化上进行区分，于是就大错特错了。近代以来的一次又一次挫折，都从这里开始了。

这个事儿说到这里，又是吊诡。我们说清朝前期的学问是考据学，考据学一路下来，缺乏的是义理，今文经学注重微言大义，清学最需要的就是今文经学对考据学的补充。结果清朝走到中期，一直没出现今文家，走到后期终于出现了今文家，从刘逢禄、魏源、王闿运、廖平，最后到康有为，越走越极端。清代后期最大的今文家就是康有为，可是他不懂微言大义，不懂华夷之辨，可以说就是一个"伪今文"。

清学本来缺乏的是今文经学，却偏偏产生出来了一个伪今文。这就很糟糕了，清朝就倒霉了。清朝一倒霉，文化就倒霉了。所以到今天为止，文化断绝的根源全在清后期需要今文的时候今文没有出现，反而出现了一个伪今文。当国家真正需要微言大义、辨清夷夏关系的时候，出来的是伪今文，就是康有为那一套，吊诡！

我们在北大通识教育讲习班的时候，吴飞老师也提到《新学伪经考》《孔子改制考》。康有为认为孔子的主张是假的，是后人加进去的，《孔子改制考》的意图就是告诉大家他才更真实地代表孔子，但他的原意和做法又确实都是违背孔子思想的，所以不是真的今文，是假今文。清朝后期需要今文、呼唤今文的时候，结果出来一个假今文，然后清朝就不行了，没法收拾，传统也跟着断了。所以考据学到了清后期的时候，是眼看着君王和文化毁灭，眼看着大厦将倾，救又救不了的这样一个局面。后来到民国，我们讲科学精神，讲纯粹的学术，其实对国家民族的前途一筹莫展，救也救不了。

考据学救不了国家，救不了民族，因为它没有义理，没有思想，甚至于在清朝灭亡的时候，忠于清朝而自殉或者不仕的大臣非常少。王国维算一个，梁章钜算一个，李滋然算一个。而明末的时候有多少忠臣呢？数都数不过来吧。清朝灭亡的时候，基本上没几个忠臣，那个时候大家都没有思想，没有孔孟之道，没有君臣大义，可怜到只有考据学。到了今天在整个人文学术的领域，主流还是考据学，还是纯学术，还是科学实证主义占主流，这项成绩虽然大，但它一定在另一方面有所缺失，这就是微言大义的方面。所以从清代到今天，最缺的是一种微言大义的精神，也就是真正的华夷之辨。

到底什么是华？什么是夷？是按血统论？还是按文化论？不管它是什么血统，站在汉文化上，他就是华夏；如果不站在汉文化上，不管穿的是什么衣服，登记的是什么姓氏，长着的是什么面孔，这都没有用。所以说到清学的时候，其实简单说就两句话：清代考据学在文献整理上的贡献很大，但是另一方面，义理、思想、微言大义、华夷之辨，承接几千年的文化传统，都被遗弃了。如果我们片面地效仿清代考据学，只做所谓的纯学术、实证的学术，那么我们这个国家的文化会沦丧。所以说到考据学，我觉得今天要特别看到它的一个缺陷，看到它救不了国家、救不了民族的弊端，并且应当努力在这方面对它有所纠正。虽然戴震也好，王国维也好，能做那么扎实的研究，虽然那种研究我们也应该做，但是不能光有这些。所以对清学就用两句话来论定，即"可以做纯粹的学者，但不可不知大义"。读书"知大体"，"先立其大者"，大体要是看不清楚，读书达不到高境界，不足以成为第一流的学者。

清朝因为有考据学，缺乏的是今文经学的精神，产生出来的刚好是跟今文经学相反的伪经文，就是康梁，所以我认为康梁在中国古代文化传统与近代化承接的过程里面，是一个特别大的转关，也是一个特别严重的失误。今天研究文、史、哲而喜欢康梁的人特别多、特别盛，好多大学的主流学者都在研究康梁。我跟他们的观点相反，我认为最大的千古罪人就是康梁。

从他们开始兴起伪今文，政治上、文化上一切都不可收拾，真的是让人痛心疾首。在最需要义理的时候，他们没有给考据学一种补正，也没有把真正的今文精神恢复起来，而是用了一种胡说八道、梦呓般的伪今文来推波助澜、落井下石。清代后期的学术主流，既不是考据学，又不是真正的今文经学，把孔子先给诋毁掉了。你一个今文学家，怎么能把孔子诋毁掉？诋毁孔子的人，怎么还能是揭示微言大义的人？应该是更亲近孔子的精神才对。《新学伪经考》《孔子改制考》一出版，大家就对孔子不尊重，圣人没有了任何尊严，之后打倒孔家店、废除汉字，五千年文明斯文扫地，所以康梁是真正的千古罪人。

这是我讲的七讲下来的最后一句话，就是一切坏事都坏在康梁上。现在大家不知道，还看不太清，还在表彰康梁。这当然就不会有好的结果，一定会有一个变本加厉的更糟糕的结果出现。如果要扭转百余年来一些错误的话，一定要反省到康梁这个点上；反省不了，后边可能很难有希望。现在有一大批人讲康梁之学，认为康有为是近代最伟大的一个人，我就不太理解这个事儿。

这期国学班就讲完了。大家能从头到尾听下来，我觉得是大家给我的一个很大的帮助。潇湘国学七讲到此结束，谢谢大家！

附　录

经学名义

窃尝论经学之要指，得八条。一曰经之数，二曰经之古，三曰经之史，四曰经之称，五曰经之名，六曰经之义，七曰经之实，八曰经之用。

一　经之数

经典自唐代增为九经，自宋代增为十三经，至明清为定数，各刊《十三经注疏》，而阮元校刻最为善本。一说宋代增《大戴礼记》为"十四经"。朱子作《论》《孟》《学》《庸》集注，宋理宗表彰之，故四书亦为经，原其篇目本在十三经之内。此为经数之极。

唐人增传记为经，此有故。盖因世代弥远，故虽七十弟子所记夫子言行，亦得等同经典。宋人拣择为四书，此亦有故。盖因世代益远，其事难返，其理易明，故以义理代史迹，盖皆出于不得已。不唯传记升为经典，即十三经之注疏，皆唐宋以前之古注，亦早与经典本文融为一体，不可或离。

但以经数言之，有经，有传记，有注，有疏，各不同，此亦不可不明。章实斋《校雠通义》云："盖官司典常为经，而师儒讲习为传，其体判然有别。"

《易》，经也，"十翼"则传也。《春秋》，经也，三"传"则传也。《仪礼》，礼经也，《丧服传》则传也，《礼记》则记也。《论语》《孟子》《孝经》《尔雅》皆传记之属。

然以渊源性质而言，又不止乎此。

三代文献多以《诗》《书》《礼》《乐》并称，当时虽未见"四经"之名，然其数为四，皆为真经。孔子删订六经，教授弟子则称六艺，至汉亡失《乐经》，故称五经。要之，四、六、五之数皆真经。

《公羊》《穀梁》亲承七十子如子夏辈，口耳相传为今文家学，存微言大义于文字之外，是为传记。左氏为鲁史、鲁君子，其书即史官之旧典，《春秋》与《左传》一为纲，一为目，本古史原有之体，故《左传》为真经。

《国语》亦为史官原有之体，苟非史官旧典则别无可能，旧谓亦出左丘明，号称"内传"，故亦为真经。

孔孟以《仪礼》为经，汉以《周礼》为经，《周礼》出于古文，又称《周官》《周官经》，虽内容与《仪礼》全异，而渊源性质纯为官书，后世如敕撰《开元六典》法之，自为真经。

《考工记》虽曰"记"，实为官书，故为真经，与《左传》似。

《大戴礼记》渊源性质与《小戴》同，故亦当为礼之记。

《逸周书》旧题《汲冢周书》，出自魏安釐王墓中，则为西晋出土之"战国简"。一说即《汉志》周史所记之"《周书》七十一篇"。究其渊源性质与《书经》相同，亦当为真经。

然以渊源性质而言，尚不止乎此。

《山海经》旧题夏禹、伯夷所撰，多载山川地理、古国世系，近代以来，王国维取以证殷商先祖"王亥"，胡厚宣取以证甲骨文"四方风"，不得以今人有所不明即谓其不实。江瑔《读子卮言》云："《山海经》一书，《汉志》虽列于形法，然其书皆记远方殊俗之物，实为古史之类，与六艺同为古人之史。"

《水经》，唐宋《艺文志》题桑钦撰，然以渊源性质言之，非汉儒所能为，殆亦三代官书，桑钦亦传习者也。

《内经》载在《汉志》，《本草经》载在《汉纪》，凡此之书皆非一人一时所能撰，必出上古世官世畴之学。世官世畴，故无撰著之人可称，后世不得已，或称其上限，则有黄帝、神农之说，或称其下限，故有张机、华佗之说，皆勉强为之，实甚无谓，非如今日西洋观念之重在"版权""专利"也。

甘氏《星经》、石氏《星经》，甘公、石申为汉人，其书则非一人一时所能撰，而天文历法尤当掌于王官，最忌者即"夫人作享，家为巫史"。故《星经》必出天子王官所守，甘公、石申盖亦传习之者。

此就传世者而言，其不传者，《尚书·帝典》命官二十有二人，《周礼》之三百六十官，皆是天子王官之守，即皆是天子王官之学，故皆为真经。章实斋《〈和州志·艺文书〉序例》云："《周官》之籍富矣！考工当为司空官属，其所谓《记》即冬官之典籍，犹《仪礼》十七篇为春官之典籍，《司马法》百五十篇为夏官之典籍。当日典籍具存，而三百六十之篇即以官秩为之部次。"

二　经之古

学者论孔子，则曰孔子作六经；论六经，则曰六经孔子所作。此在古代为一种简便说法，所谓"作"乃是兴起之意，盖因周文疲敝，官学失守，非孔子则纵有六经而不传，孔子真如西洋之能使文艺复兴者也。而今文家出于孔子，重其首事而称道之，谓六经皆孔子兴起之，有所赞叹，皆不为过。章实斋《文史通义》云："夫子未删之《诗》《书》，未定之《易》《礼》《春秋》，皆先王之旧典也。然非夫子之论定，则不可以传之学者矣。"

故"孔子作六经"之说，自可以一言以答启蒙之问，而欲语学者以六经之渊源，乃有笼统之嫌也。

故江瑔《经学讲义》论群经之缘起曰："有古代之六经，有孔子删订之六经，有孔子删订外之诸经。"界分群经渊源迄秦以前为上古羲农之史、唐虞三代之史、春秋列国之史三段，最为可取。

按民国以后学者论经学，专辟章节论古代六经如刘师培、江瑔者，不多见，略有数家而已。

马宗霍《中国经学史》，第一篇题《古之六经》。

　　文教部初级中学校《经学教科书》及关文英撰《参考书》第八章论历代经学之大势，第一节题《经学开辟时代》，此章结构虽与皮锡瑞《经学历史》略同，而此节所谓"开辟"则不主今文而主古文，故以为："六经之名自孔子而定，然其起源则邈焉尚矣。溯自伏羲之世，以迄孔子之前，各种经籍由萌芽而及于蜕化，由蜕化而渐臻于成立，是之谓'经学开辟时代'。"

　　陈燕方《经学源流浅说》亦有"古代六经的起原""西周时代的六经""孔子修订的六经"三章。

　　又柳诒徵《论近人讲诸子之学者之失》论诸子起源于王官，而王官不止于周，亦有虞夏之官，故曰："按《七略》原文，正未专指《周官》。如羲和、理官、农稷之官之类，皆虞夏之官。"

　　以上前贤所论，皆具卓识。

三　经之史

　　"先秦"为今人习语，往往暗指战国，而不以称三代，如云"先秦诸子"实为战国诸子即是。而"先秦"一段自唐虞而下，绵历悠久，尤不可以浑沦而论。邵雍所谓皇、帝、王、伯，已有四期，其间学术变迁，仍当细论。

　　《四库提要》谓经学"自汉京以后垂二千年，儒者沿波，学凡六变"，窃谓古之六经自羲皇、炎黄、唐虞迄晚周，历两千年不止，其间要当亦有流变。如孟子谓"王者之迹熄而《诗》亡，《诗》亡然后《春秋》作"，注疏云，"王者"谓圣王、周之王者。王者之迹熄，谓平王东迁，政教号令不及于天下。《春秋》拨乱，作于衰世，所存者但霸者之迹而已。此即以六经兼括王政、霸政二阶段。

　　《庄子·天下》篇论学术源流，以为"古之道术"流衍而三变。所谓"明而在""其在于""其数散于"云云，意谓以"旧法世传之，史尚多有之"为一变，以"《诗》《书》《礼》《乐》者，邹鲁之士、搢绅先生多能明之"为一变，以"百家之学时或称而道之"为一变。《汉志》所论只是汉代学术之源流，而《天下》篇所论方始近于三代、四代之学术真相。

此为孔子以前。孔子以后，汉儒承秦火之余，故有古文经学，以收拾残篇，而倡实事求是，又有今文经学，录口耳之传而为书，亦以保存文献为急，而倡微言大义。古称"文献"之"献"，曰"献，犹贤也"。《论语·八佾》"文献不足征"，朱子集注："文，典籍也；献，贤也。"故知"文献"一语而兼今文、古文二家，而二家皆有理据，皆有足取，实事求是与微言大义固相胥而用也。然太学中"五经博士"专取三代、四代王者之尘垢、秕糠、土苴、绪余，"夫六经，先王之陈迹也，岂其所以迹哉"为章句、注疏、训诂之学，非复三代、四代官师合一之旧。"一经说至百余万言"，"说五字之文至于二三万言"，治经之盛有如此者，此在太学亦势所必至，不得已也。

唐儒以南朝之典章，合于北朝之经术，而李氏兴自拓跋、突厥，上则为三省六部，下则以百亩分田，模拟《周官》之制。一统之下，不唯汇纂《五经正义》，亦且汇纂《唐六典》《唐律疏义》《大唐开元礼》《通典》《郡县图志》，皆集大成。此在唐儒，亦势所必至，不得已也。

宋儒承五代之丧乱，内则二教相逼，外则四夷相迫，又去古已远，取法周官而不得，即取法汉制、唐制亦不可能，故专注于反躬内心，言理、言道、言心、言性，谓孔、曾、子思、孟子没而无传，两汉而下，"千有余载，至宋中叶，周敦颐出于舂陵"，反而凌越汉唐而上之。以在野之微官，开私门之书院，而卒于传三代、四代尧、舜、禹、汤、文、武之道。此在宋儒，亦势所必至，不得已也。

清人已成文武之功，而去古益远，文献多讹，不可卒读，故学者疏通考据，经史与诸子联翩相贯，音韵与校勘靡所不为，卒而前有《钦定四库全书》，后成《皇清经解》，新校新注，后出转精。此在清儒，亦势所必至，不得已也。

故汉儒当汉时必为章句训诂之形态，唐儒当唐时必为《五经正义》之形态，宋儒当宋时必为义理道学之形态，清儒当清时必为校勘考据之形态。汉儒、唐儒、宋儒、清儒所学皆非真经，而皆得真经之一体。

故江瑔《经学讲义》云："二代之儒，处地不同，故操术亦异。使宋儒生于汉，未必不崇考据；汉儒生于宋，亦未必不崇义理。"

章实斋《州县请立志科议》云："三代以后之文章可无三代之遗制，三代以后之政事不能不师三代之遗意也。"经学为三代之事，后世可仿佛而不可企及。虽不可及，而无不皆以三代、四代为会归，以尧、舜、禹、汤、文、武之治世为精神祈向。

吾国学术之史，有正题，有反题。经学兴即正题，子学兴即反题也。正题、反题每与家国、时局、教化、风尚为升降。

希腊古有黄金时代，中国古有大同之世，此为中国学术之正题。换言之，三代王官学是正题，晚周诸子学是反题；三代王官学是源，而晚周诸子学只是流也。晚周一向称为衰世，诸子百家莫衷一是，大哀伤心，大醉终身不醒，孔子开创儒家，全由"周文罢敝""礼崩乐坏"反动而出，此即是反题。

而秦汉一统，立官学，政治、制度均为极盛，经学承三代之后亦粲然大备，此为正题。魏晋又衰，玄言、佛教风行，此为反题。

唐代一统，取法六典，敕撰《五经正义》，再兴经学，此为正题。至两宋，承五代之弊，风教陵夷，廉耻道尽，贤人君子在野，又去古弥远，故学者作为"新经"，王介甫之"新三经"、朱子之"四书"皆是也，又兴作"道学"，濂、洛、关、闽各显家派，此即子学盛也，即反题也。

至元一统，而仁宗以四书取士，诸儒遍注十三经，明人《五经四书大全》因之而成，经学再兴，此为正题。而明末学术杂而不纯，心学近乎狂禅，经学盛乎讲章，实即私学泛滥，此为反题。

至清以纯简之风，承数千载之文教，上循天命，下尽人事，其开国有法，其建国有序，其学术凌越前代，盖自知夷狄，尤能自勉，开馆修书，《钦定四库全书》之宗旨在营建官学，提升经史，贬抑子集，此即正题。而民国"重新估定一切价值"，毁灭古学，全盘西化，以反夷狄之满洲，连带反政治之体制，以反政治之体制，连带反儒学与经学，不断革命，祸延三世，大乱至此亟矣，"三千年未有之变局"，而巨劫奇变先起于家门之内，故决然为一反题。

梁启超谓清代"二百余年之学史，其影响及于全思想者，一言蔽之曰：'以复古为解放。'第一步复宋学之古，对于王学而得解放。第二步复汉唐之古，对于程朱而得解放。第三步复西汉之古，对于许郑而得解放。第四步复先秦之古，对于一切传注而得解放"。

所谓"以复古为解放"之含义，盖谓处于一时代，即往往以为此一时代之事皆当然合理，遂偏于绝对，故研讨此一时代，须追溯其前一时代，则知前一时代为因，后一时代只是其果也。至于前一时代，亦往往视为当然，故须再向前追溯，如此而至于邃古文明之开辟，然后各代之变迁，无不因果相承，秩然有序。知各时代莫不各有其时势，即各有其胜境，即各有其弊短，然后可以知天命而尽人力。由追溯前代则似为"复古"，由察知一代之因果究竟而解其绝对僵死之鄙固则称之为"解放"。由此复古而又复古，最终将全部古代学术复古一过，即全部古代学术解放一过，是为中国学术之重建。

唯梁启超所说复古至先秦学占学界第一之位置，尚有未达之境，故钱穆以为当再向前追溯，"复虞夏之古来解放殷商"，则可将中国"文化学术思想从头整理一过"。所谓唐虞之古，即《尚书·帝典》所载之史，疑古派于此破坏最力，然则解之之法，即当更复炎黄、伏羲之古而追溯之。

四　经之称

经典之称不一。"事""文""史""义"，凡四"名相"，皆具经之一体，故章实斋之书题曰"文史通义"。

《孟子·离娄下》论《春秋经》曰："其事则齐桓、晋文，其文则史，孔子曰：'其义则丘窃取之矣。'"言"事"、言"文"、言"史"、言"义"，而以四者为一。事谓五霸政事之迹，文谓文字，史谓史官其人。

　　至于"义则窃取"之"义",则有二解。

　　其一解为"仁义"之"义"。"仁义"之"义"解为"宜"、为"判"、为"别"、为"辨",有裁断之意。故"义则窃取"可解为孔子代天子王官而行裁断,宋孙奭疏曰:《春秋》以义断之,则赏罚之意于是乎在,是天子之事也。"《公羊传》载此文作"其词则丘有罪焉耳",何休注"其贬绝讥刺之辞"。

　　其二解为"经义""义理""微言大义"之"义"。《春秋》之裁断,曰辞、曰文、曰义例、曰笔法,此外又曰"义",又进而曰"微言大义",可知"义"之含义甚广,非"文辞"可以包容。《公羊》《穀梁》二传纯为孔子疏解《春秋》文意之书,而又别有"微言大义"于章句之外。

　　"义"与"心意"之"意"相近,谓所寄寓之意,即《易经·系辞上传》子曰"言不尽意"、《庄子》"得意而忘言"之"意"。典籍诸书"经义""经意"皆通用。义、意不可言传,唯存之于心,故孔子可以"窃取",而难于传授弟子。故朱子《孟子集注》又曰:"义者,人心之裁制。""义者,心之制、事之宜也。"

　　而章实斋解《春秋》之"义",多作史识之意。其所谓史识,即以六经为先王之政典,即六经皆天子王官之所守,亦即经之所以为经之由。

　　《文史通义·史德》云:"史所贵者义也,而所具者事也,所凭者文也。孟子曰:'其事则齐桓、晋文,其文则史,义则夫子自谓窃取之矣。'……史之义出于天,而史之文不能不借人力以成之。"

　　《方志立三书议》又云:"孟子曰'其事''其文''其义',《春秋》之所取也。即簿牍之事,而润以尔雅之文,而断之以义。……譬之人身,事者其骨,文者其肤,义者其精神也。"

　　《〈永清县志·舆地图〉序例》又云:"古人口耳之学,有非文字所能著者,贵其心领而神会也。至于图像之学,又非口耳之所能授者,贵其目击而道存也。"

　　《〈亳州志掌故〉例议下》又云:"夫志者,志也。其事其文之外，盖有义焉。……要读之者美爱传久，而恍然见义于事、文间，斯乃有关于名教也。"

《为张吉甫司马撰〈大名县志〉序》又云："志者，志也。其事其文之外，必有义焉，史家著作之微旨也。"

《文史通义·申郑》又云："孔子作《春秋》，盖曰'其事则齐桓、晋文，其文则史，其义则孔子自谓有取乎尔'。夫'事'即后世考据家之所尚也，'文'即后世词章家之所重也，然夫子所取不在彼而在此，则史家著述之道，岂可不求义意所归乎？"

以实言之，"义"为名教；以虚言之，"义"为先王所以行教化之用心。故实斋称之曰"精神"，曰"心领而神会"，曰"著作之微旨"。

而江琼《经学讲义·绪论》亦云："一字一句，莫不有深意存乎其间。有大义焉，有微言焉。大义可求诸经文之中，微言须会于经文之外。"

故"事""文""史""义"皆得《春秋经》之一体，即《春秋经》得有四种名相。"事"谓齐桓、晋文之政事，即所针对之事物名称。"文"谓以文字为载体，即现代汉语所谓表现形式。"史"谓其设官分职之所守，现代之学科分类为史学。"义"谓其特质所在，苟不见此，犹之文论"有貌而无神"。

然顾亭林《日知录》又曰："孟子曰'其文则史'，不独《春秋》也，虽六经皆然。"

准此而论，六经皆各有其载体、其表现形式、其学科分类，亦各有其特质所在。

《书经》有"事"、有"文"、有"史"、有"义"，尚在《春秋》之前。

《书序》曰："古者伏牺氏之王天下也，始画八卦，造书契，以代结绳之政，由是文籍生焉。伏牺、神农、黄帝之书，谓之《三坟》，言大道也。少昊、颛顼、高辛、唐、虞之书，谓之《五典》，言常道也。至于夏、商、周之书，虽设教不伦，雅诰奥义，其归一揆。"

所言伏牺氏以下三皇、五帝、三王，即《书经》之事。所言"书契"即《书经》之文。《周礼》外史"掌三皇五帝之书"，即《书经》之史，至《书经》之"义"，则与《春秋经》同。

《尚书·舜典》载帝舜命官：伯禹做司空，弃做后稷，契做司徒，皋陶做士，垂做共工，益做虞，伯夷做秩宗，龙做纳言，夔做典乐，"诗言志，歌永言，声依永，律和声"，数语足以概括《诗经》之四名相，与《孟子》数语概括《春秋》同功。歌咏谓其事物，声律为其表现形式，诗为其学科分类，志为《诗经》之特质。

"礼节乐和"，此谓《礼经》《乐经》之特质。《论语·阳货》：子曰："礼云礼云，玉帛云乎哉？乐云乐云，钟鼓云乎哉？"《礼经》不止于玉帛，当有义存，故孔子反问之，而朱子集注云："敬而将之以玉帛，则为礼；和而发之以钟鼓，则为乐。"又引程子曰："礼只是一个序，乐只是一个和。只此两字，含蓄多少义理。"

故《礼经》所针对之事物名称为礼节，其表现形式为玉帛，为往来，为动静周旋，现代称为仪式，其职守为秩宗、宗伯、太常，现代学科分类为艺术，《礼经》之义则为敬、为别、为序、为节。

汉初有鲁徐生"善为容"，而"不能通经"。"为容"又作"为颂"，苏林注谓"盘辟"，盘辟犹盘旋也。《礼记·曲礼上》作"还辟"，郑玄注"犹逡巡也"。欧阳修、柳宗元集均作"旋辟"。今按"为容""盘辟""还辟""旋辟"，即《礼记·内则》之"进退周旋"，《左传》之"左右周旋，进退俯仰"，《孟子》之"动容周旋中礼"。

有动静周旋而未必成礼，别有义在也。能通经义谓之"通经"。史载："公如晋，自郊劳至于赠贿，无失礼。女叔齐曰：'是仪也，不可谓礼。'"赵简子问揖让周旋之礼，子大叔对曰："是仪也，非礼也。"《庄子》云："孟子反、子琴张二人相视而笑曰：'是恶知礼意！'"

《乐经》之传授，以技艺不以文字，而亦有经义。汉初有鲁人制氏，"颇能铿锵鼓舞"，"而不能言其义"。

"礼有玉帛，而织妇琢工可参高堂之座；乐有钟鼓，而镕金制革可议河间之《记》也。"章实斋讥之为"横通"。

《易经》所包最广，《系辞上传》所谓"《易》与天地准"，"夫《易》广矣大矣"。无所不包，故以天地万物为所针对之事物。

《系辞上传》："《易》有圣人之道四焉：以言者尚其辞，以动者尚其变，以制器者尚其象，以卜筮者尚其占。"孔颖达疏："'辞'是爻辞，爻辞是器象也。'变'是变化，见其来去，亦是器象也。'象'是形象，'占'是占其形状，并是有体之物。"故以辞、变、象、占为表现形式。

《周礼》：太卜"三兆、三易、三梦之占，以观国家之吉凶"。现代学科有数学、物理及生化，然均不及人事。《易经》与现代学科无可对应，姑且列为哲学。

综上而言，经典皆各有其针对之事物，各有其表现之形式，各有其学科之分属，然则亦皆各有其特质。以事物称之，以形式称之，虽不得曰不为经典，要皆不足以括尽经典之义。民国学者援引西洋学科之分类，谓经典当分属于各学科，进而断言并无所谓经典，是只知有学科分类而不知有特质。

故知所谓"经"者，谓有其特质，非谓有其学科分类。换言之，经典乃是以特质相称，非以学科异同相类。六经各有其特质，故六者皆称为经，与六者分属于何学何科无关。故《春秋》，史书也，而为经。《尚书》，史书也，而为经。《诗三百》，歌咏也，而为经。《礼》《乐》之声音舞蹈，与《周易》之无所不包，而皆为经。

史称为经，故经史一义，故章实斋曰"六经皆史"。

六经皆史，则史即六经。故章太炎《訄书》云："上古以史为天官……人言六经皆史，未知古史皆经也。"

康熙间宁都易堂九子之彭任《草亭文集·历代文约序》曰："经以载道，史以记事，经即史，史即经也。后世之所谓经史，道其所道，事其所事，是以不惟道与事分，而经史亦遂已截然分而为二已。"

日本旧刻《元明史略》越克敏序曰："古昔无经史之分，浑噩之书，其文即史，其义即经。"

有三代、四代之史，有两汉以降之史。"六经皆史"，经谓孔子时代之经，史谓三代之史。孔子时代之经，即三代之史也。实斋所为考镜源流之说也。

张尔田《史微·内篇·明教》曰："三代以上，帝王无经也，史而已矣；三代以上，帝王无教也，政而已矣。……经与史之区分，政与教之所由判也。由前而言，六艺皆三代之政也，故谓之为史；由后而言，六艺皆孔子之教也，故谓之为经。"

三代、四代，史称史官，而经皆官书，故史即经，经即史，经史不分。两汉以降，经史分离，史即史，不得称经。

"六经皆史"，三代、四代之经也；晚周以后若"十三经"中诸传记，是不得曰"皆史"也。秦汉以后若《汉书》诸史与子、集，是不得皆曰经学。然则以渊源而来，晚周秦汉以下之史、子、集，凡天下著作之林，皆当以六经为会归。三代、四代之史是经，故秦汉以后之史当承三代、四代之遗意，以期由史升经，而史部之学亦当以史官为正。故实斋此语，意有寄托，亦以三代、四代为祈向也。故实斋所著述多省、府、县志，其义实以方志为官书，而官书则寓含经义。故人以为方志琐屑，而实斋以为可为。所谓"化腐朽为神奇"，"虽不能至，然心向往之"，可也。

五 经之名

"经"之为名，以实言，不以称谓言。

有其实，则经典之信史固在，故经学得以成立，而不必待其名。"吾将为名乎？名者实之宾也。"

昔孟子谓"以意逆志"，司马迁谓"心知其意"，民国世风不贵心意，而贵"史料"，故唯知六经之称谓，见其字则谓之有，不见其字则谓之无，于是群以经学为汉代之物。夫汉代自有汉代之经，自有汉代治经之学，而谓古经肇始于汉人，又谓经名后起，故本无所谓经，误之甚矣。

今人或谓经学之名始于汉代，遂认为经学为汉代之学，则经学之次第反在诸子之后；又或以诸子百家之争鸣为"自由""繁荣"，经学乃是"窒息""结束"诸子者，故遂以为经学为一大反动。

王船山《读通鉴论》云："三代之教，一出于天子所立之学宫，而下无私学。然其盛也，天子体道之精，备道之广，自推其意以为教，而师儒皆喻于道……乃流及于三季之末，文具存而精意日以泯忘，国家之教典，抑且为有志之士所鄙，而私学兴、庠序圮矣。"此言痛诸子生于乱世也。

"经"之为名，先有其实，后有其名。

经典皆上古官书，而有"经"之名，以"六"为数，始于孔子之时。皮锡瑞曰："孔子以前，未有经名，而已有经说。""孔子出而有经之名。"此语虽出于今文家言，然证以《庄子·天道》孔子往见老聃"翻十二经以说"，大体可信。

《易》为专名，分而言之有《连山》《归藏》《周易》三《易》，然而皆不称"经"。

《诗》为专名，分而言之有《颂》、有《雅》、有《风》，然而皆不称"经"。

《书》为《尚书》之专名，分而言之则有《唐书》《虞书》《周书》之名，然而皆不称"经"。

"春秋"为国史之代称，故有《晋春秋》，有《燕春秋》，有"百国春秋"，然而皆不称"经"。其余如《晋乘》《楚梼杌》，亦不称"经"。此皆国史也。诸侯虽有史官，而史官不听命于诸侯，而听命于天子；又非听命于天子，而听命于天道。太史执简，太卜抱龟，尊道而不尊君。故诸侯国史皆为天子官书，不与大夫私家著述同。

故知经典皆三代、四代上古所有，又且各有专名，如河水、江水各为专名之例，故曰先有其实。经典皆不称"经"，称"经"则为后起，故曰后有其名。而"经"之名虽为后起，其先固为官书，故亦不得谓其非经也。譬如江河万古而长流，固不得因其名之后起与否而遂谓其非江河也。

故实斋《文史通义·解经上》曰:"六经不言经,三传不言传。……因'传'而有'经'之名,犹之因子而立父之号。"《文史通义·原道下》又曰:"人之萃处也,因宾而立主之名。言之庞出也,因非而立是之名。"

先有其实,后有其名,不唯经典如是,事物之理莫不如是也。

故知先有其实,后有其名,上至国名,下至人名,莫不如是。古人生而名之,冠而字之,死而谥之,皆以事实在前,名称在后,以期名副其实。《日知录》云:"《诗》'鸟乃去矣,后稷呱矣',子初生而已名之为'后稷'也。'为韩姞相攸',女在室而已名之为'韩姞'也。皆因其异日之名而豫名之,亦临文之不得不然也。"正谓先有其人而后有其名。国名亦同,然不得谓始有国名,即认为国家始于此时。故有中国之名数十百年,而有中国之实则数千年也。并不因其名称未立,即否定其事实之存在也。

故有后起之事,乃有前事之名。诸子已兴,而有官学之名。太学已起,而有经学之名。正史之名,在《史》《汉》之后;楚辞之名,在《离骚》之后;集部之名,在《文选》之后。上自儒、道、墨、法诸家,下至濂、洛、关、闽诸子,学术流衍,莫不如是。

抑又有甚者。名之所起,乃是实之所亏。故老子曰:"失道而后德,失德而后仁,失仁而后义,失义而后礼。"故有名正由其事有所变异,不得保其初始本真,失其纯完之状。故有名乃是实之亏,而欲察其纯足完备,乃在于无名。故老子曰:"上德不德,是以有德;下德不失德,是以无德。"

《朱文公文集》卷七十四《讲礼记序说》:"古礼非必有经,盖先王之世,上自朝廷,下达闾巷,其仪品有章,动作有节,所谓礼之实者,皆践而履之矣。……其后礼废,儒者惜之,乃始论著为书以传于世。"

孔颖达谓《尚书》本无名,有名为不得已。《尚书·序》正义曰:"道本冲寂,非有名言。既形以道生,物由名举,则凡诸经史,因物立名。物有本形,形从事著,圣贤阐教,事显于言,言惬群心,书而示法，既书有法，因号曰《书》。"

《宋史》谓道学传自思孟，而未有名称。《道学传·序》曰："道学之名，古无是也。三代盛时，天子以是道为政教，大臣百官有司以是道为职业，党、庠、术、序师弟子以是道为讲习，四方百姓日用是道而不知。是故盈覆载之间，无一民一物不被是道之泽，以遂其性。于斯时也，道学之名，何自而立哉？"

实斋《文史通义·易教中》曰："羲农以来《易》之名虽未立，而《易》之意已行乎其中矣。上古淳质，文字无多，固有具其实而未著其名者。"《文史通义·文集》又曰："建安、黄初之间……则文集之实已具，而文集之名犹未立也。"

故古人治学，以纯简为上，以繁称为不足。孔子去古未远，犹及阙文，而庄子已讥其为先王之陈迹、糟糠、土苴、粪壤，而况两汉太学中之残篇乎！

《文史通义·浙东学术》又曰："三代学术，知有史而不知有经，切人事也。"有史即有经也。虽有经，而不知有经也，唯知切于人事，不知概以浮词也，故曰纯足完备。

经学为总括之名，在古人视之尤轻。自两汉有《五经杂议》《五经异义》，而《四库提要》编次"五经总义类"在"孝经类"之后，又叹其"正名若是之乱也"。

史学及子部、集部亦然。自唐有《史通》，而《四库提要》编次"史评类"于史部十五类最后。集部"诗文评类"推本刘勰、钟嵘，然亦编次别集、总集之后，且谓"《唐书》以下则并以集部之末别立此门"。而子部并"总义""评注"之类亦无。

古人未有"经学概论""经学通论"之名，亦不得遂谓之无经学。民国推倒经学，而后"经学概论""经学通论"之名乃大行于世也。

故经典无名，而无名故不可言传。《庄子》云："道不可闻，闻而非也；道不可见，见而非也；道不可言，言而非也。知形形之不形乎，道不当名。"

故曰：以实言，先有经，后有传；以名言，乃是先有传，后有经。以实言，先有经，后有子；以名言，乃是先有子，后有经。

有正史，有私修之史。正史称之为"史官"，私修则当称之为"史家"，与诸子为"家言"之意略同。今人往往称"史家"，而在上古，"史官"不得称"史家"，称"史家"则为诸子矣。今人往往称"史学"，三代、四代之史不得称"学"，称"学"则官师分离而不完矣。

故曰：经本无名。无名者乃是真经。《四库提要·经部总叙》云："经禀圣裁，垂型万世，删定之旨，如日中天，无所容其赞述。"此即无得而名之意。

六　经之义

群经有通义。以古制而言，经为天子王官之学。以今制而言，经即国家学术。

经即国家学术，非谓国家之所有，无论是否概以为经，而谓国家学术当如此。"国家学术"宜解为"具有国家水准"，或"具有国家应当之水准"。

"经"之字义，为大纲大常，而经之"实际义"，正谓"国学"。

《公羊传》："何言乎'王正月'？大一统也。"《白虎通义》："德合天地者称帝，仁义合者称王。"又曰："三纲法天、地、人，六纪法六合。""大者为纲，小者为纪，所以张理上下，整齐人道也。"

曰"经"，曰"统"，曰"纲"，三者一义。皆包举宇内而言，此谓大纲大常。有天子，有诸侯，有大夫，有陪臣。诸侯、大夫之所学皆称子，称私言，此谓非经。

实斋《文史通义》首一句曰："六经皆先王之政典也。"此云"先王"，天子也，非诸侯也。

近人章太炎阐发《汉志》，谓"古之学者，多出王官"，"诸子出于王官"，胡适驳章太炎，因及刘歆、班固，倡言"诸子不出于王官论"。实则《七略》《汉志》不只诸子出于王官，而且六略皆出于王官，即学术皆出于王官。学术皆出于王官，故官学为一、政教为一。

《汉志》以"六艺略"居第一，言六经。"诸子略"居第二，其称诸子学术，均为《六经》之支与流裔"。又论"九流十家"，以儒家出于司徒之官，道家出于史官，阴阳家出于羲和之官，法家出于理官，名家出于礼官，墨家出于清庙之守，纵横家出于行人之官，杂家出于议官，农家出于农稷之官，小说家出于稗官。"兵书略"谓兵家出于古司马之职，"术数略"谓数术出于明堂羲和史卜之职，"方技略"谓方技亦为王官之一守，"诗赋略"称"登高能赋可以为大夫"，则诗赋亦出王官之一守。故"诸子""诗赋""兵书""术数""方技"五略，皆可谓之出于王官。

天子之官曰王官，王官谓舆图全境，与四方相对。现代语为"国家学术"，而古文"国"与"家"相对，"国"谓全国，包举东亚，乃至延及于天下，所谓"天下同文之国"者是也，而"家"乃谓大夫之"私家"。

上古王官之学，世官世畴。

《史记·历书》："幽、厉之后，周室微，陪臣执政，史不记时，君不告朔，故畴人子弟分散，或在诸夏，或在夷狄。"如淳曰："家业世世相传为畴。"

《孟子·告子下》："四命曰：士无世官。"此谓大夫以上皆世官也。

故章实斋《校雠通义·原道》云："有官斯有法，故法具于官；有法斯有书，故官守其书；有书斯有学，故师传其学；有学斯有业，故弟子习其业。官守学业皆出于一，而天下以同文为治。"

学在天子，非谓天子可以"垄断学术"，乃谓能施行政教乃可以为天子。

世官世畴，亦非谓天子之王官可以"垄断学术"，乃谓王官能尽职守，以利于天子。

世官世畴，故学术可精，所谓"其物乃至""明神降之"。其守职敬业之谨严有如此者。

如《左传》所云"官宿其业，其物乃至。若泯弃之，物乃坻伏，郁湮不育"，《国语》所云"民之精爽不携贰者，而又能齐肃衷正，其智能上下比义，其圣能光远宣朗，其明能光照之，其聪能听彻之，如是则明神降之"，只此即现代"工薪制"之"职业化"远不能及。

史称颛顼时，学术不在天子，而在大夫，人人作享，家家巫史，故颛顼治之。

实斋《〈和州志·艺文书〉序例》论后世学术流变，自诸子以下则曰："三代而后，文字不隶于职司，于是官府章程，师儒习业，分而为二。以致人自为书，家自为说，盖泛滥而出于百司掌故之外者，遂纷然矣。"实斋《诗话》论传奇、词曲以下则曰："六代以降，家自为书。……遂使瞽史弦诵，优伶登场，无分雅俗男女，莫不声色耳目。盖自稗官见于《汉志》，历三变而尽失古人之源流矣。"所谓"人自为书""家自为书""家自为说"，即《国语》"夫人作享，家为巫史"句式之模拟。

今人倡言"学术自由"，亦即人人作享、家家巫史也，故"学术自由"与"国家学术"有别，知有"学术自由"而不知有"国家学术"，是不得谓之有国也。

上古天子"治历明时"，故历代禁私习天文。《通典》曰："私习天文者，并不在自首之例。"《宋史》曰："开宝中，太宗以晋王尹京，申严私习天文之禁。"

而《日知录》引樊深《河间府志》曰："愚初读律书，见私习天文者有禁。后读制书，见仁庙语杨士奇等曰：'此律自为民间设耳，卿等安得有禁？'遂以《天元宝历祥赋》赐群臣。由律书之言观之，乃知圣人所忧者深；由制书之言观之，乃知圣人之所见者大。"

天文之学，禁民间不禁王官，明仁宗"禁律为民间设"一语，最契经义。

而疑古派顾颉刚《读书记》引之曰："读此，可见中国天文学所以不发达之故。宋代皇帝既召知星者诣京师，又以私习天文诛之，为一网打尽之计。君主愚民，可为痛恨。大抵当时天文与图谶相杂，君主以其足以乱天下之心而杀之，咎亦半由自取。"顾氏对于古人天文制度之批评，与民国学者对于经学之批判同步，诸人推翻天子经学于上，倡行"大众文化"于下，凡近百年，实则未见上层学术有所规范，下层文化有所提升，在上者空乏无学，在下者泛滥无收，上下两毁，世风大乱。此由诸人唯知毁经，而实未知经义云何所致。

七　经之实

经之实，为人文，为文明，为道德。

汉语"文明""文化"之"文"，其含义为交错之笔画、交错之色彩。《说文》曰："错画也，象交文。"

古人文字、术语多出自王官。如"道"古文作"衜"，"德"甲骨作"徝"，"衜徝""衜术"出自羲和治历之官。"法""治""刑""平"出自司空治水之官。"和"与"谐"，古文作"龢龤"，出自乐夔乐正之官。度量、权衡、规矩、准绳出自巧倕、共工之官。"理"出自玉人之官，《说文》："理，治玉也。"而"文"字出自画缋之官，《周礼·考工记》："画缋之事，杂五色。"

"文"从人事上说则为"人文"，或称"人道"。"人文"与"人道"相对于"天文""天道"而言。但"人文"与"人道"又不与"天文""天道"截然对立，亦不为之附庸从属，而是从"天文""天道"中渊源而出。从"天文"到"人文"，从"天道"到"人道"，构成有序之整体。

"文"从作用上说则为"文教"，或称"文化""教化"，又称"风教"。所谓"教"意指"上行下效"。所谓"化"意指变化，如称"化民易俗""化性起伪"。所谓"风"，是指文教之施行，如风吹草偃，柔和而有效，而不必如法令之推行刚断明决也。

"文"从政治上说，则有"文治"，即"仁政""王道"。"仁政""王道"有别于征伐，不以力服天下。"行一不义，杀一不辜，而得天下，皆不为也。"

"文"从伦理上说，则称为"仁"。"仁"与"人"二字古文互通，故称"仁者，人也"。"仁者，人也"进而引申，则称"仁者，爱人"。经传又称："樊迟问仁，子曰爱人"，"唯仁人为能爱人"，"中心憯怛，爱人之仁也"，"古之为政，爱人为大"，"君子之爱人也以德"，"君子学道则爱人"。"爱人"，则厩焚不问马，则"知自别于禽兽"。故东方古典之"人文"是自觉与人类群体相认同，而与禽兽、动物相区别。

"文"从发展程度上说，因其高明，因其境界，因其灿烂，因其悠久，故称之为"文明"。日月之光照为明。"悬象莫大乎日月"，"遍照天下，无幽不烛，故云明"。

故在东方古典中，"文明""文化""人文""人道""文教""教化"，诸名一义。

"德"与"得"相反而相通，古文"德"与"得"互释。

"德"与"得"二字均在"行"部。

《说文》"德"解为"升"，解为"登"。《公羊传》何休注："'登'读言'得'。"故《说文》段注曰："得即德也。"《释名》曰："德，得也。"《集韵》曰："德，行之得也。"《庄子·德充符》："无丧，恶用德?""德"与"得"二字通假，德丧即得丧，即得失。

《礼记·乐记》亦云："德者，得也。"《论语·述而》"据于德"，朱子集注："德者，得也。"

"得"字之义为"获"，为"取"。《说文》云："得，行有所得也。"段注："行而有所取，是曰得也。"《春秋经·定公九年》："得宝玉、大弓。"《左传》："书曰'得'，器用也。凡获器用曰'得'，得用焉曰'获'。"

"得"甲文从寸从贝，小篆讹作从"见"，为手持货币之象，意为获取财物。

文献"德"与"得"字义相反，如《大学》云"君子先慎乎德。……德者本也，财者末也"，故以"德"直解为"得"则有碍。考"德"字甲文作"値"，亦作"徝"，则与"徥"相近。《玉篇》："値，施也。"此即"德"之本义，从"心"为后起。由"徝徝"二字即可见"道德"之同源，亦可见其非虚语，当皆出于羲和天官之学。

《墨子·天志中》："夫爱人利人，顺天之意，得天之赏者，谁也？……上利乎天，中利乎鬼，下利乎人。三利无所不利，是谓天德。"以天德、得赏、无所不利三义并称。

盖"德"与"得"相反而相通，有施与乃有获取，此由双方而言也，一方为施与，则一方为获取也。

而古人所谓德之施，其本义乃指天之德。

《乾卦·象传》曰："天行健……德施普也。"《尚书大传》曰："祝上帝于南郊，所以报天德。迎日之辞曰：明光于上下，勤施于四方。"《春秋繁露》曰："天德施，地德化。"贾谊《新书·道德说》云"德之有也，以道为本"，"物所道始谓之道，所得以生谓之德"，"物皆得道德之施以生"，又云"德有六美"。皆天德之谓也。

德为天德，故其德无名无私；德为施财，故其利益无不沾溉。

《易经·系辞下传》曰："天地之大德曰生。"天地之德是为道德之源，故称"大德"。而天地之大德无名，无言，无私，无为。

《论语·阳货》曰："天何言哉？四时行焉，百物生焉，天何言哉？"《礼记·孔子闲居》曰："天无私覆，地无私载，日月无私照。奉斯三者以劳天下，此之谓三无私。"《礼记·中庸》曰："高明配天，不见而章，无为而成。"《礼记·哀公问》曰："无为而物成，是天道也；已成而明，是天道也。"

真正的德，不可宣传，不可言说，不可表达，此之谓"大德""至德""上德"。

故有德则无名。天德无私，故有施与之实，而无施与之名；有名即有得，则非施与，而为交易。故真有德者，无德之名，有名即非德也。故老子曰："上德不德，是以有德。"所谓"上德"，则无任何收获，无任何回报，亦无施德之名，此之谓真有德。"下德"不忘给予，以有德之名声为回报，实则非德，故曰"无德"。

今世之施财物者，多为名，治政、治学者亦多为名。《春秋繁露·深察名号》曰："名生于真，非其真弗以为名。"而施财之名、治政之名、治学之名，谓之虚名，古人谓之"自伐"，谓自伐其德也。

凡有名皆非德。故名者，德之贼也。

八　经之用

经典有义、有用，义即经之体，而体用不二。唯经之义难言难明，而经之用易晓易行，故可论。

《礼记》有《经解》篇，"记六艺政教得失"。此言六经政教，即经之用。

其文云："孔子曰：入其国，其教可知也。其为人也，温柔敦厚，《诗》教也。疏通知远，《书》教也。广博易良，《乐》教也。絜静精微，《易》教也。恭俭庄敬，《礼》教也。属辞比事，《春秋》教也。"只此六句24字，其政教作用即史、子、集部著述所绝无，而为六经所仅有。

又曰："故《诗》之失愚，《书》之失诬，《乐》之失奢，《易》之失贼，《礼》之失烦，《春秋》之失乱。"此为反论。

又曰："其为人也，温柔敦厚而不愚，则深于《诗》者也。疏通知远而不诬，则深于《书》者也。广博易良而不奢，则深于《乐》者也。絜静精微而不贼，则深于《易》者也。恭俭庄敬而不烦，则深于《礼》者也。属辞比事而不乱，则深于《春秋》者也。"此为深论。深则能通，深通则有利而无弊矣。

古人又称：《诗》以道志，《书》以道事，《礼》以道行，《乐》以道和，《易》以道阴阳，《春秋》以道名分。"此亦言经典之作用，六经各以一字二字蔽之，只此六语亦史、子、集部著述所绝无，而为六经所仅有。

《史记·太史公自序》又曰："是故《礼》以节人，《乐》以发和，《书》以道事，《诗》以达意，《易》以道化，《春秋》以道义。"

《史记·滑稽列传》又曰：孔子曰："六艺于治一也。《礼》以节人，《乐》以发和，《书》以道事，《诗》以达意，《易》以神化，《春秋》以道义。"

《汉书·艺文志》又曰："六艺之文，《乐》以和神，仁之表也；《诗》以正言，义之用也；《礼》以明体，明者著见，故无训也；《书》以广听，知之术也；《春秋》以断事，信之符也。五者盖五常之道，相须而备，而《易》为之原。"

《七略佚文》又曰："《书》以决断，断者义之证也。""《诗》以言情，情者性之符也。"

《汉志》所谓仁之表、义之用、知之术、信之符，《七略》所谓"性之符""义之证"，皆作用之意。

《春秋繁露·玉杯》又曰："《诗》道志，故长于质；《礼》制节，故长于文；《乐》咏德，故长于风；《书》著功，故长于事；《易》本天地，故长于数；《春秋》正是非，故长于治人。"

《史记·太史公自序》又曰："《易》著天地、阴阳、四时、五行，故长于变；《礼》经纪人伦，故长于行；《书》记先王之事，故长于政；《诗》记山川溪谷、禽兽草木、牝牡雌雄，故长于风；《乐》乐所以立，故长于和；《春秋》辩是非，故长于治人。""长于"云云，此亦谓经典之作用。

荀子又申论经典"为士""为圣人"之"义"，其言曰："学恶乎始？恶乎终？曰：其数则始乎诵经，终乎读礼；其义则始乎为士，终乎为圣人。真积力久则入，学至乎没而后止也。故学数有终，若其义则不可须臾舍也。为之人也，舍之禽兽也。故《书》者，政事之纪也；《诗》者，中声之所止也；《礼》者，法之大分，类之纲纪也。故学至乎礼而止矣，夫是之谓道德之极。《礼》之敬文也，《乐》之中和也，《诗》《书》之博也，《春秋》之微也，在天地之间者毕矣。"

杨倞注："数，术也。经，谓《诗》《书》。礼，谓典礼之属。义，谓学之意，言在乎修身也。"王先谦集解："此说六经之意。""荀书以士、君子、圣人为三等修身，《非相》《儒效》《哀公》

篇可证，故云始士、终圣人。"

此言即可视为荀子之"经解"。其言数、义，犹孟子言事、文、史、义也。钱基博《国学文选类纂总叙》尝称道其"兼综数义""贯义与数而一之"，而引申"数"为"国学之指趣"，"义"为"国学之大用"。

要之，经典有特质，故亦有其特别之作用，皆后世史、子、集不得取而代之者。

民国学者不见经典之特质，遂亦不明经典之作用，其作用皆今日文、史、哲各科所不备，而经典之无可取而代之亦明矣。

国学名义

窃尝论国学之本义，以及国学之名义，与国学之时义，得十条。第一义，国学为国家学术；第二义，国学为开国、建国、立国、治国、保国之学；第三义，国学在于政教、政道、官师合一；第四义，国学有天子失官、礼失求野、据子升经之义例；第五义，论国学中之源与流；第六义，论国学中之道与迹；第七义，论国学之兴；第八义，论国学之再兴；第九义，论国学与经学；第十义，论国学与新学。

一 国学之本义

第一义：国学为国家学术。

凡为一国，当有一国之学术。居于中国，尤当有中国之学术。

"国学"之名为"本国学"之简称，中国本有之学术尤可以"国学"称之。

"本国学"一语出自日本，而大源出于三代。

在三代，国学为天子王官之学，而非诸侯大夫之学。（其间渐进等差，并非决然对立，诸侯公卿即为天子之王官，而诸侯之大夫亦有学，自九命以至一命皆为天子之命臣，要之当以"陪臣"为断。）

在今日，国学尤当为国家之学术，而非地方、地域之"文化"。世间万物皆不能脱离其时空而孤悬，国学之不离地域，乃在于全境全壤之维系，而非一城一乡之叠加。今日盛称之"地域文化"，自困一隅，不识大体，其所谓"文化"往往不自知真义之所在。今人所盛道"地域文化"，实由清末民初"无政府"之议与"地方自治"之论而来。此则只可谓之诸侯大夫之学也，一言可采也，时相为用也，小道也。

今日又有所谓"国学普及"之说。字可识也，书可读也，国学为国家之学术，不可普及也。民可重也，竖子可教也，而"民主"非所闻也。民主，既已为主矣，岂可复称之为民乎？金人欲送徽、钦返，其奈中原不要何？故国学不可普及也，可普及者非国学也。

今日学者盛称满天星斗、多元一体、区系类型。然而言"一体"者寡矣，言"多元"者众矣。故予谓此"区系类型"之说，实承接疑古派"打破地域向来一统的观念"而来，系于末度，而不能明于本数，所获日多，而识见则卑卑趋而下矣。谓满天群星则可，安有满天北斗之理？"北辰居其所而众星拱之"，星之与斗其相去远矣，岂可同日而语哉？

第二义：国学为开国、建国、立国、治国、保国之学术。

古人所言"礼义廉耻，国之四维"，仁义礼智信，人之五常，无非立国之学也。

古人所习《诗》《书》《礼》《乐》六艺，与诸子百家之群言，无非治国之学也。

古人所言君有君道，臣有臣道，士农工商，国之石民，而各守其业，无非保国之学也。

《周书·梓材》"王惟德用，子子孙孙永保民"，《汉书》仲山甫鼎"子子孙孙永保用"，《国语》"心率旧典"，《左传》"其敢废旧典"，凡此皆为保国之学也。

故古人所学，为己为人，群经、百国春秋，诸子小说，下至骚赋，所言无非治道。以国学读之，皆可以为致治之洪范。以俗学读之，乃皆不免为"市道"。（辕固生谓公孙弘曰："务正学以言，无曲学以阿世。"章太炎《菿汉雅言·札记》："今者政府设学教士而征学费，则是设肆于国中，而以市道施于来学之士也。"）

三代之学术，同律历，同文，同轨，同伦。（《中庸》曰："车同轨，书同文，行同伦。"）

文字为种族生存之方式，亦即种族文化之标志。文章五色，谓之文明。文字已灭，焉有文明？

古无私家著述，学在王官，故文字在王官，故能文章尔雅，训辞深厚。民初倡"罗马拼音"，国初行"识字课本"。《尔雅》《说文》，皆古人读经之助，今则称之为"字典""工具书"。久矣夫，中州之不见王师也。

同伦谓同教化。同归于礼乐，即同归于人文，即同归于文明。"教"解为"效"，"学"解为"觉"，谓上行下效，使生觉悟也。后世用权，用利，用刑罚，不文不明而妄袭文明之号也。

同律历，同轨，同律度量衡，君子以治历明时，以闰月定四时成岁。有此而后有国家，有天下。今人咸知用"格林尼治时间"，而不知此即国学之本。

古人有开国之学。"天地革而四时成，汤武革命，顺乎天而应乎人。"凡革命不得由乎人命，必由乎天命。"皇天无亲，惟德是辅"，人则惟利欲之循，排下进上，险于山川。故革命而由乎人，则必至于夫人作享，攫夺不已，上欺于天，下欺于民，假借仁义，盗窃圣智之法，"矫诬上天，以布命于下"，此之谓"窃国"，非开国也。诸侯之门，仁义焉存？损不足，奉有余，其后必有人与人相食者！

故开国之要，在于观天命，而天道无形、无名、无言，故天命难知，难知，所以为开国之学也。（《大诰》：王若曰："其有能格知天命？"《君奭》：周公若曰："不知天命不易，天难谌。"）

四时更革，所谓二分、二至，其时间乃在一瞬，简便言之谓之一日。若云"不断革命""不断改革"，日日为春、秋分，退不为春，进不为秋，非冬非夏，天运将何如？革命亦如先王之蘧庐也，止可以一宿，而不可久处。故革命、改革皆非常态，乃是特殊态。舍经从权，不得已也。故革命与改革当知不得已之义。

古人有建国之学。建国建政，修国修政，故《周礼》云："惟王建国，辨方正位，体国经野，设官分职，以为民极。"而政者，正也。故建国之学要在正大。（《礼记》：孔子曰："政者，正也。君为正，则百姓从政矣。君之所为，百姓之所从也。君所不为，百姓何从？"《论语》：孔子曰："政者，正也。子帅以正，孰敢不正？"）

建国有规模，开国有气象。无规模，无气象，则是所谓斗筲之人，何足算也！虽天命未改，"疆萋未亏，人民未变，鬼神未亡"，"玉者犹玉，血者犹血，酒者犹酒"，而不可谓之政治，只可谓之为"失政"。

开国、建国，必知逆取顺守之道。"逆取"者，武取也，下犯上，臣犯君也，以暴易暴也，非是也，不得已也。"顺守"者，文守也，归正也，自知惭德，而励精图治，偃武修文也。（《仲虺之诰》："成汤放桀于南巢，惟有惭德。"《左氏传》："圣人之弘也，而犹有惭德，圣人之难也。"）

故凡已得天下，首当取前事之鉴。不然，已得天下矣，而犹杀伐不止；已有天下矣，而犹与民争利不止；已富天下矣，而尤为匹夫匹妇复仇不止，是循秦嬴、隋炀覆亡之迹也。沐猴而冠，二世而亡，虽一时居宝位，适足以贻后人笑也。（《孟子》："非富天下也，为匹夫匹妇复仇也。"《荀子·正论》："天下者，大具也，不可以小人有也，不可以小道得也，不可以小力持也。"）

《史记·儒林列传》：辕固生与黄生争论景帝前。黄生曰："汤武非受命，乃弑也。"辕固生曰："不然。"景帝曰："食肉不食马肝，不为不知味；言学者无言汤武受命，不为愚。"史云："遂罢，是后学者莫敢明受命放杀者。"受命放杀，学者莫敢言，而史迁言之。居今之世，尤当深论逆顺之势，不则不得称之为国学。

陆贾告汉高曰："居马上得之，宁可以马上治之乎？且汤武逆取而以顺守之，文武并用，长久之术也。"（见《史》《汉》本传）

刘表告袁谭曰："昔三王五伯，下及战国，君臣相弑，父子相杀，兄弟相残，亲戚相灭，盖时有之。然或欲以成王业，或欲以定霸功，皆所谓逆取顺守，而侥富强于一世也。未有弃亲即异，尢其根本，而能全于长世者也。"（见《后汉书》）

庞统告蜀昭烈曰："权变之时，固非一道所能定也。兼弱攻昧，五伯之事。逆取顺守，报之以义，事定之后，封以大国，何负于信？"（《三国志》裴注）

段灼告晋武曰："昔汤武之兴，亦逆取而顺守之耳。"（见《晋书》）

干宝《晋纪总论》曰："以三圣之知，伐独夫之纣，犹正其名教，曰逆取顺守。"（见《晋书》《文选》）

刘昫史论曰："若非太宗逆取顺守，积德累功，何以致三百年之延洪、二十帝之纂嗣？"又曰："逆取顺守，古亦有之。如其逆守，灭亡必随。史、何、韩、乐，世数盛衰。足以为鉴，念兹在兹。"（见《旧唐书》）

扬子《太玄经》曰："阴以武取，阳以文与，道可长久。"

第三义：国学在于政教、政道、官师合一。

国学之政教，非西洋基督教之政教。

政者正也，教者效也。政教合一，谓行政不专赖政令，而有教化之功，其所行政亦即其所教化也。

"教"，训诂家解为"效"。《说文》："教，上所施，下所效也。"《白虎通义·三教》："教者，效也，上为之，下效之。"《春秋元命苞》曰："教之为言效也，上行之，下效之。"《周礼》："小司徒之职，掌建邦之教法……以施政教……掌其政教……治其政教。"《礼记·乡饮酒义》："经之以天地，纪之以日月，参之以三光，政教之本也。"故政教合一，首在于自正。

董子曰："《春秋》为仁义法。仁之法在爱人，不在爱我；义之法在正我，不在正人。我不自正，虽能正人，弗予为义。"

管子曰："凡民从上也，不从口之所言，从情之所好者也。上好勇则民轻死，上好仁则民轻财。故上之所好，民必甚焉。是故明君知民之必以上为心也，故置法以自治，立仪以自正也。"

老子亦曰："我无为，人自化；我好静，人自正；我无事，人自富；我无欲，人自朴。"

庄子亦曰："天子、诸侯、大夫、庶人，此四者自正，治之美也。"

化者，变化。谓由俗变雅，由恶变善，由口体之欲变而正大文明也。荀子曰："不学问，无正义，以富利为隆，是俗人者也……人主用俗人则万乘之国亡。"（欧阳修《居士外集·经旨十八首·幽问》云："一国之事谓之《风》，天下之政谓之《雅》。……然则《风》，诸侯之事；《雅》，天子之事。"东坡《尺牍七十九首·与李公择二首》云："口体之欲，何穷之有？每加节俭，亦是惜福延寿之道。"）

官师合一，官谓职事，师谓学问授受。学问不在职事之外，即实斋所谓"古人未尝离事而言理"也。不立专门之学，故其学问为真学问。

有政统，有道统。政统以位传，道统以理传。

《宋史·道学传》所称周、程、张、朱，有道统而无政统。三代则不然，无德则无位，故政统必兼道统。此之谓政道合一。

荀子曰："有俗人者，有俗儒者，有雅儒者，有大儒者。""大儒者，天子三公也。小儒者，诸侯、大夫、士也。众人者，工农商贾也。"

《礼运》所云"禹、汤、文、武、成王、周公，由此其选也"，《大戴》所云"今之道尧、舜、禹、汤、文、武者，犹依然至今若存"，《中庸》所云"祖述尧舜，宪章文武"，皆是也。

官师合一为古三代之制，秦复行之。

章实斋《文史通义·原道中》曰："其所习者修齐治平之道，而所师者守官典法之人。治教无二，官师合一，岂有空言以存其私说哉？"又曰："秦人禁偶语《诗》《书》，而云'欲学法令，以吏为师'。夫秦之悖于古者，禁《诗》《书》耳。至云学法令者，以吏为师，则亦道器合一，而官师治教，未尝分歧为二之至理也。"

《原道下》曰："古者道寓于器，官师合一，学士所肄，非国家之典章，即有司之故事，耳目习而无事深求，故其得之易也。"

《原学中》曰："古人之学，不遗事物，盖亦治教未分，官师合一，而后为之较易也。"

《校雠通义》卷一曰："刘歆盖深明乎古人官师合一之道，而有以知乎私门初无著述之故也。"

政教、官师、政道合一中，包含着一个重要内容，就是技艺与职权之合一。学优而仕，由事务而有官职，非由权力而领事务。政治家同时即是科技专家，即是劳动能手。

古人之政治与学术，重理性，故长于制度；重实用，故长于技艺。凡与人群生存相关之事物，皆尊重之，敬慎之，设官分职，加之以礼典（内则利用厚生，外则神道设教）。如羲和家族，世代为天官、地官、火正，掌管天文观测。在朝中为卿，且有封地，为诸侯。则此一家族之绵历久远，甚至超过朝代之更替。故知学统绵历悠久，往往长于政统，而道统则亘古不变。

《吕刑》载："乃命重黎，绝地天通。"《国语·楚语》载："以至于夏商，故重黎氏世叙天）地。"《尚书·尧典》载："乃命羲和，钦若昊天，历象日月星辰，敬授民时。""期三百有六旬有六日，以闰月定四时成岁。"

羲和家族分为羲仲、羲叔、和仲、和叔四支，或分为重、黎二支。分别居于嵎夷、南交、西土、朔方，所谓"四极"之处，此则与天文观测技术即所谓"推步"相关，从中透露出上古天文观测制度化的若干信息。

李光地《尚书解义》引王充耘《读书管见》曰："王氏充耘以寅宾之类为推步日，星鸟之类为推步星者，极确。"

《朱子语类》卷七十八载朱熹曰："宅嵎夷之类，恐只是四方度其日景以作历耳，如唐时尚使人去四方观望。"

《尚书·舜典》所载命官二十有二人，无非技艺官，即无非技艺与职权之合一。

舜帝命契做司徒，"敬敷五教，在宽"。命皋陶做士，"五刑有服，五服三就，五流有宅，五宅三居，惟明克允"。命伯夷做秩宗，"夙夜惟寅，直哉惟清"。命夔典乐，"直而温，宽而栗，刚而无虐，简而无傲，诗言志，歌永言，声依永，律和声，八音克谐，无相夺伦，神人以和"。舜之"二十有二人"，其职守所在即其学术要旨。

技艺官一旦失职，惩罚亦将相随而来。《胤征》序云："羲和湎淫，废时乱日，胤往征之。"此即《左氏传》所说"失官不食"，"一日失职，则死及之"。

唐虞之际有所谓"物官"，其中最重要者为"五官"，又有"四岳"，以及"六卿""八伯"之名，实即后世中央官制"三公九卿"之类。（《左氏传》："故有五行之官，是谓五官。"）

"物官"最根本之处在于，在人类与事物关系之间深怀敬慎，如《左氏传》所说："夫物物有其官，官修其方，朝夕思之。官宿其业，其物乃至。若泯弃之，物乃抵伏，郁湮不育。"（孔颖达正义："夫物物各有其官，每物各有其官主掌之也。"）

"五帝"在于后世，不纳之神话，则纳之宗教。实则在"神道设教"表象下，"五帝"所表达的实质是"五行"，"五行"亦可称之为"五物"，其真相是人类关于五种重要事物之技艺。

《左传·昭公二十九年》：蔡墨曰："木正曰句芒，火正曰祝融，金正曰蓐收，水正曰玄冥，土正曰后土。""少皞氏有四叔，曰重、曰该、曰修、曰熙，实能金、木及水，使重为句芒，该为蓐收，修及熙为玄冥，世不失职，遂济穷桑。颛顼氏有子曰犁，为祝融。共工氏有子曰句龙，为后土，后土为社。有烈山氏之子曰柱，为稷，自夏以上祀之；周弃亦为稷，自商以来祀之。"

有事物名，有事物之神名；有官职名，有任官之人名。譬如"火"为事物名，"祝融"为事物之神名，"火正"为官职名，"犁"为任官之人名。其职事相连，故诸名皆得通用，此古人之通例。如犁之人，死而为神，为"配享""配食"，故可与"祝融之神"视同一体。《左氏传》："列受氏姓，封为上公，祀为贵神。"杜预云："五官之君长能修其业者，死皆配食于五行之神。"疑古派读书不知此例，故多误。

"物官"制度最根本处在于任官，不在于敬神，即如《国语·郑语》所说："黎为高辛氏火正，以淳耀敦大，天明地德，光照四海，故命之曰'祝融'，其功大矣！"

第四义：国学有天子失官、礼失求野、据子升经之义例。

三代之隆，政教、官师、政道合一，而三代以降则私学竞起，百家争鸣，道术分裂矣。（《庄子·天下》篇："道术将为天下裂！"）

不唯如是，自战国以下凡两千年，政道合一之日少，政道分离之日反而多也。秦汉而下之君，雄才大略者有之，文治武功者有之，然鲜有能载道者。

以汉高祖、唐太宗之帝业，朱子一则曰"汉高祖私意分数少，唐太宗一切假仁借义以行其私"，一则曰"若以义理看太宗，更无三两分人"，又称秦始皇在上位"乃大无道人"，汉高祖起田野"此岂不是气运颠倒"。则自余以下，更不足论。

陈寅恪诗"看花愁近最高楼"，近代以来莫不如此。

《左氏传》载孔子之言曰："天子失官，学在四夷。"杜注："失官，官不修其职也。"《汉志》载孔子之言曰："礼失而求诸野。"师古注："言都邑失礼，则于外野求之，亦将有获。"故往往诸子崛兴，务为治者也，不得已也。

如史迁著书，其初曰《太史公书》（成书之时实为中书令），本一家之言，子家也；子家而自比于《春秋经》，意欲据子为经也。其书隋唐间追为正史，遂与正经并立，可谓据子升经也。（家言、私学谓之子，而子不以"以立意为宗"为限。有以辞赋为子者，屈大夫是也；有以史学为子者，太史公是也。而经史同源，故其性质相同。）

如朱子"登第五十载，仕于外仅九考，立朝才四十六日"，而集注《四书》，以当新经。至宁宗、理宗，列为官学，可谓据子升经也。

自孔子、孟子，乃至周子、程子，莫不如此。（《中庸》曰："非天子不议礼，不制度，不考文。"孟子曰：孔子作《春秋》，"《春秋》，天子之事也。是故孔子曰：'知我者其惟《春秋》乎！罪我者其惟《春秋》乎！'"）

故学者居今之世，当知据子升经之义例。以子学之殷勤，补王官之不足。若以为天子无道而不足与谋，或以为王官世守而恣肆横议，皆未达于一间也。

诸子之立言，诸子之不得已也，故虽立言，必取不得已之意，而以王官为会归。"冠虽敝必加于首，履虽新必关于足"，故家言虽善，必以王官为祈向；三代不可复，而必以三代精神为祈向。

王官之学衰而诸子之言兴，官学与家言互为消长。苟王官可复，衮衮私言何足为哉！故王官之学为正题，诸子之学为反题；王官之学为常经，诸子之学为权谲；王官之学为治世之学，诸子之学为乱世之学；王官之学为第一义，诸子之学为第二义。

昔义宁陈氏倡言"独立之精神，自由之思想"，今日学者率奉为圭臬，此则未考其时也，未思其义例也。考之时义，陈氏言此，一当民初之废兴，一当国初之鼎革，况又有汉家之厄十世，与赤县神州数千年未有之巨劫奇变。（靖康之乱，元祐皇后手诏曰："汉家之厄十世，宜光武之中兴；献公之子九人，唯重耳之独在。"）当日所言为是，未有明王也，退而求其次也，第二义也；苟逢明王，其可以为典要乎？"独立""自由"，下学也；"圣有所生，王有所成，皆原于一"，上达也；相去远矣！

二　国学之名义

第五义：论国学中之源与流。

经、史、子、集四部，其实只是一部，经史之学是也。（经史同源，三代有经史之学，无经史之名，而经史为一，其文则史，其义则经。）

刘歆七略，其实亦只出于一源，王官之学是也。（源，泉也。"源"即"原"，古文无"源"字。流，派也，古文作"厎"。别水为派，其字像水之支流，故《汉志》言"支与流裔"。"源流"二字，其意甚佳。）

源头则近乎本质，流派则不免于失真，故古人咸称返璞本归真。（西洋物理学家论"初始条件"，进而论"第一推动力"，与此略似。）

我国学术、政道一切以三代为源，自东周以下为流。

学者多言"源流"，而鲜知"源流"之义。所言"不立一真，惟穷流变"（顾颉刚语）与"实验主义"相近，所言"嬗变""嬗替""变迁""流变"与"进化论"相近。与古人"原学""原道""原始"、"明本"之说，形似而实不同。

不知明本，变而又变，误而又误，积弊难返，江河日非，则不免于数典忘祖，以至于不能自知、自明、自鉴，故古人每病末流之弊。（以原原委委为是，以泛滥横决为非。）

四部之学由图书庋藏而言，可谓之四分法。七略之学，不计"辑略"，可谓之六分法。其库存法即其分类法，其分类法即其学术性质之判断，故为我国学术要旨所在。

近人以四部分类为简单笼统，谓为落后；以西洋学科分类为细致专门，谓为进步。不知原道明本，整体不分，纯粹不杂，适为我国学术之特质所在，亦即其独有价值之所在。

由源与流而言，我国学术尚不止于四分法，亦不止于六分法，其实只是二分法，而其立场宗旨乃是一分法（即不分之法、整体之法），故庄子称"不离于宗""不离于精""不离于真""皆原于一""通于一而万事毕"。

纯一则谓之无，绝对之无则囊括万有。有即无，无即有，有无以明万物之关联，万物芸芸，无不相互关联而存在。

故"一"非死体，"无"非虚空。牟宗三曰："'无'非逻辑否定之无，亦非抽象之死体。故以妙状其具体而真实之无限之用。"

释者云："佛为一大事因缘而出世。"予因循其意而言之曰：天地万物以一大关联而存在。

第六义：论国学中之道与迹。

凡治学术，当论源与流、道与迹。由源与流而言，源为本，流为末；由道与迹而言，则源近迹，流近道。溯源得其本，循流明其变，通古今为一体，此所以谓之为"道"。学者固不可以不知本源，亦不可以不知流变；不知源则不知所本，不知流则可谓之不知"道"。

庄子既推本天下方术"皆原于一"，又申论古昔圣贤与六经之言为"陈迹"，为"糟粕"，为"土苴"，为"尘垢"，为"绪余"，每下愈况，反复申论不置。郭象承之，一则曰："仁者，兼爱之迹。""德者，神人迹也。"一则曰："夫有虞氏之与泰氏，皆世事之迹耳，非所以迹者也。""尧实冥矣，其迹则尧也。""夫尧舜帝王之名，皆其迹耳。""法圣人者，法其迹耳。""圣人者，民得性之迹耳，非所以迹也。"

不仅六经与尧、舜、禹、汤、文、武为陈迹，三代以上，凡上古十二君容成氏、大庭氏、伯皇氏、中央氏、栗陆氏、骊畜氏、轩辕氏、赫胥氏、尊卢氏、祝融氏、伏牺氏、神农氏，亦无非陈迹也。

章实斋倡"辨章学术，考镜源流"，又云："后世服夫子之教者自六经，以谓六经载道之书也，而不知六经皆器也。……夫子述六经以训后世，亦谓先圣先王之道不可见，六经即其器之可见者也。"（《原道中》）又云："官师分，而学者所肄皆为前人陈迹。"（《原学中》）实斋"前人陈迹"一语，实本庄子"六经先王之陈迹"之说。（"陈迹"一语，其他诸子不常见。《太平御览》卷四百六十八引《顾子》曰："夫人三坟、五典、八索、九丘，盖圣人之陈迹耳。"《晋书》："俯仰之间，已为陈迹。"）

章氏服膺《周礼》似古文家，纂修方志似今文家，所云"六经皆史""六经皆先王之政典"，意谓昔之史为昔之经，今之史亦当为今之经，其治学宗旨亦可谓超于今、古文家派之上。

所谓"大义"必为"今义"，非"今义"则不足以谓之"大义"。由后世今、古文家派言之，今文家之"大义""致用"本在古文家之"章句""求是"之上，故"道迹"之辨更当驾乎"源流"之辨之上。（邵懿辰、康有为"伪今文"则不在此列。甘鹏云《国学笔谈》认为清末刘逢禄、宋翔凤、龚自珍、戴望以至康有为之今文经说，与《公羊春秋》实不同。康有为诋古文家为伪经，其实康氏之今文经说才是真正伪经。）

荀子曰："善言古者必有节于今，善言天者必有征于人。"扬子《太玄》："善言天地者以人事，善言人事者以天地。"《汉书·董仲舒传》："制曰：盖闻善言天者必有征于人，善言古者必有验于今。"《盐铁论》："善言天者合之人，善言古者考之今。"章实斋《文史通义·浙东学术》亦云："故善言天人性命，未有不切于人事者。"

今日言"国学"者，进取则曰"文、史、哲"，退守则曰"经、史、子、集"，言"经、史、子、集"则莫不推崇《四库全书》以为极致，然而《四库全书》之书乃迹也，非道也。

清乾嘉间编纂《四库全书》，推崇经史，贬损诸子、集部。子部之中，合名家、墨家、纵横家均入于杂家，此甚不伦，变古最甚。盖由不以渊源论，唯以当世之用论故也。

四库馆臣对于经部，亦未尝不寓以微词。一则曰："经禀圣裁，垂型万世，删定之旨，如日中天，无所容其赞述，所论次者，诂经之说而已。"推崇之至于极致。一则曰："圣贤之学主于明体达用，凡不可见诸实事者，皆属卮言。儒生著书，务为高论。阴阳、太极累牍连篇，斯已不切人事矣，至于论九河则欲修禹迹，考六典则欲复周官，封建井田，动称三代，而不揆时势之不可行。"对于儒生论著似颇不以为意。盖"经禀圣裁"由源流言之，故在源不在流；"见诸实事"由道迹言之，故在道不在迹。

实则四库编纂之旨，正是在于视古典为陈迹，故所取则抄写入库，不取则沙汰毁弃；入库则学者喜读则读之，朝廷士大夫举措行政未必取法于此也。清代政教之所行，首在《大清律》《清会典》、历朝《宝训》、六部《则例》《赋役全书》之类，而不在六经。（又编纂《皇朝文献通考》《皇朝通典》《皇朝通志》三书为"清三通"。）《大清律》《清会典》即当代之新经，而孔子之遗经乃是陈迹，即全部《四库全书》亦莫不皆为陈迹也。

三代为源，汉、唐、宋、元、明、清为流。道在今，既往为陈迹。然道不可见，不得不于既往之迹中求之。既得之，则舍之，故庄子曰"得鱼而忘荃""得兔而忘蹄""得意而忘言"，而梁启超言

"以复古为解放"。

我国学术长于史学，史学以良史实录为第一要义，而我国史学未尝以复古为鹄的，继往开来，其实亦可谓"一切古代史皆是当时代之史"。（克罗齐谓"一切历史都是当代史"，与贝克莱谓"存在就是被感知"，皆有一面之理由，而庄子亦曰"非彼无我，非我无所取"。《乐记》曰："五帝殊时，不相沿乐；三王异世，不相袭礼。"商君曰："居官而守法，非所与论于法之外也。三代不同礼而王，五霸不同法而霸。故知者作法，而愚者制焉。贤者更礼，而不肖者拘焉。拘礼之人不足与言事，制法之人不足与论变。"所言"法之外"，即庄子"所以迹"也。）

"以复古为解放"之说，当时学者如钱基博、钱穆皆有申论。今日学者亦屡有征引，而未见精义。

梁启超《清代学术概论》谓清代"二百余年之学史，其影响及于全思想者，一言蔽之曰：'以复古为解放。'第一步，复宋学之古，对于王学而得解放。第二步，复汉唐之古，对于程朱而得解放。第三步，复西汉之古，对于许郑而得解放。第四步，复先秦之古，对于一切传注而得解放"。

梁氏并预见："夫则已复秦汉之古，则非至对于孔孟而得解放焉不止矣"（《清代学术概论》），"故先秦学占学界第一之位置"（《论中国学术思想变迁之大势》）。

予按今日去民国百余年，又当复清学之古以解放民国，复民国之古以解放当代。

又按"以复古为解放"之意，乃是以为当世学者囿于成说，至于有"思维定式"，错认当时之结果为绝对之原因，故须上溯前一时代，由是而知当时之"原因"乃是前一时代原因之结果，固不足以为根据，于是得以全盘思考，重立格局，学术由此遂得一解放。故"以复古为解放"只是原因与结果反复上推而已。至于先秦、三代学术之源，则历代因果皆已上推一过，遂使全部学术史重新思考一过，即学术观念重新更新一过。

钱穆曰："自今以往正该复先秦七国之古来解放西汉，再复东周春秋之古来解放七国，复西周之古来解放东周，复殷商之古来解放西周，复虞夏之古来解放殷商，溯源寻根，把中国从来的文化学术思想从头整理一过。"

故梁氏"以复古为解放"实即近年学者所倡导之"重写学术史"，而"重写学术史"20余年未见成效，亦由不能遵循梁氏之预想也。

《清代学术概论》原本为蒋方震《欧洲文艺复兴史》之序，民初学者颇有由欧洲"文艺复兴"进而倡言"中国文艺复兴"者，然欧洲文艺复兴由复欧洲之古而得欧洲人文主义之新，所谓"中国文艺复兴"乃是以西洋之文艺复兴东方之学术，变古今为东西，其实正是"全盘西化"。（胡适所倡"整理国故，再造文明"其实亦只是全盘西化。）中国无中世纪神学之黑暗，何来复兴？中国自秦汉以郡县制、科举制立国，两千年未尝大衰，何须复兴？知"文艺复兴"为虚诞，则可知梁氏"以复古为解放"之说为最有价值。（我国自唐代以下历代皆有复古运动、古文运动，可知"以复古为解放"乃是我国古今之通例。）

三　国学之时义

第七义：论国学之兴。

国学之兴，实兴于西学之东渐。

钱穆《国学概论》曰："国学特为一时代的名词，前既无承，将来亦恐不立。"所言为当时学者之常言，有其合理之一面。（王国维曰："余正告天下曰：学无新旧也，无中西也，无有用无用也。"顾颉刚曰："在学问上则只当问真不真，不当问用不用。"皆当时有代表性之论断。）其意在于求学术之普遍性。但所谓普遍性其实乃是一理想层面。若云世界各国可以存在一种普遍之学问，则即使欧美各国亦不能使之整齐划一。"惟虫能虫，惟虫能天"，"琴瑟专一，谁能听之"，学术只能以各自独立之形态存在。在民初追求学术普遍性主张下，但见本国学术之消失，并未见有普遍学术之成立。

言学术盛衰，当知"时义"。"时义"谓当其时而起，随时而中节，各适其所宜，不先不后，无过不及。

《易经》之《豫》《旅》《遁》《姤》四卦皆云"时义"，《随卦》复言"随时之义"，《蒙卦》又言"时中"。《学记》曰："大学之法，禁于未发之谓豫，当其可之谓时。"《中庸》曰："君子而时中。"张横渠曰："天理者，时义而已。"谓天理只是时宜，当其时则可，物各有其时，故各有其可。

司马谈《论六家之要指》曰："有法无法，因时为业；有度无度，因物与合。"实斋《文史通义》曰："圣人制作，为之礼经，宜质宜文，必当其可。文因乎事，事万变而文亦万变，事不变而文亦不变。"古人如此所论甚多。

可知我国学术每论一事，往往首在时义，并不于普遍性、普适性上留意。常道、天理尚且必须追究时义，何况万事万物？（《中庸》郑注："用中为常，道也。"古文"时"字解为"四时"，意谓春夏秋冬之天道运行，运转不息而恒常有序。）

故自我国学术观之，事物之名实皆不可一概而论。仁义礼智以下，自孔子时已不一其解，"求也退，故进之；由也兼人，故退之"。《汉书》曰："与人子言依于孝，与人弟言依于顺，与人臣言依于忠。"

由此而论清末民初"国学"（又有"国粹""国故"诸称）之兴，乃是由于西学东渐，相对于西学而起的一个术语。当时又有旧学（古学）、新学之名，虽不得宜，但确能反映国学与西学相对而起之事实。

援《汉志》"出于""起于"之例，可谓"国学"出于本国学术数千年之累积，起于西洋之学术殖民。（《汉志》"儒家者流，盖出于司徒之官"云云，又曰"诸子十家，皆起于王道既微，诸侯力政"。）

"民国"一语最为不伦。若以"民"指一国之全体而言，则以往何非一国之全体；若以"民"指民意而言，则以往何不征乎民意；

若以"民"与"官"相对而言，则是官非民，是民非官，既为国家之主，亦不可复称之为"民"；若以名实而言，则清亡以来未有一日为"民国"。

晚清以来革命不止，均先设一"假想敌"，夸张宣传，危言耸听，以济私心。叶德辉《觉迷要录》云"方今时事虽棘，苟能上下同心，力图振作，尚可勉筹补救之方"，而"深懔危亡等语"，"造此诡辞"，"则中国真将有危亡之势"。国家未亡，而亟亟言亡国，而国家果亡；天下本不亡，而亟亟言亡天下，而天下果亡。清已亡，姑不论矣；夫天下未亡于清，而亡于民国。若云非常异议可怪之事，诚在于是。

清朝之亡，亡于戊戌新政。戊戌以后，国家元气终于耗尽，此由当时诸人如康、谭辈，身在朝中而实存灭亡满人之心，有以启之。（由谭嗣同以"吐番野蛮者"比清，杨深秀常言"得三千杆毛瑟枪围颐和园"，梁启超在时务学堂"盛倡革命""往往彻夜不寐，所言皆当时一派之民权论"而言，康有为之"保救大清"决然可疑，所谓"改良"乃是"卧底"式的真谋反。）

民国之不救，始于八年之学生罢课，随后党军兴于岭南，而党政遍于全国，此由当时诸人如陈、胡辈身为国立大学教授而实存对抗之心，有以启之。

大抵而言，当清末民初，民族革命、政治革命与文化革命毕功于一役，推翻清朝政统而以反对满族为号召，反对满族又反过来加重政治革命之必要性，由此形成一种反复不断与多层叠加且加倍沉重的革命。

清朝被哥老会、同盟会逼迫逊位。太平天国与辛亥革命党都以洋教先行，以推翻政权，进而推翻政体，进而推翻政教为必至。（会党与洋教有性质相近之一面，故得暗袭其教义，混糅其信仰。徐珂《清稗类钞·会党类》云："哥老会宗旨，与三合会无异，亦以复明为言。自耶教传播，因其仪式之不同而生误解，加以淫邪抉眼、剖心取胆、割势和药之谣言所在流传，土人偶有纷争，教会牧师不问事之曲直，辄袒其徒，遂化为激烈之排外党。""三合会化而为革命党，哥老会亦化而为革命党，于是全国各省之诸会党悉统一而为革命党矣。""昔之哥老会皆排外，自革命党入其中，教化而指导之，遂自称为革命军。"）

　　第八义：论国学之再兴。

　　国学再兴，宜兴于西学观念下之自我殖民。

　　现代所言之"文化"或"文化类型"，乃指人群之生存方式。生存方式各有所宜，故不可以替代，亦无截然优劣于其间。（《周礼·考工记》："橘逾淮而北为枳，地气然也。"）

　　而"文化类型"有两种。

　　一种为先民留传之固有遗产，自古如此，故亦以为天然如此，视之为天地之禀赋，即"天地生生之德"。故国旧都，则不离不弃，无所谓"所有权"，亦无所谓"价值"，敝帚自珍，千金不换。"父没而不能读父之书，手泽存焉尔。"此种"原生文化"，亦可谓之"无价值"之文化。（若云有价值，其价值正在其"文化类型"本身之累积、绵历、悠久也。）

　　一种为他人遗产而一旦据为己有，则首先一件事项便为分配，因之更注重"分配规则"，盗跖所谓"分均，仁也"，正指得来之物。此种"殖民文化"，亦可谓之"有价值"之文化，盖一事一物无不可以切分定价，随时交易。

　　古希腊为次生文明，"平等自由"与"三权分立"乃是美洲新大陆之"分配方案"，背景皆为殖民，其文明模式之前提都是一种"土地革命"。但近代"殖民文化"未必均为种族移民，建立联邦。凡不由先民遗留而获取得来之物，亦不认同"原生文化"之整体价值，而唯以"分配方案"之"市场价值"为价值，皆可视为"殖民文化"。

　　《中庸》曰："君子素夷狄行乎夷狄，素患难行乎患难。"孟子曰："吾闻用夏变夷者，未闻变于夷者也。"此谓仁义礼乐为人文，而夷狄则循乎本能也。韩愈曰："用夷礼则夷之，进于中国则中国之。"此谓夷狄之人亦可以为中国，然而中国之人亦可以为夷狄也。

清人未入关已祀孔子，服膺礼乐。皇太极崇德元年（1636）改国号后金为清，建庙盛京，遣大学士致祭孔子，称"德配天地，道贯古今，删述六经，垂宪万世"。顺治元年（1644）入北京，以京师国子监为太学，立文庙。二年，定称大成至圣文宣先师孔子，以先贤、先儒配享从祀。

满人虽少，而清廷则承载大位。孔子虽亡，而人道赖有准则。此即庄子所云：无所可用，而为予之大用。

其意犹如"太一"，暗弱不动，似隐似显。（《庄子》："太一形虚……主之以太一。"）亦犹"北辰"，"居其所而众星拱之"，以成天道四时之序，"天地以合，四海以洽，日月以明，星辰以行，江河以流，万物以倡，好恶以节，喜怒以当"。亦犹"定海针"，平日纤小如针，端居不动，并且一无所用，而一旦有故，则四海震荡，波涛成灾。（《西游记》：东海龙王曰："定江海浅深的一个定子，能中何用？"）

第九义：论国学与经学。

经学与国学俱为国家学术。

经学为学术之源，而近乎迹。国学为学术之流，而近乎道。经学之核心为上古世官世畴之学，其要义为三代王官学之精神。今日言国学必以三代王官为祈向，循其迹以求其道。故言国学必论经学，言经学必明国家学术之义。

三代为源，而亦为道之陈迹；晚近为流，而亦为道之时变。循流以溯源，溯源以求道，求道以明今。

三代王官之学皆国学也。在六经之中者，《诗》是也，《书》是也，《礼》《乐》是也，《易》是也。而诸子、集部则其流裔，小说、词曲、诗文评为最下者也。

王官之学即国家学术，《周礼》"乐师掌国学之政，以教国子小舞"，"国"谓国都，"国子"谓胄子。后世有国学，有太学，有国子学，或分或附。

史学与经学同源，而子、集则为经学之流裔，故经学一语可以兼包四部。故治史学、子学、集部者，当知以经学为会归，以兼通四部为祈向。

言国学而不问经学之旨，其国学必不正；言经学而不问国学之义，其经学必不真。偏于一隅而不知兼通，可谓之器，不可谓之道，程子所谓"玩物丧志"者也。

第十义：论国学与新学。

近代以来经学遭破坏最甚。

趋新之学者一面毁坏经学，一面自命为经学大师。顾颉刚称研究经学乃是为了结束经学，顾氏《纯熙堂笔记》载其论"经学大势与今日任务"，于"今日的经学"注云"古史辨派""经学结束期"。周予同《中国经学史的研究任务》云："五四运动以后，经学退出了历史舞台，但经学史的研究却急待开展。"所谓"展开"，亦无非顾颉刚"替文籍考订学家恢复许多旧产业，替民俗学家辟出许多新园地"之意，徒有"材料""学科""职业"而已。

顾颉刚又以史学家自命，而亦称"对二千年之中国传统史学予以毁灭性打击"。按学术中有以少为贵者，如医学以无病为贵，法学以刑错为贵，今皆不如此。经学不以少为贵，而妄以"结束""毁灭"为经学家者，其经学为伪学可知也。

钱玄同称《诗》"是一部最古的总集"，《书》是"档类编"或"档案汇存"，《仪礼》是战国伪书，《周礼》是刘歆所伪造，《乐》本无经，《易》"是生殖器崇拜时代底东西"，《春秋》是"断烂朝报""流水账簿"，遂称"《诗》《书》《礼》《易》《春秋》，本是各不相干的五部书"。其言唯知经书体裁，而不知其义。

清末民初据西洋系统建立现代学科，分解四部学问，大抵以集部归文学，以史部归史学，以子部归哲学。又取消经部，五经各有归属，大抵以《诗经》归文学，以《书经》《礼经》《春秋经》归史学，以《易经》归哲学。近年学者恢复国学院，倡言国学"是一门学科"，且主张设置国学为一级学科。此皆视国学为学科范围，故易生抵牾而难于周遍。

《学科分类表》中文、史、哲各为一级学科，合计为80余二级学科，300余三级学科。畛域既分，界限详明，迄今由来已久，弊病亦逐渐显露。譬如三科各有史，有文学史、史学史、哲学史，古典文学即略等于文学史，古典哲学即略等于哲学史。各史均有一原始起点，大率皆溯源于上古，而概念不一，或称唐虞，或名原始社会，或名青铜时代，皆各自有其独立起源，于是三科均如幽谷白杨，纤细成群，大本大根渺乎难寻，无望其为参天大树，而中国现代学术遂成为一大综合而不见会归。

故自今言之，国学在于宗旨，不在范围领域。国学有宗旨，"圣希天，贤希圣，士希贤"，是其宗旨也，故国学为圣贤之学，而文、史、哲不与也。"为天地立心，为生民立道，为往圣继绝学，为万世开太平"，是其宗旨也，故国学为万世太平之学，而文、史、哲不与也。"能尽人之性，能尽物之性，可以赞天地之化育，可以与天地相参"，是其宗旨也，故国学兼明天理、地理、物理而极于变化，今文、史、哲及化学、物理学不与也。

国学在深通不在广博，《论语》一万六千言，蒙学可读，大学可读，自老至少无不可读；学者可读，仕宦可读；文学可读，史学可读，哲学亦可读。此犹"简化太极拳"，二十四式一日可毕，而工力则由一成至于九成。《学记》曰："知类通达，强立而不反，谓之大成。夫然后足以化民易俗，近者说服，而远者怀之。"

国学在兼通不在精专。《诗》言志，故文学言志。史家以良史实录为鹄的，故史学言真。群经诸子志在大道，故哲学言道。文学言志，志在心，为个人情感之郁结。心、志皆不可解，不可求证于义理，不得究之于考据，故托于比兴。史学言真，真谓事实、真相、有据、可信，不真实即无史学可言。史学亦言褒贬，而褒贬亦不得违背真实，故真实大于善恶，亦大于一切人世观念。哲学言道，道大，道无所不在，然而不可见、不可言，不可言而勉强言之，是为哲学。故哲学介于虚实之间，而以"有无"概念为最高极致。故文学、史学不能取哲学而代之。文、史、哲三科，"譬犹水火，相灭亦相生"，"皆有所长，时有所用"。而国学则言真，言善，言道，言器，言人心，言天理，无所不包，故其成就超于文、史、哲三科之上而凌驾之。

故国学超于范围、超于体裁、超于专业。国学言真、言道、言志，求真、求善、求文情，而国学之功可以至。

学者不期以明王开太平，学者苟不读书知理，尚可期之明王读书知理乎！

后 记

    2019 年 7 月 6 日至 11 日,予与诸友参加北京大学、清华大学、复旦大学、中山大学四校共同发起的"大学通识教育联盟"举办的第十一届通识教育核心课程暑期讲习班,京师归来,似乎犹不过瘾,乃于同年 8 月 9 日至 15 日再聚潇湘,举办第一届"潇湘会友"国学讲习班。

    第一届国学讲习班主要以历史为线索,分别就儒家、道家、法家、经学、国学、理学、考据学七讲内容进行了研习,通过讲习人文、谈古论今、剖析义理的方式梳理了我国古代学术变迁的基本面貌。参加讲习班的学员有大学教师、研究生、大学生、中学生乃至小学生,并有学生家长及公务员旁听。

    开办之前,有如下通知:

    第一届"潇湘会友"国学讲习班开班招生启事:

    梳理中国学术思想史的基本事实。

    期于对国家有益,对社会有益,对学术有益,对身心有益。

    取其善,不取其恶;与人为善,不与人为恶。

    各位同学、家长、读书人:

    兹定于今年(即 2019 年——作者注)暑假在潇湘之地开办一期国学讲习班,本期讲习内容主题为梳理我国古代学术变迁的基本面貌。

    同门为朋,同志为友;以文会友,古有常训。安身立命,学以致用;我辈生于今世,读古人之书,求一己之安,不问年龄大小,无论学殖浅深,期于对国家有益,对社会有益,对学术有益，对身心有益。各位同学、家长、读书人，无论居住本地，甚者千里之遥，苟能拨冗驾临，讲习人文，如切如磋，疑义相析，相见即是嘉宾，无任欢迎之至。

讲习班时间：自8月9日起，至8月15日结束，共计7天，每天1讲。

讲习班地点：集贤楼，国学院，小成堂。（校内有学术交流中心可住宿，校门外有快餐店可饱腹。）

讲习班教室小成堂是在地板上用蒲团围坐，建议多带袜子，自备拖鞋最佳。（讲习班提供一次性拖鞋，特殊需要可提供藤椅。）

8月9日上午9：00—9：30开幕式（师生相见礼），讲课时间顺延半小时。

每天上午9—11点上课，大约2节课，每节课50分钟。

2节课中间休息20分钟（备有饮水、果点）。

每天下午自由讨论，有研究生、本科生担任辅导。（学员自愿参加。）

全部课程结束后，15日下午计划考察潇湘古镇（潇湘夜雨或蘋洲书院），但需看天气而定。

本期讲习班建立学员微信群（年少学生由家长或监护人代表入群）。

本期讲习班结业后，需在9月1日学校开学之前撰写一份书面作业，内容范围为中国学术思想史或讲习班所涉猎，题目不限，字数不限。

凡正式听讲的学员，均颁发"潇湘会友"国学讲习班结业证书。

以上"潇湘会友"国学讲习班招生启事即充作后记。

旧有短文《通往国学之路》，后交《南方周末》刊出，编辑改题为《重提"文史哲不分家"：我们今天应该怎样讲国学》，检出充作序言。另检《经学名义》《国学名义》二文，均刊于孔子研究院主办、杨朝明主编的《孔子学刊》第四辑，作为附录，以做参考。

第十一届通识教育核心课程暑期讲习班及第一届"潇湘会友"国学讲习班开办不久，疫情来临，转眼已到 2022 年，疫情仍未结束。居家不出，核对杨畅同学整理的讲座录音，全书定稿。

张京华

2022 年 4 月于湘南学院

图书在版编目（CIP）数据

潇湘国学七讲 / 张京华著. —北京：商务印书馆，
2024

（潇湘国学丛刊）

ISBN 978 － 7 － 100 － 23336 － 1

Ⅰ.①潇…　Ⅱ.①张…　Ⅲ.①国学 — 通俗读物
Ⅳ.①Z126-49

中国国家版本馆 CIP 数据核字（2024）第009923号

潇湘国学七讲

张京华　著

商　务　印　书　馆　出　版
（北京王府井大街36号　邮政编码 100710）
商　务　印　书　馆　发　行
山东韵杰文化科技有限公司印刷
ISBN　978 － 7 － 100 － 23336 － 1

2024年3月第1版　　开本 640×960　1/16
2024年3月第1次印刷　印张 18½
定价：96.00元